Change & Transform

想 改 變 世 界 ・ 先 改 變 自 己

Change & Transform

想改變世界．先改變自己

釋放你的無限潛能
覺醒，
成為超人類

META
HUMAN
UNLEASHING YOUR INFINITE POTENTIAL

《紐約時報》暢銷書作者&全球知名靈性導師
狄帕克・喬布拉 Deepak Chopra, MD ——著 謝佳真——譯

推/薦/序

　　這本書有三個段落：第一段，講心智的幻相；第二段，講宇宙的「大我」與「超意識」；第三段，講覺醒、連結意識的方法；這三個段落，都在鼓勵你敞開自己，接納「大我」，聆聽宇宙之音。

　　透過這本書，你能用「神的眼光」看世界，你能提昇對生命的感知力，你能透過簡單的步驟，擴張意識，鍛鍊開悟之機。

　　閱讀這本書，能深度開發你的心智潛能，提昇我們的直覺與靈性，是一本洞察生命之書，太值得你一讀再讀！

——十方（李雅雯），富媽媽

　　這是一本我急欲尋找的好書，想不到，我有榮幸推薦。但我寫「想不到」這三個字時，就是自我限制，其實我們都可以想得到。

　　作者睿智的觀點與驚人的洞察，帶領我們跨越思考，把

自己的「身、心、靈」徹底解放，讀完之後，無比暢快。

與其說這是一本充滿「哲學思辨」與「醫學實證」的書籍，倒不如說，這是一本自我覺醒，創造美好生活的指南。

——吳家德，Nu PASTA 總經理、職場作家

人類尚有許多無法破解的奧祕，儘管醫學持續進步，但像基因與腦科學這類領域的研究，僅在近百年間才剛起步。這些奧祕提醒我們，對世界的理解仍只是冰山一角。

本書作者是一位醫師，從身心醫學的角度出發，指出我們每個人內在都有未被開發的巨大潛能。作者認為，我們對世界的感知由大腦建構，但大腦本身並無法真正理解世界。

但只要我們能夠覺知內在的聲音與體驗，就有機會突破限制，達到頓悟。這些想法並非空談，歷史上許多頓悟天才的存在，證實了我們可以透過探索超現實，獲得知識與能力。

這是一本神奇的作品，融合科學、哲理與反思，它帶領我重新審視存在的價值與意義，並提醒我活在當下的重要性。我相信當你細讀書中內文，也會有相同感受，期待自己也能成為「超人類」！

——鄭俊德，華人閱讀社群主編

你就是光！

你是心想事成的源頭！你是創造一切的一切！

在未讀《覺醒，成為超人類》一書之前，我們的意識就像在電影院裡看電影。所有的角色活過來了，邀請你進入其中，於是你跟著走進了電影裡。

接著，發生在電影裡的所有事情似乎都與你息息相關，而你也深信自己就是電影中的角色。

於是當你翻開這本書時，書中的字句如同當頭棒喝，不斷地催促你「出離」，從內心看向外界，自性便能昇起不同的光芒。

然後，你突然清醒，領悟到：「噢，我在電影院裡手上還拿著爆米花和可樂，我之前一直認為自己在電影裡的種種想法並不完全正確。我其實只是坐在這裡看著電影，我以為那是真實的，但卻不是。」

我們的意識正是如此。

它投射出這個稱為「一個人類」的存在，然後對自己的創造物深深著迷，卻在其中失去了自己。

我很喜歡《覺醒，成為超人類》這本書。它能夠幫助我們的意識學習在不同的維度中看到更多的可能性，釋放出無限潛能，從而創造出不同的、偉大的自我版本！

──安一心，華人網路心靈電台共同創辦人

只要有一顆光子，人的視網膜就可以感受到，但是光子本身並不會發光。

　　我們的五感至少有四感可以體驗到量子領域而不需要高端科技。

　　世界上最精密的動物耳朵聽不懂音樂，最厲害的老鷹眼睛看不懂畫作、看不懂文字，所有的創造，都來自於心智的體驗。

　　我們為什麼可以確認自己前方有一杯咖啡？因為我們看到咖啡的影像，聞到了咖啡香，嚐到了咖啡味，觸摸到咖啡杯的溫度，但是如果將這些感官資訊全部抽掉，我們就完全無法確認一杯咖啡「存在」。

　　就像虛擬實境裡面，如果失去了場景與物體給你的感知訊號，你會覺得裡面什麼都沒有。

　　作者用各種例子以及科學打破你對於眼前現實的定義。讓你意識到，你並不是你以為的「實體存在」。你是能量，你是思想，你是意識的創造。

　　你如何定義你的經驗，將是你成為超人類的關鍵。

　　他將人類的覺醒之路從科學討論到哲學，讓你逃不掉的發現「真正的自己」，一步一步的佈局讓你從原有的現實進入「超現實」的真我之境。

　　本書實在震撼！想覺醒的靈魂都該看看。

—— 歐拉（張紫瑜）
YouTube 頻道「我是歐拉地球揚升學院」創作者、作家

各／界／讚／譽

一本讓人活得淋漓盡致的手冊。

──亞瑟・布魯克斯（Arthur C. Brooks）博士，
哈佛甘迺迪學院教授、《愛你的敵人》作者

本書幫助我們收割巔峰經驗，看見我們的真相，讓宇宙的混亂無序改頭換面，成為可以將光明帶到這世界的形式。

──梅默特・奧茲 (Mehmet Oz)、
哥倫比亞大學紐約長老會醫院主治醫師

在這一部精彩的新作中，喬布拉主張意識是唯一的創造者，創造了自我、心智、頭腦、身體，還有我們所知的宇宙。他教導我們，當我們真的掌握這個革命性的觀點，便可以有效移除限制性的信念系統與負面性，那些可能拖累我

們，讓我們不能發揮最大的人類潛能的一切。高度推薦！

——魯道夫・譚茲（Rudolph E. Tanzi）醫師，
哈佛大學醫學院神經學教授、
暢銷書《自體的療癒》、《超基因零極限》共筆作者

本書是對人類潛能的精彩展望，指出我們如何超越局限、概念及心智創造的故事。要是我們覺醒了，褪去平日的慣性思維，不再認定我們是終有一死、只存在於特定時空的生命，那每個人便有可能與我們本身的真實本質共存，或者借用赫胥黎的說法，就是與群體心智（Mind at Large）同在。

——米納斯・卡法托斯（Menas C. Kafatos），
《紐約時報》暢銷書作者、
查普曼大學（Cnapman University）計算物理學講座教授

喬布拉這部傑作指引我們所有人實現全部的潛能，消弭令我們裹足不前的限制，擁抱充滿愛與自我價值的人生。我欣賞他提出的建議都立足在最新的科學研究上。一如既往，喬布拉醫師寫出了充滿真知灼見的作品，追求幸福、充實人生的必備參考書。

——雷納・曼羅迪諾（Leonard Mlodinow），
暢銷書《放空的科學》作者

本書提取了數十年的個人實踐與廣博研究，得出的結論如下：我們不只是自己的思想，甚至不只是宇宙，因為宇宙只是源頭的其中一種呈現方式，那源頭是超人類的根本基礎，孕育、滋養、超越我們所有人。本書讀起來就像一位年長而明智的友人，出門遠遊多年，帶著冒險故事回來了。

——尼爾・泰伊斯（Neil Theise）博士，
紐約大學醫學院病理學教授

　　本書是強效的當頭棒喝！精妙地融和科學與全人的見解，讓我們超越幻象與心智的建構物，見證褪去局限的現實。只有到了那個時候，我們才能完全發揮潛力。

——拉斯・巴特勒（Lars Buttler）博士，
人工智慧基金會（Artificial Intelligence Foundation）
共同創辦人及執行長

　　從新穎的角度探討特殊的意識狀態，為古老的靜心觀念帶來新的見解。高度推薦。

——博納德・巴爾斯（Bernard J. Baars）博士，
加州聖地牙哥神經科學研究所前任理論神經生物學資深研究員

喬布拉向我們揭示一個令人振奮的新現實：我們擁有無窮的自由，可以開創我們嚮往的生命。在邁向非凡人生的路上，沒有比喬布拉更棒的嚮導。

——布魯斯・沃恩（Bruce Vaughn），
前華特迪士尼幻想工程首席創意長

　　三十多年來，喬布拉都在教導我們人類的非凡潛能，起初，他聚焦在我們都可以擁有頂級的身心健康，後來則著重在精神的安康。本書帶領我們穿越身心安康，穿越關於心智的所有觀念，建立符合我們及宇宙本質的生活：亦即存在本身。

——保羅・米爾斯（Paul J. Mills）博士，
加州大學整體健康研究及訓練卓越中心主任

　　這本書不只是關於覺醒，更是要人覺醒。這是實現你全部潛力的衛星導航系統。你需要這套系統，我也需要、我們都需要，如此才能夠在地球上生存，同時不摧毀地球及你我。關鍵在我們身上——關鍵就是我們。而喬布拉告訴我們要怎麼做到。

——鄂文・拉胥羅（Ervin Laszlo），
《與源頭重建連結》（暫譯，Reconnecting to the Source）作者

喬布拉跟我在幾個科學議題上的看法不一致，但他有一個我一向很欣賞的特質，就是他將科學方法及研究發現拿來促進社會進步，特別是幫助大家改善人生。我們都想要幸福而有意義的人生，這在個人議題裡面是最深奧的一個，但要怎麼做？本書便是喬布拉的答案。我在每一章都學到了新知，有助於我實現這個重要的目標。他整併在一起的研究結果與智慧，將會啟發你。

——麥可・謝爾默（Michael Shermer），
《懷疑論者》雜誌（*Skeptic*）發行人、

在公共衛生上，我們設法讓健康的選擇成為容易做到的選項。而本書的辦法則是根據布朗大學正念研究日漸增加的證據，描繪出一條直捷了當的路，帶你抵達專注的覺知狀態及自律的機制，可有效讓壓力沉重的人降低血壓，減少焦慮、憂鬱甚至寂寞的風險。

——貝絲・馬庫斯（Bess H. Marcus）博士，
布朗大學公共衛生學院院長

列舉從醫學到寓言的例子，說明人心就像虛擬實境技術一樣，在現實世界上描繪出一層想像力的表相。

——D. 福斯・哈雷爾（D. Fox Harrell）博士，
麻省理工學院數位媒體及人工智慧教授

省思神經科學、物理學、宇宙學及人類學，從人類足以感應到分子的感官敏銳度到一隻章魚的情感，喬布拉說明我們體驗到的世界是在內心建構出來的產物，而非事物本身。就這樣，他提出一條穿越現代生活的路，引導我們正確看待苦難，或許還能駕馭苦難。

——喬治・馬瑟（George Musser），《弦理論完全白痴指南》
（暫譯，*The Complete Idiot's Guide to String Theory*）作者

要搭起橋梁串連硬邦邦的「西方」科學與東方晦澀的半神祕學傳統，是需要勇氣的。沒人比博學的喬布拉更有搭橋的本錢，將「東方的智慧」傳遞給讀者。於是，就有了這一部作品，引人入勝的內容，將會讓讀者對人類的生命與現實的本質感到好奇。

——拉馬錢德蘭（V. S. Ramachandran），
加州大學神經科學教授

本書蘊含喬布拉的精華教導。萬物都來自一個意識的源頭；我們自身的意識可以讓我們連結上那個源頭，只是我們必須停止跟源頭劃界線。喬布拉的論述流暢，有雄厚的科學知識，有說服力也相當務實，附上了詳細的指導。真是令人耳目一新！

——魯珀特・謝德瑞克（Rupert Sheldrake），
《超越之法及其有效的原因》
（暫譯，*Ways to Go Beyond and Why They Work*）作者

　　本書深度解構我們對現實的日常體驗，從物質走向心靈與形而上。喬布拉妥善地探索意識的演化，畫出了人類邁向解放與無限的路。

——蜜雪兒・威廉斯（Michelle A. Williams），
哈佛大學公共衛生學院院長

　　喬布拉在本書生花妙筆地寫出他對意識、宇宙、身體、心智的理解與觀點。本書是絕佳的參考資料，不但提供了走向真實現實的正途，而且很重要的是，本書也讓人能夠活出更健康、完整的生命。」

——雷夫・史尼德曼（Ralph Snyderman）醫學博士，
杜克大學榮譽校長、杜克個人健康照護中心負責人

本書是指引我們活出天生應有的樣子的手冊，越快讀越好。喬布拉思路清晰，溫和體貼，即使我們如今深陷荒謬、困惑的巨大漩渦，他都能夠觸動我們的心，因此，他大概是當今世上最重要的人物之一。

──柏納多・卡斯楚普（Bernardo Kastrup）博士，
《世界觀》（暫譯，The Idea of the World）作者

喬布拉文筆優美，寫出充滿靈性的願景精妙地闡述心智的生命、以及身為人類和超越人類的意義等。科學將持續探索意識的真正起源，但在我們有定論之前，本書提供了促進人類身心安頓的實用工具。即使我是還原論者（reductionist），閱讀喬布拉這一部心智哲學的最新著作依然很享受。

──海瑟・柏林（Heather Berlin）博士，
西奈山伊坎醫學院（Icahn School of Medicine at Mount Sinai）
精神病學系助理臨床教授

喬布拉整合了神經科學、內分泌學、心理學的最新發現，具體說明對人類本質的化簡與物理束縛根本是錯誤的，嚴重限制了抱持那種思想的人。本書令人不忍釋卷。

──艾倫・萊斯利・康斯（Allan Leslie Combs）博士
加州整合學院（California Institute of Integral Studies）
意識研究教授

本書深入教育讀者，讓讀者熟悉自我、意識、開悟、超現實的基礎概念，就像史帝芬‧霍金的《時間簡史》是要讓外行人了解量子宇宙的起源之謎。必讀！

——肯尼斯‧格林（Kenneth P. Green）博士，
大腦圖譜基金會（Brain Mapping Foundation）資深副總裁

喬布拉提供一份循序漸進的指引，教我們如何對自己居住的現實世界建立新的想像，到時候，我們對物質及現實世界的信念及理解將不再束縛我們，而這個新的現實，將因為我們無窮的目的與精力而沒有盡頭。

——羅伯特‧洛卡斯歐（Robert LoCascio）
實況人物（LivePerson）公司創辦人及執行長

喬布拉這一本新作與眾不同、特別可貴且重要，原因在於切入點是現代生活與世俗文化，而不是在遙遠的古代文化裡的傳統靈性智慧。本書沒有因為這種探討方針的效果而怯步，要緊的是，也沒有受制於這些方針的視角及手段。喬布拉在本書的體貼指引及見解，大大造福了讀者。

——艾德溫‧透納（Edwin L. Turner），
普林斯頓大學天體物理學系教授

本書是著名的內分泌學家喬布拉的又一傑作，邀請讀者自我發現、自我覺知、自我改善。想成為更好的人類、活出圓滿的人生、造福別人，一定要看這本書。

　　　　　　——巴巴克・凱特布（Babak Kateb）醫學博士，
　　　　　　　　大腦圖譜及治療協會執行長

　　本書讓我們在宇宙裡的生命有了新的靈性觀點。擴展我們的觀點，我們可以發揮隱而未現的潛能，覺知到我們的無窮無盡。喬布拉的旅程就像用望遠鏡觀察外太空時，天文學家對外太空的景觀感到的讚嘆。他的書也讓我們擴展內心的觀點，看見自己內在的空間。

　　　　　　——阿維・勒布（Avi Loeb），哈佛大學天文學系主任

　　本書對人類最高級的終極潛能提出了精彩的解釋與探索。世界各地稱為開悟、覺醒、解脫。一般人不知道的是，大智慧的傳統核心所揭示的奧祕——就是你已經具備這一份終極的潛能。這份潛能全然在你之內，就在此時此地。你只要認出這一份始終存在的事實就夠了。如果你想知道那要怎麼做，本書是相當好的起點！

　　　　　　——肯恩・威爾伯（Ken Wilber），
　　《明日宗教》（暫譯，*The Religion of Tomorrow*）作者

我們或許以為這一片廣闊的時空、那無數的恆星與行星，是原本就存在的生命舞臺，生命的戲碼在臺上沒有止盡地上演，而我們只是渺小的配角。然而在本書中，喬布拉以令人信服的說詞，邀請我們推翻這項假設。我們是時空的作者；我們可以覺知到自己了不起的編劇才能，擁抱我們的真實角色。

——唐納德・霍夫曼（Donald Hoffman），加州大學認知科學教授

目/錄

自序：跨越　　　　　　　　　　　　　　　**004**

總論：超人類是畢生的選擇　　　　　　　　**012**

第一部　超現實的奧祕 ——————— **043**

第1章　我們陷入了幻象　　　　　　　　　**044**

第2章　「我」是幻象的根源　　　　　　　**073**

第3章　人類潛能是無限的　　　　　　　　**094**

第4章　超現實給予我們絕對的自由　　　　**117**

第5章　心智、身體、大腦和宇宙是修訂過的意識　**138**

第6章　存在與意識是同一回事　　　　　　**164**

第二部　覺醒 ————————————— **187**

第7章　以經歷為重　　　　　　　　　　　**188**

| 第 8 章　超越一切故事 | **208** |
| 第 9 章　直捷了當的正道 | **226** |

第三部　身為超人類 —————— 249

第 10 章　解放你的身體	**250**
第 11 章　恢復整體性心智	**269**
第 12 章　不揀選的覺知	**289**
第 13 章　一體的生命	**306**

一個月的覺醒計畫：成為超人類的 31 堂課 323

| 結語 | **389** |
| 謝詞 | **395** |

| 自序 |

跨越

　　本書要邀請你認識自己的真實身分,就從兩個簡單的問題開始。你覺得快樂的時候,會同時看到自己在開心嗎?假如你正好在生氣,是否有一部分的你其實沒有任何怒意?如果你的兩個答案皆為「是」,便無需往下看了。你已經大功告成。你已經突破了日常覺知的疆界,這種跨越便足以讓你認識自己的真實身分。關於你的真相會日漸揭露。假以時日,或許就在此刻,你會明白自己活在光中。就像孟加拉大詩人泰戈爾一樣,你可以說:「我存在的事實,便是永恆的驚喜。」

　　跟你打交道想必會很有意思,因為你的存在無疑非比尋常──你甚至可以假定自己獨一無二。環顧四周,你會察覺到,絕大部分的人高興就只是高興,生氣就是生氣。但你不

是。你可以看到疆界之外。

三十年前我開始寫書的時候，喜悅也好，憤怒也罷，無疑都很尋常，沒有自我觀照的額外元素。沒人聽過「正念」之類的詞彙，冥想在一般人眼裡仍然很可疑，而較高意識（higher consciousness）的主題更是遭到高度的懷疑。那時，我是在波士頓執業的年輕醫生，要養兒育女，還要忙工作，為大量的病人服務，至少要在兩間以上的醫院奔波。

當我看到病人的甲狀腺問題好轉，心裡很開心，我是否會觀照自己的喜悅？絕對不會。如果藥劑師不小心配錯藥了，是不是有一部分的我完全不氣惱，默默在一邊見證就好？並沒有。我的喜悅與憤怒就跟我認識的所有人一樣，沒有奧祕可言。但我畢竟出身於印度，當年其實我可以從童年的記憶找到線索，知道有另一種存在狀態。古老的《奧義書》說，人類的心智就像停歇在樹枝上的兩隻鳥，一隻吃著樹上的果實，另一隻則在一旁慈愛地看著。

我還在某個天主教兄弟會主持的學校念過幾年書，所以可以從另一個管道挖到線索，比如耶穌要門徒「存於這世界但不屬於世界」。假如你上網查詢，便會看到很多人不明白這句話應該作何解釋，但這句話的核心教誨就在於認同世俗生活與不認同的差異。耶穌教導我們，當你不認同世俗生活，便會以某種方式與神同在。

但願我可以說這些關於較高意識的線索深入我整個人，型塑我的人生。其實不然。這些線索被我擱置心底，在忙碌

的高壓生活裡我一次都沒想過。我沒有開始認出終極的真理，仍看不出我跟世界上每個人都是存在奧祕的具體呈現。說到底，這就是泰戈爾始終驚喜不斷的原因。當你覺醒了，覺察到現實的真相，便會第一手體驗到存在的奧祕：**要是沒有你，奧祕便不復存在。**

我知道，我在一兩句話裡便跳了十萬八千里遠。一個人從起床開始到更衣、上班等等不做不行的日常事務，與存在的奧祕之間有一道巨大的鴻溝。一個立足在理性與科學的社會，會質疑「存於這世界但不屬於世界」之類的概念，或者說懷疑真理。我們共同生活的世界遵循「眼見為憑」的規則。現實世界向我們捎來許多挑戰，我們便疲於奔命；理性的頭腦開始探查黑暗的未知，從中挖掘到的是新的事實與資訊，而不是我們居然存在的事實有什麼了不起。

起初，是醫學吸引我去探索生命的奧祕——以及，我身為人類的奧祕。我是內分泌科的醫生，我覺得這個專科很有意思，因為內分泌是很獨特的化學物質。要是你的甲狀腺機能低下，你會精神不濟，腦筋遲鈍；內分泌還可以在你遇到危險的時候，讓你拔腿逃跑或是跟人決鬥。我們在街頭觀賞魔術師表演飄浮時的正常反應，便是腎上腺素噴發的結果。當魔術師在我們眼前飄浮起來，觀眾最常見的反應是向後跳或跑開。

我們習以為常地認定這些行為是化學物質引發的，幾乎每個人都覺得青少年的行為跟「暴走的內分泌」有關。即使

我們多少馴服了性衝動，性衝動也不會真的完全被壓制，就像墜入愛河一向不是理性的行為。要是那時候我完全採信了內分泌與內分泌引發的效應，我不會有今天。

然而我心裡就是有個疙瘩，而疙瘩打亂的事情遠遠超過內分泌的範疇——基本上顛覆了現實本身。有一種叫催產素的大腦內分泌，俗稱「愛的荷爾蒙」，因為腦部的催產素濃度變高時，人會充滿愛意，更容易相信別人。但腦垂體分泌的這種分子比這複雜多了。母體在分娩與哺乳時會分泌較多的催產素，促使母體跟嬰兒建立緊密的情感。要是你不時摸摸你家的狗，摸上一段時間後，你跟狗的催產素濃度都會上升。催產素讓人更愛自己國家的國旗，但對其他國家的國旗則無感。在發生性行為的時候，女性分泌的催產素會增加，於是對性伴侶更濃情蜜意，但相同的情況似乎不會發生在男人身上。

這怎麼看都不太對勁，然而這些複雜的科學發現，卻沒有撼動大部分內分泌科醫師的信念。我則不然。我心裡不踏實的原因在於，除非當事人心動了，否則催產素發揮不了它號稱會有的作用。女性在發生性行為的時候，如果是受到脅迫的，感到恐懼、憤怒或單純分心在想更重要的事情，便不會對性伴侶產生更多的情意。如果你撫摸一隻你討厭的狗，你的催產素不會上升。如果獨裁的政權逼迫你向國旗敬禮，你不會愛自己的國旗。

我漸漸看出了身心之間的爆發性效應，我們彷彿是雙面

人,一面是可以用化學物質操縱的機器人,另一面是可以思考、斟酌、作決定的自由人。這兩面看起來並不相容,根本不該並存,卻真的並存,而這也反映在我們神經系統的配置上。一部分的神經系統是自動操作的,讓你不必思考就能維繫生命。呼吸與心跳都用不著你費心。但你可以刻意拿回操控權,自主神經系統可以讓你改變呼吸,要是你稍微練習一下,甚至可以減緩心率。

突然間,我們觸及了奧祕的邊緣,因為必然有個什麼在決定要不要出手、拿回掌控權。那個什麼不可能是大腦,畢竟大腦不在乎自己用的是哪一部分的中樞神經系統。要是你去跑馬拉松,自主神經系統會提高你的心率,但當初決定去跑馬拉松的人是你。

那這個「你」是誰?

這惱人的疑問打亂了現實。隨便哪個時候,都是你——確切地說,是**自我**(the self)——在決定要用哪一套神經系統;所以你不可能是這兩套神經系統的造物。一旦明白這一項簡單的事實,你就踏上了自我覺察之路。你可以一邊感到快樂,一邊觀照那一份快樂;即使在你展現怒氣的時候,你開始不帶一絲憤怒地體驗自己。

這種變化的原因很簡單:你超越了彷彿機器人一般的那個生命面向。你覺知到自己的真實身分,你是大腦的使用者而不是大腦,你是寄居在身體裡的旅人而不是身體,你是產生思緒的思想者,而遠非任何一個思緒。我會在隨後的篇幅

詳細解釋，你的真我（true self）是超越時間與空間的。當你認同了自己的真我，你便做到了「存於這世界但不屬於世界」的教誨。Meta 是希臘字，意思是「超越某個範疇」，所以我用這個詞描述超越「眼見為憑」範疇的那個現實。當你進入超現實，你是超人類。

每個人都會斷斷續續地置身在超現實。超現實是一切創意的源頭，因為要是不超越老生常談，便不會有新的思維、藝術作品、書籍或科學發現。不論你這一生有多少想法，可以想的事情都還有無限多；不論作家寫了多少文句，可以寫的文句都還有無限多。文句與思維不是像電腦儲存資料那樣存放在大腦，在你需要組織另一個思緒時就機械化地重新排列。莎士比亞不只是賣弄他的伊莉莎白時代辭令，他是以充滿創意的方式遣詞造句。梵谷不是單純融合色譜上的一般色彩，他是用色彩展現他對周遭世界的新觀點。

一旦活出具備足夠意義的人生，一個人便會決心要超越。當你想要得到比現狀更豐盈的生命，那可不是頭腦在渴求更多意義，也不是一般人在照表操課地生活。那是自我從更高的觀點作出的判斷。自我也決定了我們要愛什麼人、什麼是真理、要不要信任誰等等。如果一位母親判斷在鬧脾氣的三歲小孩需要睡一覺，她便跨越了對小孩言行的簡單評估。小朋友鬧脾氣的時候什麼話都說得出口，要是做母親的人信了那些氣話，那她也沒比小朋友高明。

既然已經證明了跨越是不可或缺的一步，為什麼我們仍

然不是超人類？我們沒理由一再重複相同的陳腔濫調、迂腐的觀點，遵循相同的社會陋習，向墨守成規的思維低頭。這全是我們一頭栽進去的窠臼，結果就是得到更多一模一樣的陳腔濫調、戰爭、家庭暴力、種族偏見、性別不平等，這些事情從千古以前便折磨我們到現在。我們選擇成為自己的囚徒。我們同時扮演囚徒與獄卒，這弔詭的局面造成了全人類難以言喻的磨難。

要收拾這整個爛攤子，就要做到一件事：從**一般人**切換為**超人類**。這兩種狀態都存在於此時此地。你哪裡都不必去，就可以抵達超現實。就像那兩隻樹上的鳥，你一邊大啖生命的饗宴，一邊從旁觀照。然而，觀照的部分遭到無視、壓制、忽略、低估。世界各地的靈修傳統，將一個人晉升為超人類的那種轉變稱為「覺醒」。當一個人升級到超人類的狀態，以前的日子便彷彿是在夢遊中度過，幾乎不會意識到生命的無限可能。

覺醒就是對自我有了全面的覺察。我想得到各式各樣的譬喻。超人類就像開啟了完整的廣播頻帶，不光是接收一個狹隘的頻道。超人類就像琴弦顫動，奏響更高的音符。超人類就像從一粒沙子看見一個世界。但「像」是一個充滿局限的詞。真實的事物是不可言喻的，必須親自體驗，就像你沒辦法跟一個天生的盲人說清楚視覺是怎麼回事，但如果那個人恢復視覺，便可得知。

編輯們鼓勵作者藉由誇口，保證內容新穎且與眾不同，

以吸引讀者看書。覺醒的歷史跟人類一樣悠久。覺醒這種事是不能擔保的，覺醒本身便無法言說。回顧我先前的著作，我覺得自己被覺醒的特殊與玄妙給嚇退了。但這一回，我做了深呼吸，決定破斧沉舟。我信任讀者並非天生眼盲，不是不可能認識視覺為何物的盲人。有了一點點的信心，便可以讓我們每個人都看見自己已是超人類，而超現實就在此時此地。

我不知道自己可以說服誰。到頭來，身為人類的奧妙輪不到我們置喙。但我確信一件事。要是哪一位讀者明白了覺醒代表什麼，他們領悟真相的時間會比我回首前塵的三十年要短很多。超人類越快在我們的生命中嶄露，就越好。

| 總論 |

超人類是畢生的選擇

　　人類奔波忙碌,就為了過上好日子。以生活水準來看,可以說已開發國家正值黃金時代。期盼自己會健康數十年,天然的有機食材到處都買得到吃得起,更別提擁有以前一般人不會有的事物,比如自己的房子、在相對安穩的狀態下退休,如今都不再是癡心妄想。

　　然而,令人費解的是不計其數的人拚命想提升生活,卻不思改善他們的個人現實(personal reality)。這兩者緊密交織,要是你不改善個人現實,想提升生活就會變得很難做到。現實不只是「在外面的」世界,而是因人而異。兩位從事同樣工作的通勤族可能抱持大異其趣的世界觀,一位擔心工作沒保障,覺得說不定哪天就被開除了;另一位則內心平靜

滿足，保持樂觀。兩位新手媽媽的分娩經歷可能一模一樣，都沒有併發症，然而一位也許會陷入產後憂鬱症，另一位則沉浸在為人母親的喜悅裡。

個人現實決定了我們是誰。個人現實就是由我們所有的信念、情緒、獨一無二的記憶、人生閱歷及人際關係所構成。沒有什麼比一個人的人生境遇更關鍵。然而離奇的是──簡直不可思議──我們打造人生的時候，竟然對自己的真實身分一無所知，極度缺乏相關的認識。探查一下任何關於人類生命的基本議題，便會察覺專家看法的背後是一片空白，缺乏應有的理解。

我們不明白為什麼人類天生就能愛又能恨，倡導和平又行使暴力，在快樂與絕望之間擺盪，過著一下信心滿滿、一下自我懷疑的生活。現在你便是以個人的風格，展現這一切矛盾。你對自己摸不著頭緒，別人也是。支撐著我們的是照表操課的日子，我們一邊期盼一切都不會出什麼大亂子，一邊奮力堅持下去。

我不是在貶低大部分人追求的家庭、工作、感情。但坦白講，即使是在最重要的事情上，我們也不敢信心十足地說，知道自己在幹麼。難怪我們花了大把時間提升生活，拿來改善個人現實的時間卻少得可憐。現實太令人困惑了。現實的水太深，最好放著別管，還是待在安全的淺水區吧。

然而有一些人會冒險進入深水區。這種人在每一種文化裡都有，他們會帶回既陌生又令人振奮的訊息。愛你的敵人是

很發人深省啦,但誰真的會那樣做?聽人家說神的愛無限多,這並不會讓那成為你的現實。在每個時代,永久的和平都在跟犯罪、戰爭、暴力的可能性對峙。一些被推崇為聖人的人,也很可能被貼上瘋子的標籤,其所推崇的一切只是被認定為太過美好、我們的世界配不上,然後就不被當一回事了。

但有一件事毋庸置疑:個人的現實是這一切上演的舞臺,蘊含了人類施展出來的所有潛能,同時也囊括了絆住我們腳步的所有局限。在一九七〇年與世長辭的紐約心理學家亞伯拉罕‧馬斯洛(Abraham Maslow),至今依然聲名顯赫,因為他拒絕隨波逐流。心理學領域的典型事業路線,是檢視人心的病惡與缺陷,馬斯洛則認為日常生活的體驗太狹隘,根本不足以定義人類的天性。如今他的核心思想開枝散葉,影響力大大超過他所意料。他認為人類的天性是追求登峰造極的體驗,不僅如此,那種追求應該是我們的日常。那就像在滿街都是破車的地方,有人宣稱你可以用你的破車去換一輛賓士或捷豹。假如你睜眼只看到破車,賓士跟捷豹都在大海另一端的遠方,你的現實不會改變。但馬斯洛擷取人類幾個世紀以來的精神抱負,堅稱追求生命中的巔峰經驗是我們的天性,我們需要並渴求巔峰經驗。關鍵在於跨越你的日常。

跨越的概念成為我撰寫本書的動力。

要發掘你實際上是誰,你必須跨越你對自己的想法。要得到平靜,你必須跨越恐懼。要體驗到無條件的愛,你必須跨越有條件的愛,也就是那種來來去去的愛。我甚至一度

覺得這本書的書名應該只取名《跨越》就好。但我決定用 Metahuman（超人類），meta 是希臘文，意思是「超越」。我的論點是**成為超人類是自我身分認同的重大轉變，任何人都做得到**。既然追求巔峰經驗是我們的天性，這便帶來了我們是否有選擇的問題。人生最具啟發性的時刻降臨時，那些洞見往往像是自己從另一個更高層次的地方來的。我們怎麼知道那些不是偶然？

不久前有一場科學與意識的研討會，一位年輕女性向我介紹她自己，以及她正在寫的一篇與鳥類溝通的畢業論文。我問她人類怎麼可能跟鳥類交談，她說直接示範會比用講的簡單。我們離開會場。外面的天氣晴朗，我們靜靜坐在長椅上。她抬起頭，看著附近一棵樹上的幾隻鳥，其中一隻飛下來，毫不害怕地停在她的大腿上。

她怎麼辦到的？她覺得無需言語，用眼神說：「看到沒？這很簡單。」假如是在我以前念過的那間天主教學校，那些年長的教師們便會提起亞西西的聖方濟各（St. Francis of Assisi），他經常被描繪成一位慈祥的人，鳥兒會飛向他。而印度傳統呢，我想到的是一種稱為 ahimsa 的意識，其特質是「不傷害」，就是遍及一切生物的憐惜之心。

兩者都不是跟鳥類說話，也不懂得鳥類的語言——她全程都沒出聲。這是跨越的完美例子。以這件事來說，她跨越了我的預期範圍。根據這位年輕女子事後的解釋，她所做的就是滌清思緒，然後浮現讓鳥兒飛向她的意圖。也就是說，

那完全發生在意識裡。

　　有相關經驗的人實在太少了，所以我更有必要寫出來，以闡明當我們真的跨越以後，可以選擇去做的事將會多出多少。我強烈地感受到，我們擁有的選項遠比我們目前意識到的更多。

　　對我來說，**成為超人類是畢生的選擇。巔峰經驗只是起步，讓人粗略地領略到我們可能做到的一切。**

　　巔峰經驗已是很常見的詞，多數人知道大概的意思。這個詞是指在各種限制都消失的時刻，扭轉乾坤的洞見便降臨在我們身上，或是我們毫不費力便有了絕佳的表現。年近四十的美式足球聯盟四分衛[1]拿下好幾次超級盃冠軍，八歲的音樂神童以莫札特鋼琴協奏曲初試啼聲，數學魔法師幾秒鐘便算出兩個十八位數相乘的答案——我們不用費力就能找到這一類登峰造極的表現，暗示人類潛力可以大幅擴張的程度。這些成就雖然驚人，卻局限在一小群特定的人士。當功名利祿湧向那寥寥無幾的幾個人，我們便錯過了多數人可以擁有的更大可能性。

　　現實的可塑性大大超過任何人的認知。你覺得絕大部分的限制是衝著你來的，但給你施加那些限制的人其實是你自己。不明白自己的真實身分令你受困在二手的信念中，你灌溉陳年的傷口，遵循老舊的成規，被自我懷疑與自我批判折磨。這些是人人都免不了的限制。尋常的世界以及我們在這個世界的尋常生活，不足以揭示我們的真實身分——真相恰

恰相反。尋常的世界在欺瞞我們，騙局近乎天衣無縫，以致我們甚至扭曲自己去迎合。在法律上，以非法的手段取得的證據稱為「毒樹的果實」（fruit of the poisonous tree）。我們把騙局當真，再怎麼美好的生活都會因此受到污染，而這可不是在誇大其詞。任何事物都不能完全免於這種污染，連最美好、最良善的事物也不行。要免於污染，唯一的辦法是超越。

超人類的人格特質奠定在較高的價值觀上；不只是巔峰經驗，還有愛與自我價值。寫完這本書以後，我很開心地發現馬斯洛所說的「超人類」跟我說的一模一樣。（他沒有把這個詞跟漫畫裡的超級英雄連結在一起，我也沒有。奇幻作品裡的超人類被世人貶為怪物，認為他們是社會的隱患，因此迫害他們，但本書的超人類完全沒有那種涵義。）

認為某些經歷崇高到超凡入聖倒不是壞事，比如馬斯洛便給了超人類極高的地位。立志要觸及上帝或永恆的和平與愛，是跟釘釘子一樣真實的事，宣告事實如此是很重要的一步。但我認為成為超人類是當務之急。唯有如此，我們才能走出生命的幻象，內心不再受苦、迷惘困惑、充滿衝突。

1　新英格蘭愛國者隊的 Tom Brady。

日常生活的幻想

每個人都會同意,我們最好不要活在幻想裡,要面對現實。因此當你得知自己在幻象裡活了一輩子,想必會很錯愕。這是你從最早的童年便信以為真的沉浸式幻象。即使是最務實、最腳踏實地的人,都隨時隨地沉浸在幻想中。我說的幻想並不是白日夢、性幻想、一夕致富的夢想。凡事都跟你看到的不一樣。**萬事萬物本來就是幻象。**

請拿出手機,從你儲存的相冊隨便挑一張照片看看。不管照片中的是大峽谷、一隻老鼠、一隻微生物,畫面都是幾吋寬。你雙眼的寬度大概跟智慧型手機的螢幕差不多,但在你眼中,大峽谷、老鼠、微生物的尺寸卻相去甚遠。我們如何自動調整手機照片中那些景物的尺寸?沒人曉得,再考慮到眼球後方的視網膜是彎曲的,投射在視網膜上的影像是上下顛倒的,這一切就更費解了。我們看到的世界,怎麼沒像哈哈鏡照出來的那樣扭曲?

你可以聳聳肩,把整個謎團歸因於大腦的奧妙,是大腦竄改了眼睛收到的原始資訊,為我們轉換成現實世界的圖像。但這只加深了幻象。當我們說眼睛對「可見光」有反應,我們習慣性地忽略了光的基本粒子 —— 光子 —— 是不可見的。光子不發光,沒光澤,沒顏色,不具備我們認知中的光的特質。就像蓋革計數器(Geiger counter)[2]遇到高濃度的放射物質會瘋狂地咔咔響,遇到濃度低的放射物質則只發出零

星的咔咔聲,當大量的光子觸動視網膜上的視桿與視錐,視網膜便會瘋狂地「咔咔咔」,而光子濃度低的時候則只會微弱地「咔咔咔」(就是我們說的黑暗)。

不管視網膜如何反應,你認為自己看見的一切都要經由大腦處理,發生在一個稱為視覺皮層的部位,那裡是完全黑暗的。亮到令你的眼睛暫時不能視物的閃光燈,在大腦裡就跟夜空最昏暗的星星一樣黑。你看到的影像,乃至立體畫面,都不是由傳遞到視覺皮層的訊號構成的。你認知中的世界的畫面,通通是心智打造的。

視覺以外的另外四種知覺,也以相同的方式,在其他種類的細胞表層激發反應。不知何故,鼻腔的神經末梢可以將在你周遭飄蕩的分子轉換為玫瑰的芬芳或垃圾堆的臭味。整個立體世界的畫面,是由沒人可以解釋的幻術建構的,然而我們可以確定那畫面絕不是真實世界的真貌,那完全是心智的產物。

神經科學家會阻止並糾正我,說我們見到的世界是大腦的傑作。但從幾個簡單的例子,便可以證明這種論點不正確。對大腦來說,這一頁的字跡是黑色的斑塊,跟你畫畫的時候,從畫筆滴落的隨機墨跡沒兩樣。在你識字之前,文字

---

2 又叫蓋格-米勒計數器,是一種用於探測游離輻射的粒子探測器,通常用於探測 α 粒子和 β 粒子,也有些型號蓋格計數器可以探測 γ 射線及 X 射線。

只是無意義的斑紋,要到你識字以後,斑紋才是有意義的文字。然而就處理資訊而言,你的大腦從三歲起就沒有變過。是心智學會了辨別文字,不是大腦。同樣地,**凡是你看到的事物,比如一棵榆樹、一塊比利時巧克力、一間教堂、一座墓園,這些事物之所以有意義,是因為你的心智賦予它們意義。**

再舉一個例子:天生眼盲的孩童以醫療手段恢復視覺後,他們會對我們認為理所當然的事物一頭霧水。在他們看來,遠方的牛跟近處的貓一樣大,階梯似乎是畫在牆壁上的,而他們本人的影子則是頑固跟著他們走的神祕黑色塊。這些孩童缺少了識別世界萬象的學習曲線,要補足這塊才能跟我們一樣塑造出日常景象。(我們看得見的世界太混亂了,剛剛得到視覺的孩童與成人往往情願坐在黑暗中,重拾舒適的感覺。)

你必須經歷學習曲線,才有辦法在這個世界生活,但你以奇怪又出人意料的方式順應了世界。以視角為例,假如你躺在床上,有人碰觸你的肩膀來叫醒你,你睜眼看到這個人,你不會覺得他的身體很寬,而身體上方的頭則很小。但從躺在床上的角度拍攝的照片披露了真相。這人的軀幹是在你的眼睛前面,顯得異常寬闊,頭部則因為比較遠,看起來小得不自然。同樣地,當你跟近在眼前的人講話,這人的鼻子會大到不成比例,要是拿照片跟本人作比對,這人的眼睛說不定還比擱在大腿上的手更大。

我們會自動忽略眼睛實際看到的景像，在心智的運作下調整視覺資訊。眼睛接收到的訊息說你此刻坐在室內，幾面牆壁在遠端靠攏，但你知道這房間是四方型的，據此調整了視覺資訊。你知道鼻子比手小，因此視覺資訊也要調整。

真正令人錯愕的是，你感知到的一切都經過了調整。在花園裡飄蕩的分子被調整為香氣。震動的空氣波動被調整為你可以辨識的聲音。我們居住在心智打造的世界裡，甩都甩不掉。這是人類的輝煌，也是人類的危難。兩百年前，高瞻遠矚的詩人威廉·布萊克（William Blake）在倫敦街頭漫步，哀嘆他目睹的景象。

（我）在遇見的每一張臉上標記出
懦弱的痕跡、痛苦的痕跡。

在每個人的每一聲呼喊中，
在每個嬰孩的驚懼哭叫中，
在每個人的音聲中：在每個詛咒聲中，
我聽見了心靈鑄造的鐐銬聲。

他刻劃的悲淒景象，至今仍在反覆上演。人類遊遊蕩蕩，歷盡千辛萬苦，堅定不移地深信那是我們的命。你可以另謀出路，但前提是你必須接受**凡是心智打造的一切，都可以由心智拆掉。**

歡迎來到幻象屋

我們沉浸在柴米油鹽的世界時,不可能識破幻象。我們需要超越幻象,因此蛻變成為超人類是必要的。一個幻象要做到全方位,唯一的辦法是讓幻象成為無所不包的騙局,在大小事情上都把我們騙得團團轉。這便是我們的處境。人類的心智從無到有,建構出貼合自己心意的一切。在某種意義上,本書的宗旨只是要說服你,讓你相信自己的個人現實完全是心智的產物,而且不只是你一個人的心智。你從小繼承了這個人造的現實,花了一輩子適應這個世界,所以你必須踏上旅程,去發掘現實與幻象之間的差異。

凡是認為「外面的」現實世界完全屬實的人,會覺得世界是心智打造出來的概念很荒謬。被一個觀念擊倒是一回事,被閃電擊倒是截然不同的另一回事。兩者的差異太明顯了,所以要是有人跟你說兩者相同,你一定不會相信那個人。

然而有一些聰明絕頂的人便是那樣說的。真正有意思的來了。傑出的德國物理學家馬克斯・普朗克(Max Planck)是量子革命的重要人物;事實上,「量子力學」一詞便是他創造的。一九三一年,倫敦的《觀察家週報》(*Observer*)採訪了普朗克,他說:「我認為意識是根本。我認為物質是意識的衍生物。我們沒辦法看穿意識。我們談論的一切,一切我們認為存在的事物,都建立在意識之上。」

也就是說,**意識即本**。如果真是這樣,在花園盛開的

玫瑰，便跟畫中的玫瑰來自同一個源頭。那個源頭便是覺知（awareness），也就是你的覺知。沒有意識，便無法證明任何事物的存在。**只要保持覺察，便可以參與心智打造的世界，每天輔助心智創造世界。**明白這一點的好處是既然創造來自意識，我們便可以從根源下手，重塑現實。

也有其他人像普朗克一樣，從物質轉向心靈，從心靈的角度重新解讀現實。量子革命的變革在於破除尋常的觀點，不認為世界的屬性是有形有體的物質。德國的物理學家維爾納‧海森堡（Werner Heisenberg）是另一位傑出的量子先驅，他說：「我們看到的不是大自然本身，而是按照我們提問的方式所披露出來的大自然。」

這句話的含意很驚人。當你看著窗外，也許你會看到樹木、浮雲、青草、天空。將這些詞安插到海森堡的句子裡，放在「大自然」這個詞的位置。你看見一棵樹是因為你要求看見一棵樹。你看見青山、浮雲、天空的原因也一樣。身為觀察者，你窗外的萬物透過你提出的問題而顯現。你可能不曉得自己提過問題，但那只是因為那些問題在很久以前就問了。當幼兒第一次瞥見一棵樹，他們會試探那是什麼，基本上，他們會問：「這是硬的還是軟的？粗糙的還是光滑的？高的還是矮的？那些在分枝上的綠色東西是什麼？為什麼會在微風中搖曳？」我們就這樣將人類意識套用到宇宙萬物上，得到符合人類意識的答案。但我們得到的答案不是真相。量子物理拆解了樹木的所有特徵，比如硬度、高度、形狀、顏

色，揭示了所有的事物其實都是在量子場中不可見的漣漪。

如果這些內容似乎太抽象了，我們可以把焦點拉到自己身上。就在此刻，你的身體正從意識中創造出來；否則，身體無法存在。又一次，根據文獻，海森堡很早便察覺這一點：「原子或基本的粒子，本身不是真實的；原子建構出一個充滿潛在可能性的世界。」但在一般常識的世界裡，身體是我們的居所，是我們的維生系統，也是讓我們可以四處跑的個人載體，因此保護自己的身體是必要的。聲稱我們的身體是心靈的幻象太嚇人了。

反機器人的論點

甩開這個世界具有實相的錯誤假設，便會與一個令我日益憂心的趨勢反其道而行。科學一直在努力證明人類即機器，以前這只是在比喻人體仰賴錯綜複雜的各個部位來維持運作，然而人類即機器的概念已經被日漸視為事實。科學說人類的複雜情感可以簡化為大腦內分泌的起伏。在功能性磁振造影（fMRI）中亮起的大腦部位，據說可以指出為什麼一個人會有憂鬱或有犯罪傾向等等的問題。我們不但要相信自己是大腦的傀儡，也應該相信基因對我們有強大的操控力，要是一個人有「不良」基因，就注定百病纏身，從思覺失調到阿茲海默症不一而足。而這些傾向又延伸到容易焦慮、憂

鬱之類的行為與人格特質。

超人類具備很多意義，但最強而有力的一項意義，在於否決了人類基本上是機器裝置的概念。儘管科學界對基因與大腦都有豐沛的研究成果，卻無法證明人是機器。比如，社會大眾不知道那些與疾病相關的基因變異，只有五％一定會引發特定疾病。其餘九十五％的基因變異則以複雜的方式與其他基因相互作用，進而提高或降低一個人的風險因素。

社會大眾仍然抱持錯誤的觀念，以為所謂的「同性戀基因」或「自私基因」之類的單一基因是存在的，而這些基因令我們出現無法壓制的傾向。這一項錯誤的認知在人類的基因體完成定序之後便破除了。目前的 DNA 圖譜與大眾遭到誤導的觀念幾乎恰恰相反。DNA 並非固定不變，而是彈性而動態的，隨時都在跟外界及你內心的想法與感受互動。

基因主宰人生的觀念深植人心，連知識分子也不能倖免，因此二〇一八年十二月十日發行的《自然：人類行為》（*Nature: Human Behavior*）所刊載的一項新實驗，內容才令人大開眼界。史丹佛大學心理系的研究員找了兩組參與者，測試他們的兩個基因，一個可能會促進病態肥胖的風險，另一個則與運動能力不良有關連。

我們先看肥胖基因的例子。參與者用完餐後，研究員問他們覺得自己有幾分飽；此外，還化驗了他們血液的瘦素濃度，瘦素是與用餐後的飽足感有關的內分泌。結果，帶有肥胖基因的人跟沒有肥胖基因的人大致相同。隔週，同一群人

回來進食相同的餐點,但這次有一項差異。研究員隨機地選出一半的人,說他們的基因讓他們免於肥胖的風險,跟另一半人說他們的基因提高了他們變胖的可能性。

研究員們很驚訝地發現,這項資訊立刻帶來驚人的效果。光是被告知他們有不發胖基因的那群人,他們血液中的瘦素濃度便提高了,變成前一週實驗時的兩倍半。得知自己沒有不發胖基因的那群人,瘦素的濃度就沒變。這表示僅僅是跟人說他們有基因紅利,他們便出現相對應的生理變化。他們信以為真的事,戰勝了他們真正的基因傾向,因為其中認為自己有不胖基因的參與者,實際上沒有那個有利的基因。

同樣的驚人效應也出現在運動的實驗。得知自己有不擅長運動基因的參與者,他們心血管與呼吸的反應,全都符合具有體能低下基因應有的反應。即使他們本身沒有不擅長運動的基因,光是說他們有這種基因,他們的肺活量就縮減了,以致在跑步機上累到跑不動。

簡單說,**身體會順應心智打造的現實**。既然光是聽說自己有某一種基因,你的生理狀態就出現相對應的基因效應,基因控制我們人生的迷思便很難有說服力了。基因並非完全沒有影響(完整的解釋詳見我與哈佛基因學家魯道夫‧譚茲〔Rudolph E. Tanzi〕合著的《超基因零極限》〔*Super Genes*〕),但真相跟人類生命本身一樣複雜。基因是影響我們的眾多因素之一。我們不可能預測基因對任何一個人的影響力有多大,在每個行為與健康的領域,每個人都有廣闊的

選擇空間。

遇到二選一的情況時,將自己視為可以自主改變的自由人,而不是由基因與腦細胞在操控的機器人。人生很少會像二選一那麼單純,在此也是。儘管盛行的科學論述建構出一套人類的形象,但人類真的不是生化傀儡。我們是有意識的主體,擁有無限的潛能,可以揮灑創意、創造改變,這才是更貼近真相的觀點。當我們選擇成為超人類這個翻轉人生的選項,我們會成為超人類。

在超人類的十字路口

我不指望你現在就接受這個結論——反正,時候未到。要等我們描繪出成為超人類的全貌,你才可以下定決心。我們都在不知不覺中,深深陷入了預先成型的現實中,我們從嬰兒時期便將這一個現實當真。此刻你的五感所接收到的萬事萬物,比如你房間的堅實牆壁、在你肺部的細微空氣流動、從窗外或燈具流瀉下來的明亮光線,這些都是虛擬的,是讓你沉浸在虛擬現實的建構。

一方面,大腦、身體、心智的設定,便是順應虛擬的現實過日子,這是花了幾千年才建立的集體欺騙。這很棘手。囚犯有挖地道越獄的動機,因為他知道在監獄的牆壁外面還有一個世界。在你此刻體驗到的虛擬現實之外的事物,全是

你摸不著、嚐不了、感覺不到、聞不出的。但在虛擬現實之外確實別有洞天，我稱為超現實（metareality）。**超現實是意識創造萬物的工坊。那是我們的源頭與來處，是純粹創造性潛能的場域。**人類的五感不能感應到超現實，因為超現實沒有形體或位置。但我們絕對可以連結到超現實，這是我們脫離虛擬現實的唯一辦法。

一旦你意識到自己被虛擬現實包圍，你會恍然大悟人類其實擁有無限的創造力。**我們打造個人世界的建材不是鋼筋水泥，而是一種看不見的素材：意識。**在科學時代，這種說法似乎難以置信，甚至荒唐。在這個虛擬現實，開天闢地的過程可以像電影一樣演繹出來，從大霹靂開始，耗費一百三十七億年發展成如今的宇宙。這個規模大到我們的頭腦無法理解的宇宙，這個受制於時間、空間、物質、能量的世界，怎麼可能是假的？

想找出答案，便需要付出一些好奇心跟冒險的意願，願意超越到世俗觀念之外。意識存在於我們人生的每一刻，一般人卻認為那是理所當然的。這已經不是見樹不見林了，而是在樹林裡生活而沒有看見任何樹木。

以超級暢銷書《人類大歷史》（*Homo Deus*）為例，貫穿全書的主題便是我們如何發明未來。以色列的歷史學家哈拉瑞（Yuval Noah Harari）寫這本書，便是希望為我們提供一個更好的未來新起點。哈拉瑞寫道，我們以前似乎擺脫不了古老的重擔：

在二十世紀的中國、中世紀的印度或古代的埃及，人類念茲在茲的是三個相同的問題。飢荒、瘟疫、戰爭永遠是前三名的大事……許多思想家與先知歸納出來的結論是，飢荒、瘟疫、戰爭在上帝的宏大計畫裡一定是必要的環節，不然就是我們不完美的天性造成的。

哈拉瑞散發了在未來學家中難得一見的樂觀態度，他接下去寫道，除了世界各地局部地區，這三大問題已大致解決。「剛進入第三個千年周期的人類很驚奇地意識到……飢荒、瘟疫與戰爭都在最近幾十年內得到控制。」哈拉瑞的讀者急著接受哈拉瑞對未來的看法，「在恢宏的宇宙尺度上，人類可以抬起頭，開始凝視各種新的領域。」

那些新領域是什麼？在《人類大歷史》中，哈拉瑞帶領讀者踏上旅程，探討現有的一切問題，介紹未來學家熱衷於探索的潛在解決方案。直到第四百零九頁，他才談到了意識，之後吹捧起由「科技神教」（techno-religions）主宰的未來──也就是說，人類的演化是走向人工智慧與超級電腦，讓人腦的原始素材得以升級。極其驚人的人工智慧矗立在我們面前，我們除了膜拜以外還能怎麼辦？

哈拉瑞對未來的看法誤入歧途，因為第一步就走錯路了。他應該把意識放在第一頁，而進化的意識帶領我們往哪走，哪裡就是我們人類該走的方向。古往今來出現過的每一種未來，通通都是心智決定前往的未來。畢竟，人工智慧只

是人類智慧發展的其中一步而已;因此,預測超級電腦組成的科學怪人種族,將超越現代的人類,這樣的預測實在太草率了。要推估我們會有什麼未來,我們需要先認識人類的完整能力。在超現實成為我們的日常體驗之前,人類就還沒完整展現我們的創造能力。安於更美好的夢想並不夠——升級版的幻象照樣是幻象。

你的人生

超人類問卷

證明超越確實存在的最佳證據,便是一般人已經在體驗超現實了。其中一種評量方式是回答約翰・奧斯汀(John Astin)和大衛・巴萊因(David Butlein)設計的二十道問題,這一份問卷有一個很學術的彆扭名稱,叫「非二元化身主題盤點」(Nondual Embodiment Thematic Inventory, NETI)。非二元化身主題盤點是列出我們長久以來歸類到靈性、心理、道德的項目,讓人自行評估,最後結算出二十至一百分的分數。評估項目包括我們已經很重視的超人類特質,因為那些特質非常有意義,也有一些可以讓我們更容易駕馭人生的特質,例如以下這些:

同情心

韌性

臣服的傾向

對真相的興趣

沒有心防

包容自我矛盾（亦即想法、信念、態度不一致）的能力

包容不舒服的情緒

感恩

不容易焦慮

真誠

謙遜

　　這些都是我們擺脫二手的社會規範及制約之後，便會浮現的天性特質。當你具備這些特質，就可以不受拘束地進入超人類的覺知狀態。

　　以片刻時間實際做測驗。以下便是非二元盤點問卷，我們用這份問卷評估一般所謂的「非二元體驗」，也就是升級的意識狀態。你給自己的評分將會是二十到一百分，等你得出分數之後我們再接下去談。

非二元化身主題盤點問卷 [3]

作法：請評估你發生下列事項的頻率。只圈出一個答案（注意：第四、八、十四、十六題的評分是相反的）：

1分：從不
2分：很少
3分：有時
4分：多數時候
5分：一直都是

(1) 內心的滿足感不因外在的情況、事物、他人的行動而改變。
　　1分：從不
　　2分：很少
　　3分：有時
　　4分：多數時候
　　5分：一直都是

(2) 我接受（不會抗拒）自己遇到的任何情況。
　　1分：從不
　　2分：很少
　　3分：有時

4分：多數時候

5分：一直都是

(3) 對自己、對世界、對別人，我都想要去看清楚現實或真相，不會堅持特定的立場。

1分：從不

2分：很少

3分：有時

4分：多數時候

5分：一直都是

(4) 我覺得自己在保護或捍衛我的自我形象，或是我對自己的看法。

1分：從不

2分：很少

3分：有時

4分：多數時候

5分：一直都是

3　由約翰・奧斯汀、大衛・Ａ・巴萊因設計。

(5) 非常喜愛並感恩我人生裡的一切人事物。
    1分：從不
    2分：很少
    3分：有時
    4分：多數時候
    5分：一直都是

(6) 了解在我所謂的「自我」跟整個存在之間，說到底並沒有任何隔閡。
    1分：從不
    2分：很少
    3分：有時
    4分：多數時候
    5分：一直都是

(7) 不管我人在哪裡、遇到什麼情況或事情，我都感到全然自在。
    1分：從不
    2分：很少
    3分：有時
    4分：多數時候
    5分：一直都是

⑻ 覺得我這輩子做事情的動機，是出於恐懼或不信任。
　1分：從不
　2分：很少
　3分：有時
　4分：多數時候
　5分：一直都是

⑼ 清楚意識到我跟超然的實相、源頭、較高力量、靈、神等等之間並沒有分離（基本上是一體的）。
　1分：從不
　2分：很少
　3分：有時
　4分：多數時候
　5分：一直都是

⑽ 不會緊抓著自己的想法與觀念不放，堅持自己是對的。
　1分：從不
　2分：很少
　3分：有時
　4分：多數時候
　5分：一直都是

⑾ 即使是在行動中,即使是在吵雜的環境裡,都能堅定不移地覺察到一種靜定。

1分:從不

2分:很少

3分:有時

4分:多數時候

5分:一直都是

⑿ 做人做事都不會根據自己或別人的期待去扮演某一種角色或身分。

1分:從不

2分:很少

3分:有時

4分:多數時候

5分:一直都是

⒀ 在每時每刻的體驗裡,感受到無比的自由與可能性。

1分:從不

2分:很少

3分:有時

4分:多數時候

5分:一直都是

⒁ 希望別人會懂我。
　　1 分：從不
　　2 分：很少
　　3 分：有時
　　4 分：多數時候
　　5 分：一直都是

⒂ 對過去或未來感到擔憂或不舒服。
　　1 分：從不
　　2 分：很少
　　3 分：有時
　　4 分：多數時候
　　5 分：一直都是

⒃ 恐懼或焦慮的感覺阻礙了我的行動。
　　1 分：從不
　　2 分：很少
　　3 分：有時
　　4 分：多數時候
　　5 分：一直都是

⒄ 感受到豐沛的活力與生命力。

　　1 分：從不

　　2 分：很少

　　3 分：有時

　　4 分：多數時候

　　5 分：一直都是

⒅ 做人做事不會想著要改變任何人或事。

　　1 分：從不

　　2 分：很少

　　3 分：有時

　　4 分：多數時候

　　5 分：一直都是

⒆ 對任何經歷都很感恩或好奇。

　　1 分：從不

　　2 分：很少

　　3 分：有時

　　4 分：多數時候

　　5 分：一直都是

⑳ 覺得一切人事物都是無瑕而美好的,現在就是。

1分:從不

2分:很少

3分:有時

4分:多數時候

5分:一直都是

總分:＿＿＿＿＿＿＿

評估你的得分

如果你從來沒有體驗過超人類的意識特質,你的得分會是二十。如果你隨時處於超人類的意識狀態,得分會是一百。兩者都極為罕見。心理治療領域的三個特定群體的平均分數如下:

心理學研究生:52

精神科醫師:71

自稱具備非二元(即超人類)意識的精神科醫師:81.6

這對一般人有什麼意義?最重要的是,每個人都可以在此時此地培養較高階的意識嗎?為了找出答案,一支我參與的研究團隊做了一項短期覺醒的研究。我們找了六十九位志

願者，他們是健康的成年人，年齡從三十二歲到八十六歲（平均年齡是五十九歲多一點）。他們必須符合兩項條件：可努力節制飲酒一週（一天以一杯為限），在過去十二個月內沒有做冥想，也沒有去瑜伽僻靜營。

參與者要前往加州的卡爾斯巴（Carlsbad），隨機分成兩組，住在喬布拉中心（Chopra Center），那裡有水療養生的設施。我們要其中一組在隨後六天放輕鬆，享用養生會館的設施。另一組則執行可以改善整體身心狀態的阿育吠陀養生計畫，包括特殊的飲食（主要是蔬食，但也針對不同的體質類型調整）、按摩、冥想，並指導他們執行阿育吠陀（Ayurveda）[4]的生活之道。這個養生計畫涵蓋的層面很廣，兼顧情緒與靈性層面的健康，也就是喬布拉中心提供的「完美健康方案」，從我們推行多年的經驗，我們知道參與者事後會說他們覺得自己更健康、壓力下降、更放鬆，整體而言更快樂。

這項新研究的切入點則是讓兩組人先做一次非二元問卷，等六天結束後再做一次，比較兩次的分數。跟對照組相比，完美健身計畫組的分數有顯著改善，而且一個月後重新評估的時候效果依然沒變。[5]

在喬布拉中心的研究中，原本分數就高於平均的參與者，平均分數是六十二；比一般的心理學研究生高十分。分成兩組後，完美健康計畫組的中數是七十四分（高於一般的精神科醫師），在養生會館放鬆六天的那一組只有些微改善，平均分數是六十八。在一個月後的評鑑，完美健康組有小幅

改善,從七十四提高到七十六,放鬆組的分數是持平。

你的評分是讓你大致掌握自己的現狀,要知道這只是一項規模很小的研究。我們發現投注一星期專心照顧心靈與身體,便可以增加非二元性的體驗,日後任何人都可以設計更棒的身心培訓計畫,這樣的研究發現既令人驚喜,又令人滿懷希望。

我並不是在說以阿育吠陀為基礎的完美健康計畫,是邁向較高意識的最終結論。重點在於整體的影響。超人類的體驗捭拾即是,但每個人發生的頻率不一。有的人已經很老練,一輩子頻繁進入那種體驗。這樣的人可能會覺得渾身洋溢著幸福的能量是理所當然的事。但一模一樣的事情如果是突然降臨在一個人身上的全新體驗,當事人可能會感到很錯愕。

意識的範疇太廣大,顯然遠遠不是一份問卷可以測量的。話雖如此,問卷依然提出了一個大哉問:既然擴展意識的好處那麼多,比如當你明白自己實際上是誰你會感到平

4　Ayurveda,梵語,意為「生命的知識」,為印度教及佛教的傳統醫學。
5　完整的研究論文通過了同儕審查,發表在二〇一七年十二月號的《替代及輔助醫學期刊》(*Alternative and Complementary Medicine*)。作者群來自許多單位,有加州大學戴維斯分校(University of California-Davis)、哈佛醫學院(Harvard Medical School)、杜克大學(Duke University)、喬布拉健康中心(Chopra Center for Wellbeing)。這篇論文很快便得到大量引用,超長的標題是《多元健康計畫對非二元意識及靈性覺醒所造成的改變》。

靜、可以發揮你與生俱來的無限創意潛能，那你何必活在局限之中？

第 1 部

超現實的奧祕

第 01 章

我們陷入了幻象

在史前時代的某個時候，智人跨越到虛擬現實，由心智打造的擬像世界成為我們演化的必經之路。此事發生的確切年代不得而知，為什麼一個物種會得到這種力量而且知道自己擁有那種力量？假如背後真的有原因，我們也不得而知。沒有其他生物可以有意識地塑造自己的未來。沒有其他物種會編撰故事，並說服自己那些故事是真的。我們的過去有許多謎團。我們跟著曲曲折折的路徑走，不知怎麼地，就把虛擬現實打造得太像一回事，連我們自己都迷失了。

雖然這個擬像非常逼真，卻天天都在崩解。有時，人生會失序，世界看來不再真實、不再牢不可破。這種事經常發生，有時是我們自己遇到，有時是別人遇到。比如，當我們的親人遽然離世，或是發生龍捲風之類的天災，讓家園化為

廢墟，我們可能會感到非常錯愕。從茫然的目光就曉得，我們覺得人生突然整個亂了套，我們會說：「不可能有這種事。這不是真的。」或說：「什麼都不重要了。」

一般來說，這種解離的狀態會消失，現實遲早會再一次恢復逼真。但有的人沒有再回歸現實——比如，經歷了精神崩潰後，有一部分的精神病患會演變成慢性的思覺失調，陷入幻覺、幻視或幻聽一輩子。但「不可能有這種事；這好像是一場夢」的感覺不一定是被嚇出來的。無數人沉浸在功名利祿的個人幻想，或編織起自己感覺很真實的夢，就這樣過了一生。當一個人突然陷入狂喜，不管原因為何，一切也可能會變得很不真實。

但在超過百分之九十九的時間裡，「外面」的現實世界似乎都很真實、很牢固，以致我們認為那便足以證明，我們沒有被魔咒鎮住。但我們就是中了魔咒。諷刺的是，逼人正視真實與虛假的科技如今已經出現了。當我們在頭上配戴虛擬實境（VR）的裝置，接收人工智慧打造的現實，那就像被拉進了一場包覆你整個人的立體電影，畫面逼真到覆蓋五感，令我們脫離了平時視為現實的世界。也許你會發現自己危險地站在半空中的鋼樑結構上，城市的街景在你下方很多層樓的地方。虛擬的畫面騙倒了你的大腦，引發你的壓力反應，就跟你真的搖搖晃晃地站在鋼樑上一樣。你會驚慌失措，覺得自己失去平衡，即使你實際上是在站房間裡面，雙腳穩穩地踩在地面上，沒有摔死的危險。

第 01 章　我們陷入了幻象　　45

虛擬實境的幻象是用視覺圖像塑造的，日常生活其實也是。你看見什麼，便相信那是真的。這種信任是錯置了，這是小學生得知太陽其實並非從東方升起、沉落到西方的時候便學到的道理。然而，當量子物理告訴我們，物質跟表面上看起來的不一樣，我們卻依然相信物體的重量感、硬邦邦的堅實觸感，彷彿那是不容置疑的。如果你透過幻象去看一顆子彈，子彈會比較不危險嗎？不會。子彈與整個物質世界依然保持不變，但你會明白它們都是從我們的想法開始經過一連串變化最後產生的結果。

　　一旦你掌握這個道理，心領神會，要改變你的個人現實就簡單多了，因為你可以進入個人現實的源頭，參與打造現實的過程。擺脫虛擬現實的擬象並不容易。我們的個人經歷一定會有翻天覆地的變化，但好處是我們原本不可能締造的改變或機會渺茫的事情，這下子便有了轉圜餘地。儘管你不能把子彈變成棉球，你要接受，自己不是完全沒有能力改變「外面」的整個現實世界。

　　日常生活的基本規則遠比我們想像中的鬆散。即使一個人覺得自己全然沉浸在擬象中，照樣有出路。而且出路不只一條，是很多條。只有這樣才合理。超現實比任何虛擬實境都更真實。我們可以不時窺見超現實的零碎片段，所以我們應該將那些片段視為證據，證明我們可以時時刻刻處於超越的狀態。但跟我們糾纏不清的虛擬現實顛倒了真相。等你看了以下的超越經驗，你會想要認定那很反常、怪異或不可

信。認清真相的第一步,是正視你平時誤信的幻象。

「發生了一些事情」

我們來看虛擬現實最基本的特性之一。幾乎沒有人會質疑待在身體裡面是正常、自然、真實的經歷。然而這卻絕對跟靈魂出竅的體驗（OBE）相反,千百年來每一種文化都有靈魂出竅的記載。在醫療急救程序中經歷了臨床死亡的病患,尤其是心臟病患者,說他們「進入光中」,這是流傳最廣的出竅體驗。[1]

事實證明,預期人死了便會進入光中的觀念很容易令人誤會,因為瀕死的經驗遠比你我所想像的因人而異。規模最大的瀕死經驗研究,調查了二○六○位在急救或加護病房死亡的病患,結論是死亡並非單一的事件──而是一種過程。在死亡的過程中,也有逆轉死亡的方法。如果你成功讓心臟、肺、腦恢復正常機能,大約四成的病患會死而復生,記得自己死亡時「發生了一些事情」。

這項研究的這一部分的標題是〈覺知〉（AWARE）,由

---

[1] 拙作《死後的生命》（*Life after Death*）詳細探討了瀕死經驗,不但有原本不相信這種事的人現身說法,也有研究員肯定了「進入光中」是確有其事。

英國加護病房醫師山姆・帕尼亞（Sam Parnia）主持，內容似乎無可辯駁。但「發生了一些事情」的細節很快便引發爭議。我們需要交代幾個細節，才會曉得爭議所在。在那二〇六〇位的死亡病患中（研究期間是二〇〇八年至二〇一二年，涵蓋十五家醫院的三十三位研究員），一〇四位恢復知覺。首先要注意的是他們都實際死亡了。他們不是「瀕死」。他們的心臟、肺都停止運作，腦部沒有活動跡象的時間是二十至三十秒。全身細胞的分解其實要到死後幾個小時才開始。從瀕死到死而復生之間的時間裡，三十九％的人說他們記得自己有意識，即使大腦停止運作。

帕尼亞醫師相信在擁有這一類經歷的人裡面，他們大概只占一小部分；其他人則沒有印象，要麼是死而復生七十二小時後的大腦發炎抹除了那一段記憶，要麼是讓他們復生的藥物一併造成了記憶喪失。做過死亡經歷問卷的一百零一位病患裡面，只有九％的人答案與典型的「進入光中」模式一致。大部分人的記憶模糊不清，有的記憶愉快，但有的不愉快。

還陽的人只有二％，也就是一百零一人裡面有兩位，在過程中有清晰而完整的意識，或者說靈魂出竅的體驗，比方說從身體上方向下看，聽著醫療團隊奮力搶救他們的生命。只有一位可以精確描述現場發生的事，事件詳細到符合時間順序。那這個人的情況，可以讓我們對死亡有什麼了解？

這要看你怎麼看了。懷疑的人將這種事情一律視為單純的肉體經歷，宣稱要是我們可以更精密地測量大腦活動，便

會發現大腦其實還沒死，仍然有極其細微的一絲生命力。帕尼亞醫師接受或許真是如此。他主要聚焦在如何改善挽救人命的品質，特別是如何避免大腦受損，好讓經歷了臨床死亡的人在復生後依然是正常人。但帕尼亞的個人結論是一個人在大腦喪失功能後，仍然可以保有清明的意識，那一位病患就是如此。他提起了幾千年前亞里斯多德與柏拉圖之間的基本歧見。亞里斯多德主張意識是一種生理現象，柏拉圖則認為意識不在肉身，而是棲息在超越肉身的靈魂裡。

這一項覺知研究沒有肯定哪一方的論點。不出所料，懷疑的人跟相信的人都沒有改變立場，也沒有改變成見。我們可以說，將死亡變成可逆的過程是很重要的一步。另一項重要發現，則是死亡時的覺知涵蓋了五花八門的體驗，不是千篇一律的進入光中。我想要強調的是，即使你死了，你照樣以個人的風格塑造死亡的經歷。帕尼亞醫師發現人們對死亡經驗的靈性解讀，會跟他們的信仰一致。基督徒會把那道光解讀為耶穌基督，印度教徒的解讀就不是基督，而無神論者則認為那道光完全沒有靈性意義。

所以死亡時發生的事該怎麼解釋，並沒有定論。死而復生者唯一一致的說法是死亡是很舒服的過程，無須害怕。這些人實際體驗到自己對死亡的恐懼是沒有根據的，因而對人生便有了新的看法。即使他們不是幾乎全部人都因而認為，自己應該更無私、為人服務，但那樣想的人也相當多。

我認為這項覺知的研究很有用的一點，在於確認了「發

生了一些事情」,但為什麼試圖從最極端的生死交關時刻,解決意識的議題?那就像為了證實重力的存在,就找空難的倖存者,調查他們從半空中摔落的經驗。

我們需要解釋的是平常生活中的意識,而不是極端狀態下的意識。我跟許多神經科學家辯論、交流關於意識的問題,他們連最簡單的問題都答不出來,包括下列這些:

什麼是念頭?

神經元的電化學活動如何轉化為我們腦海裡的言語、景物、聲音?

為什麼一個人的下一個念頭是完全無法預測的?

假如一個人知道三萬個詞彙,是否代表有一團大腦細胞認識三萬個詞彙?假如是那樣的話,這些詞彙是如何儲存的?「貓」這個字的一筆一劃是否存放在某一個腦細胞裡面?

對這些問題,沒人拿得出適當的答案。

自我模型

另一種如同「進入光中」般超脫塵俗的體驗,可能會誤導我們。原來,待在身體「裡面」是一種很容易改變的狀態;

你幾乎可以隨心所欲地進出身體。

二〇一八年四月二日的《紐約客》(*The New Yorker*)刊登了喬舒亞・羅斯曼(Joshua Rothman)撰寫的〈再真實不過了〉(*As Real as it Gets*),這篇精彩的文章探討居在身體裡的這件事,且被異常清晰地呈現出來。文章裡提到德國人湯瑪斯・梅辛格(Thomas Metzinger)在十九歲唸大學時參加一個僻靜營,在打坐時睡著了,醒來時覺得背部發癢。羅斯曼寫道:

> 他想抓癢卻不能抓——手臂似乎癱瘓了。他奮力要移動手臂,不知怎麼回事,這一使勁他就脫離了身體,整個人似乎飄浮在自己上方⋯⋯他聽見有人在呼吸,驚慌失措地東張西望,想找出闖入者。許久之後,他才意識到那是他自己的呼吸聲。

這不可思議的經歷隨即結束,卻留下長久的印象。無巧不成書,梅辛格成了著名的心靈哲學家,孜孜不倦地鑽研出竅經驗的原因,據估計,八%至十五%的人口有過出竅經驗,一般發生在夜晚或手術之後。儘管梅辛格的親身經歷很真實,之後他又經歷了幾次類似的體驗,但他發現出竅的限制。例如,他不能切換電燈開關,也不能從窗戶飛出去找女朋友。

梅辛格開始領悟到意料之外的解釋。他發現了心理學家菲利普・強森—萊爾德(Philip Johnson-Laird)的研究,得知他提出的「心智模型」(mental models)理論。強森—萊爾

德認為我們不是從邏輯的角度審視世界，而是根據當下的情況，我們運用某種心理圖像，並從一個心智模型切換到另一個。羅斯曼解釋道：「如果你想知道一塊地毯跟你家的沙發搭不搭，你不會用理智去推敲出答案——而是使用想像力，在腦海的布景裡移動家具。」

梅辛格開始好奇，所謂的現實，會不會只是我們的心智安排的舞臺布景，色彩也是由心智畫上去的。這是很關鍵的見解，後來瑞士的神經科學家奧拉夫・布蘭克（Olaf Blanke）聯絡梅辛格，梅辛格才有了驗證自己想法的契機。布蘭克以人工方式，讓病患經歷了出竅。那位病患是四十三歲的女性癲癇患者，布蘭克用溫和的電流刺激她大腦的某個區域，「她體驗到自己向上飄升，俯看自己的身體。」這種錯覺有很多版本，可以刻意引發。羅斯曼在《紐約客》的文章這樣解釋：

> 刺激大腦的另一個部位，你會覺得有另一個你站在房間的另一端；刺激第三個部位，可以給你「好像有人」的感覺——就是感到有人在你附近徘徊，只是你看不見那個人。

梅辛格覺得布蘭克的研究很難懂，因為他是以哲學家的角度，從體驗回溯到心智，而不是按照常規的科學路線，認為所有的心理事件都是腦部生理活動的產物。但他終究歸納出一個與「心智模型」的概念一致的結論。他有了驚人的突

破。羅斯曼繼續寫道：

> 梅辛格寫道，我們不只是居住在外在世界的模型裡面。我們也在自己的身體模型、心智模型、自我模型裡面生活。這些「自我模型」不一定會反映現實，還可以作出不合邏輯的調整。比如，描繪出一個存在於身體之外的自己——出竅經驗。

這很能夠說明，為什麼居住在身體「裡面」如此真實——這樣才能安頓我們的身心，覺得扎根在我們的個人庇護所裡面。要引發靈魂出竅經驗，也有別的辦法，例如吸食含有致幻成分的愷他命（ketamine）。但虛擬實境或許是效果最好的方法。例如，梅辛格利用虛擬實境的設計，看見他的身體背對著他，站在他前方（方法是在自己背後放置一具攝影機，將拍攝到的畫面傳送到虛擬實境的裝置裡）。如果有人搔搔梅辛格的背，他會覺得被搔的感覺來自他眼前的身體——那感覺很怪異且令人錯亂。要是你待在身體「裡」，便能避免這種錯亂。

但你同時被困在自己的防護衣裡面。倒不是出竅比規規矩矩地住在身體裡面更好，只是我們似乎喪失了從一個心智模型切換到另一個的能力。但我們不致於完全失去這種能力。編織白日夢、幻想、否定、故意視而不見等等，全都否決了我們同意在絕大部分時候接受的模擬現實。

任何形式的虛擬現實都會帶來畫面，不論那是藥物引發的、電流刺激引發的或偶然發生的。儘管大腦或虛擬實境的裝置所打造的畫面是立體的，未必因此真實。**你個人的自我模型是按照你以往留存的記憶畫面，煞費苦心地建構出來的。**這些老舊經驗的產物感覺上是「你」。當你在自我模型進行了重大的擴充，要重溫你的往日時光就不難。比如，我可以看見自己在念醫學院、搭飛機從印度前往美國、剛開始在紐澤西的一家醫院服務時的焦慮模樣，因為我覺得工作的擔子很重，那是異國的環境，而且美國土生土長的醫生們戒慎地接納我的存在。這些畫面流經我的腦海，彷彿再一次發生──但實際上沒有。

自我模型在某些層面上可以跟別人有一定程度的重疊，但在其他層面則不是。個人的差異空間極大。你我可以共度一天的時光，看見相同的景物、吃相同的餐點、與相同的對象互動。共享的自我模型會束縛我們。太平洋、香料飯、跟我們見面的朋友們，都是我們共同經歷的一部分。但你的自我模型會吸收與排斥、解讀與遺忘、保存與放下這一天，你會有獨一無二的取捨。也許這一天有一位厲害的印度西塔琴樂手即興演奏了一些小調，我聽得大呼過癮，你卻覺得樂曲裡的微分音像凌亂的噪音。如果你我的配偶加入我們一起用餐，你我就會變成和不一樣的人互動，那是因為每個人有不一樣的關係歷程。就這樣，一刻接著一刻，**自我模型依據自己的設定，處理我們的每一項生活體驗。**

當幻象崩塌

　　虛擬實境的科技揭示了自我模型不是局限在視覺一個層面。我們也相信自己聽見、摸到、嚐到、聞到的事物。實際上，你我天生就與沉浸式的虛擬現實完美相容。但人類心智有一項不能忽視的隱藏能力。那就是切斷連結的能力，你可以停止認同幻象。從帽子掏出兔子的魔術令小朋友嘖嘖稱奇，因為他們相信自己看見的事情。等你察覺了帽子的底部有機關，魔術依然沒變，但你對這個魔術表演的看法會變。對於表演兔子戲法一百遍的魔術師來說，沒有幻象可言。他可能會不耐煩，感到無趣，想要趕快變完戲法去休息。<u>一旦幻象不再具有魅力，便會變得無足輕重。</u>

　　但拆解自我模型，亦即我們每個人居住的沉浸式舞臺布景，情況卻相反。**當你看穿幻象，生命會突然變得更引人入勝。**這是看著身邊的幻象崩塌的人的證詞，崩塌通常沒有預兆，他們也沒出力。最近我遇到一位過來人。洛林・羅契（Lorin Roche）今年六十八歲，他十八歲時是苦哈哈的大學生，在一九六〇年代晚期，他答應參與一項研究，研究主題是冥想的生理效應。但根據羅契在網站上的記述，他抵達實驗室的時候，對方說「他是控制組的受試者，沒有得到任何指示——他們付錢給他，只是要他在一間完全黑暗的隔音室裡面坐著，一天兩小時，持續幾週，並測量他的腦波。由於沒有得到指示，之前也從沒聽說過冥想怎麼做，洛林關注起

那完然的寂靜與黑暗，不由自主地進入了極其警醒的狀態。

他感到吃驚，沒料到那種狀態會這樣迷人。幾個月後，有人給了洛林一本有一百一十二則冥想的書，那些冥想都是以印度古梵語的真言（說法或教導）為基礎。他很高興自己曾經自然而然地，體驗到那些有幾百年歷史的經文所描述的經驗。一位西方的青少年竟然會養成冥想的嗜好，就跟擁有音樂天賦一樣不可思議，但羅契一不作二不休。他去了位於加州沙漠的約書亞樹國家公園（Joshua Tree National Park），參加巴克提（Bhakti）信徒的慶典。在印度，巴克提是最盛行的崇拜形式，認為愛、信仰、奉獻是開悟之路。他們最普遍的每日功課是唱誦經文，那就是羅契要參加的活動。

但天氣實在太熱，他的精神開始萎靡。他描述當時的情況，「現在最好還是去附近那個水池，跳進清涼的池水裡。我走到聽不見慶典聲音的地方時，意識到腦子裡仍然在唱誦經文。雖然音量比較小，腦海的配音卻很有力。不知怎麼著，我的原子在跳舞，在唱誦讚美提毗女神與濕婆神的經文……那是原子版的寶萊塢。」

如今，羅契依然以舞蹈讚美提毗與濕婆，還翻譯了一百一十二則大家公認最令人狂喜的濕婆神經文。在此摘錄一些譯文，全都融合了古老的經文與他個人的體驗。濕婆對提毗唱道：

神力的河流流到四方。

磁性的場域串聯萬物。
這是你的起源。
這是你的傳承。

創造的水流就在這裡，
流經細細小小的管道，
讓這個形體有了生命。
追隨生命的輕柔觸碰，
輕如螻蟻的足跡，
細微的觸感向遼闊敞開。

我寫這本書的時候偶遇了洛林・羅契，他綻放的喜悅狀態正是巴克提的目標——他翻譯真言的譯本標題就是《喜悅真言》（暫譯，*The Radiance Sutras*）。我買了一本在飛機上看，裡面展露的個人真實性超過了我所知的其餘版本。「原子之舞」對他來說是真的：

神力一邊歌唱一邊流淌，
給知覺的器官充電，
成為液態的光，
滋養你整個存在。
頌揚溪流匯入大海的交界，
而身體遇見無限。

懷疑論者會說那是很主觀的經歷，根本不能代表現實。舞動的原子存在於洛林・羅契的想像，而不在物理實驗室。感覺上，現實世界不像虛擬的，感覺很真實，當我們在想像中看見幻想的事物，比如飛天的噴火龍，我們不會跑著躲避牠噴出來的火。

但這種主張沒抓到重點。凡事都是心智打造的，包括火的熱度與破壞力。這只證明了這幻象有多麼完整。噴火龍是幻想的，森林大火不是；擬像的其中一個環節，便是現實世界會按照現實世界的規矩運作。火是熱的，冰是冷的。樹木會焚毀，水會結冰。關鍵在於認同 —— **一旦認同了擬像，你就深陷其中。**你是整個擬像的一部分，扮演被動的角色。如果你涉入的程度改變了，你的經歷也會變。你可以扮演更有彈性的角色。以疼痛這種基本的事情為例。沒有測量疼痛的客觀辦法。每個人感受到的疼痛存在極大的差異，無法預料。

在典型的痛感實驗中，參與者將雙手放進冰水中，然後以一到十分給疼痛評分，十分是撕心裂肺。儘管每一位參與者使用的冰水的溫度相同，有人會給這個疼痛五分（溫和），有人會給八到九分（痛到撕心裂肺）。另一方面，如果你去餐廳的廚房，糕餅大廚會在那裡煮糖漿來做糖果或糖霜，你會看到他們很多人可以將手指伸進糖漿裡面，測試糖漿是否開始變稠，變稠所需的溫度遠遠超過攝氏一百度。（順帶一提，女性對疼痛的耐受力似乎比男性高。）

這項結果並不太令人意外，但很少人明白身體感受的疼

痛其實是我們自己創造出來的,是以生理方式產生的。壓力反應的其中一部分是釋出腎上腺阻斷疼痛,所以士兵才會說在戰場上中槍不會痛,休克的人也是。但疼痛也可能瞬間消失,而這發生在意識巨變的時候。

過來人一般是說心智自行進入意識改變的狀態,是「啪」一下就發生的。在二〇一七年出版的《盜火》(暫譯,*Stealing Fire*)中,作者史蒂芬・柯特勒(Steven Kotler)與傑米・惠爾(Jamie Wheal)提供了米基・席格(Mikey Siegel)的驚人實例。席格是麻省理工學院出身的工程師,從事機器人與人工智慧的工作,收入豐厚,但他職業倦怠了。席格希望人生更有意義,展開追尋,先是去了南美叢林健行,然後去了印度的道場,最後決定打坐。

參加十天的僻靜期間,席格做了專注力的修行,目標是坐著不動,不帶批判地觀照身體的感覺:

> 但席格招架不住那些感覺。盤腿打坐一週後,他背疼,脖子抽痛,大腿發麻。「那是一種鋪天蓋地的疼痛。」他解釋道。「我滿腦子都是批判。」

遇到極端的情境時,不論那體驗是愉悅或痛苦,都會莫名其妙地打破心智制約的束縛,制約就是你習以為常地接受了現實中受到局限的表相,困在裡面走不出來。忽然間,進入狂喜狀態的通道打開,制約消失,席格便是如此:

第 01 章　我們陷入了幻象

內在的某個東西變了。忙著批判的那個大腦部位忽然關閉。「感覺很自由。」（席格）解釋道⋯⋯「那是我有生以來最清晰、臨在、有覺知力的時候。既然我可以在極度的痛苦時仍然心平氣和、意識清明，我想或許其他人也可以。在那一瞬間，我對人類潛能的所有信念都變了。」

席格不是錯愕完就算了；他沒有放過這項經驗，選擇進一步研究。他熱切地展開「引導式開悟」（engineering enlightenment）計畫，冥想是他使用的諸多技巧之一。例如，以穿戴式的生理回饋裝置減緩心跳，讓人平靜下來。心智與促進覺知的裝置互動是我們會詳細探討的主題，但有一些基本的要點必須在這裡交代。眾所周知，**痛苦可以突然切換成一種不論斷的狀態，稱為「觀照」**。印度幾個世紀以來的苦行僧與瑜伽士都在苦修，便是以身體的苦行讓自己覺醒的方式。我們刻板印象裡大鬍子瑜伽士在喜馬拉雅山上的偏僻洞穴打坐，也是一種苦修的形式。

禪宗佛教徒打坐的規矩是讓身體承受壓力，僧侶們要在破曉之前起床，攝取綠茶跟一把米飯，隨後打坐幾小時，頭部跟脊椎全程挺直。如同席格一樣會經歷一個「瞬間切換」的時刻，心智脫離對疼痛的認同，不再苦苦想要終止疼痛。但很多人會被各式各樣的障礙困住，即使忍受身體的極度不適打坐多年，也不見得會得到理想的效果。

痛感的消失強而有力地證明了心智可以解放自己，推翻了人活著自然會有各種感官感覺的普世想法。但這當中蘊含更寬廣的意義，意味著可將我們帶到現實最遠的疆界，這點可千萬別錯過了。**自我模型比我們的皮膚更緊密地攀附著我們、困住我們，我們要麼任憑擺佈，要麼好好探索。**這樣的探索可能是智性的，比如量子物理學的操作方式。也可能是運用想像力來誘導我們擺脫固定模式。當愛麗絲跳下兔子洞夢遊仙境，面臨的世界變得毫無道理可言，愛麗絲身為體面的英國小姐，便對那樣的世界不耐煩。愛麗絲看到紅皇后打槌球的時候，是用火鶴當球棍，而柴郡貓漸漸消失無蹤，只剩下笑容仍然停留在半空中，她合理的抗議並不是屬於讀者的抗議。我們樂得看到夢遊仙境不是日常的世界。

為什麼我們渴望奇蹟？因為我們在現實裡見識過奇蹟。奇蹟早在自我模型駕馭我們之前就存在。有一位研究員研究過迷幻藥改變意識的效果，結論是嬰兒不需要致幻劑，因為他們「一直在迷幻旅程中」。或者這樣說，嬰兒需要一段時間來適應身為人類的程式。他們會睜大眼睛，歡歡喜喜地置身在一個暫時不必講道理的世界。幼童要學會火焰是熾熱的、冬天是酷寒的，就得恪守日常現實的規矩。長大就表示要學會交通規則。然而當你學會了交通規則，你會察覺道路變狹窄，要是你越過了道路分隔線，那你就危險了。不遵守社會規範的話，你說不定會瘋掉。

超人類走的是第三條路，既不是像天真嬰孩的沒有定

型,也不是社會規範的嚴格死板。我們可以在這兩種現實裡生活,處於威廉‧布萊克所說的「有條理的天真」(organized innocence)狀態。奇蹟可以灌溉日常世界,而不將世界溶解成一灘迷幻的水坑。(著名的印度靈性大師克里希那穆提〔J. Krishnamurti〕有一種冷嘲的幽默感,喜歡打趣說在覺醒之後明白了自己是超脫到時間之外的永恆,不代表你會錯過下午的火車。)五感的世界屬於有條理的那一部分。我們不是居住在混亂的幻象中。與我們糾纏不清的虛擬設定看起來很完整,覆蓋了我們看到、聽到、摸到、嚐到、聞到的一切。

超現實則是天真的那一部分,將敬畏與驚奇注入我們的心智。那不是沒有頭腦的狀態,但的確是超脫到理性思維之外。至少愛因斯坦便親自肯定了這一點:

> 有時我會問自己,發展出相對論的人怎麼會是我。我想,原因在於一個正常的成年人從來不會停下來,思考空間與時間的問題。這些是一般人小時候會思考的事。但我的智性發展很遲緩,一直拖到我長大成人以後,才開始對空間與時間感到好奇。

愛因斯坦不曾失去驚奇感,還在那一份驚奇裡注入了深刻的靈性品質。他曾說:「我認知中的上帝,就是我對宇宙的驚奇感。」但我強調了好幾次,超現實並不一定要用靈性的語彙來描述。「超越」是意識的一個層面,是每個人都可

以親炙的。

要是你問問大家對於探索現實有多大的興趣,沒有多少人會提得起勁。但我們之所以陷入幻象,背後有一個扣人心弦的故事。更扣人心弦的是,我們說不定可以為這個故事寫出新的結局,也就是甩開幻象,進入奇蹟、發現、狂喜、自由的疆域。

在你的生活中

改變你的身體經驗

你活在一個解讀過的世界,你的身體是解讀的一部分。換一個解讀,就可以換一個體驗身體的新方式。比如,當你不把運動當作苦差事,而是視為一種增進專注力與精力的方式,你就創造了一個新的詮釋。如此一來,你在踏步機上踏出來的肌肉痠痛,還有跑完一哩路之後的氣喘吁吁,便都成了好事,不必引以為苦。

要停止把你的身體當作一件物品、一個停駐在時間與空間裡的東西,就要換一個更基本的解讀。只是一種解讀?對。你看鏡子的時候會看到什麼?我們被制約成看見一個堅實、穩固的物體,有明確的邊界──就這點來說,你可能是看到鏡子裡有一個尺寸與實體相同的人偶。在討論量子革命的時候,我們已經知道物質只是看起來像固體。當你用一隻

手去摸另一隻手的前臂（想實際摸摸看就摸吧），感覺就像兩件堅實的東西互相碰觸。

實際上，你體驗到的是兩個電磁場互相碰觸，進而給了你堅實的感受。比如，讓磁極相同的兩塊磁鐵互相靠近，會創造出一股互斥的力量。要是磁力夠強，你就沒辦法讓兩塊磁鐵相觸，靠近到某一個程度就無以為繼了。排斥力會讓兩塊磁鐵維持一段距離。因此，從兩塊磁鐵的角度，它們之間的空氣感覺上就像固體。

在觸覺以外的另外四種知覺，也一併建構出我們對身體的解讀。既然光子沒有顏色，你能夠在自己身上看出各種顏色，比如棕色的頭髮、藍色的眼睛、橄欖色的皮膚，其實就是一種視覺幻象。身體的明確輪廓也是幻象。你的範圍不是局限在皮膚的邊界之內。你在一個模糊形狀的濕氣和呼出氣體的氣團中移動，不管你這團濕氣走到哪裡，背後都會不斷地留下一連串微生物與掉落的老舊皮膚細胞（根據一項估計，住宅裡積累的灰塵有五〇％是死亡的皮膚細胞）。你還會散發熱度，跟非常輕微的電荷。這些散出的東西根本沒有邊界，全都屬於宇宙場域，可延伸到無限遠。

你也不能說自己在看著「我的」身體，因為問題立刻就來了：你是指哪個身體？你的細胞一直在替換，像磚頭一樣在一棟建築飛進飛出。你在鏡子裡看到的身體，跟你嬰兒時期的身體不一樣，甚至也跟昨天及明天的身體不一樣。除了老舊細胞的死亡與新細胞的誕生，隨著你滋養身體及排泄，

每個小時都有數以兆計的原子與分子在你的身體飛進飛出。

事實上,你的身體能夠凝聚成形、看起來穩定、可像建築物一樣保持形狀,並不是靠鋼筋水泥,而是靠藍圖。藍圖在你身上的實際痕跡就是 DNA,DNA 是所有生物的模板。但 DNA 的實體本身也是一個幻象,一個假面。構成 DNA 的化學複合物是磷酸和醣類,只有排列的方式,決定了香蕉跟吃香蕉的猴子之間的差異,或是你跟海螺之間的差異。這些排列的方式說穿了就只是純粹的資訊。因此,你的身體是靠資訊建構出來的,而你的血流則是資訊的超級高速公路,滿載著數以千計的不同化學訊息,從一個細胞流到另一個細胞。

說了這麼多,我們已經瓦解了身體的物質特性,還剩下另一個步驟。資訊是什麼?資訊,也是一種建構。在人類的心智賦予這種建構一個名稱之前,資訊便不是正式存在,有些人主張資訊的疆域可以是一種量子湯,迴旋流動,每一秒都飛速地重組再重組。這個資訊量子湯你要怎麼編碼都行。物理學家可用重力、電磁之類的力場詞彙來給它編碼。但這些力場是一體的,融入天地萬物的根本狀態中,從有形的宇宙消融到無形的真空。

電腦工程師可用另一種方式給這些資訊編碼,就是數位程式設計的 0 跟 1,但這種資訊的排列方式只適用於具體的訊息,例如你可能正透過電子設備在閱讀這一頁的文字內容。在有形宇宙,我們可以計算任何事物的數學式。你的 DNA 是以四個鹼基對(胸腺嘧啶、腺嘌呤、鳥嘌呤、胞嘧啶)的

數學式編碼，排列出三十億個獨立的資訊單位。於是我們兜了一個圈子又回到原點，因為鹼基對也不是固體物質。連數學都不能釐清那些是什麼。0 與 1 的數學語言對電腦科技很有用，但是對於生命的非物質層面，比如智性、創意、情感、希望、恐懼等等，便無法以數學編碼。在愛因斯坦寫出 $E=mc^2$ 之前，這條公式只是以純粹的創意潛能的形式存在——是一個還沒被想到的想法。既然還沒被創造出來，它便不存在於物質世界、資訊世界乃至於數學世界。

DNA 相形見絀

數十年來，人們認為只要破解人類基因組，就能解釋生命的奧祕。但事實上，你的 DNA 在大局裡只扮演一個小角色。DNA 無法解釋生命從何而來十分令人震驚，然而社會大眾對此了解甚少。這是一個完美的例子，展示了唯物主義的解釋為何總是有所不足，因此值得在此深入探討。

一般的主流觀點就是我們在學校學到的版本，認為 DNA 蘊含了「生命密碼」，是卵子在母體的子宮受精時便立刻啟動的總藍圖。從那一刻起，一顆細胞便按照藍圖的規劃，一步步發展成三十兆個細胞，變成一個人。儘管「生命密碼」的說法很有力，但私底下不相信這一套的遺傳學家日益增多；事實上，他們認為我們對基因的認知有很多錯誤。「生命密

碼」在許多方面都存在重大的漏洞，而且這些漏洞的規模還一天天擴大。《鸚鵡螺》(*Nautilus*)科學雜誌的線上文章〈我們對基因的觀念已然落伍〉(*It's the End of Genes as We Know It*)便簡要地說明了問題所在。文章的作者肯・理查森（Ken Richardson）是人類發展專家，對細胞運作的模式提出了令人驚嘆的觀點，他認為智力與創造力之類無形的因素，對細胞運作的影響力其實遠遠超過分子，即使像人類DNA這類複雜到極點的分子也不例外。

　　理查森的論點如下：DNA的用途是製造蛋白質來充當細胞的基本建材。然而蛋白質在細胞、組織、器官的廣泛用途，卻跟DNA本身沾不上邊。認為DNA是身體藍圖的草率說法基本上是陣亡了。最新的研究顯示，細胞是動態系統，借用理查森的用詞，細胞是「隨興」地改變自身的組成，就像理察森所說的那樣，這種自我調節的過程幾乎從精子讓卵子受精的那一刻起便開始了。

　　理查森寫道，當那一個細胞發展成一小團相同的細胞，那些細胞便「以一波接著一波的化學訊號進行對話，於是指令再一次從那些化學訊號的風暴傳送的統計模式裡從零開始建構。」原來，細胞完全不仰賴DNA，而是自己在控制氨基酸、脂肪、維生素、礦物質、酶、各種核糖核酸（RNA）裡的各種訊息──像一整間工廠一樣，操控著維持細胞運作的各種必要成分，那可不是由基因預先規劃的。這樣的自我調節顯然需要極大量的智慧。

在逐漸興起的新觀點中，細胞對 DNA 的控制，並不亞於 DNA 對細胞的控制。從地球出現生命以來便是如此。看來，DNA 是在細胞演化的晚期才出現的。在數十億年前的最初演化階段，細胞並沒有 DNA，而是一灘封在外膜裡面的分子液體。分子液體不知怎麼地開始調節自己，久了便漸漸出現日常使用的固定結構，例如蛋白質、酶，大概也有製造蛋白質的核糖核酸。而這些結構的訊息則編碼為 DNA，充當一種被動的資料庫。理查森提到的另一點則給了 DNA 一個適當的地位。「更驚人的是科學界發現，用於製造蛋白質的基因組根本不到五％。大部分是在生產種類繁多的調節因子（核糖核酸），透過基因的網絡，調節其他基因的作用。」

這一項新的認知已得到驗證，如今我們知道細胞可以改變自己的 DNA——表觀遺傳學便應運而生，探索我們日常的經歷如何在基因留下化學「標記」，改變基因的效能。細胞的生命根本不是呆板地遵循固定的藍圖，反而非常靈活有彈性，在極細微的尺度上回應外在的改變。要不是這樣，我們便不能在宏觀的尺度上回應生命。

身為人類意謂著我們具備創意的思維和行動，會挖空心思，找出解決各種挑戰的新方法。DNA 沒有發現火，也沒有發明個人電腦。DNA 製造蛋白質的事實是很重要，但放大 DNA 的角色，認為 DNA 全權掌控我們的生命卻大錯特錯。理查森特別擔心我們對 DNA 的誇張假設會影響社會政策，在幾十年前，種族主義便令優生學蔚為風潮，最惡名昭彰的實

例便是納粹自詡為優等種族的意識形態。諾貝爾獎得主詹姆斯‧華生（James Watson）正是如此，他在一九五三年跟人一起發現 DNA 的結構，在冷泉港實驗室（Cold Spring Harbor Laboratories）度過了大部分的科學生涯，但冷泉港實驗室最近撤銷了他的全部學術榮耀，因為他一再表達自己的偏執看法，主張非裔黑人和女人的遺傳特徵導致他們的智力不如其他人。

生命藍圖的說法已經在我們眼前崩盤了，那下一種說法呢？目前遺傳學的新論述聚焦在兩個要素上，就是資訊與複雜度。其概念是原始的「分子湯」有無法計量的分子，當這些分子攪和在一起便可以進行資訊交流，在統計學上就有機會讓原子與分子形成複雜的結構。但這有可能嗎？比方說，人腦會不會是越來越多「東西」加進了分子湯的渦流後的最終產物？有人提出了很聰明的譬喻，主張要是複雜度便足以解釋大腦的存在，便相當於在說如果在一副撲克牌裡加進夠多張牌，那些牌就會自己打牌了。

由於科學必須從唯物主義的角度解釋一切，以致出現巨大的盲點。細胞生物學家不能跳出化學結構的框架，去解釋每個細胞的無形特質，也就是智性及創造力。邏輯分析一向是最強大的科學工具，以理性的事實取代迷思、迷信、民間信仰可不是微不足道的成就。但一個人真的可以因為遵循邏輯的規則，就突然迸發創造力嗎？顯然答案是不可能，證據就在於量子先驅們以驚人的想像力大躍進，揭露了完全不

合邏輯的量子域。更近期的科學進展則指出，暗物質及暗能量的存在揭露了另一個比量子世界更奇特、更不合邏輯的領域，甚至不會跟一般的物質與能量互動。你的身體不是由邏輯掌控的機器，所以企圖證明身體是一種超級複雜的機器，注定是徒勞。人體裡有太多影響全身三十兆個細胞的大量訊息，是來自我們的情緒、希望、恐懼、信念、錯誤、想像力——全是讓人類的生命豐富多彩的重要因素。

物質與能量在量子層次的行為非常奇特，甚至令固體不再是固體。所有的宇宙現象都可以化簡為量子場與重力場或更神祕的夸克場（quark field）互動而產生的漣漪。在生命的表相上，固體只是移動速度慢的漣漪，相對於速度快的，像是以光速移動的光子。物理學可以宣稱量子的特性雖然怪異，但人體照樣可以維持形像，就跟所有的固體一樣。然而你的身體能夠保持完整的原因則在於另一種場，就是電子場。

但這只有在 DNA 裡的訊息完好的前提下才成立——肉體死亡後，電磁並沒有改變，構成你身體的原子與分子也沒變，可是腐敗的過程會打破無形的生命連結。細胞會失去真正讓生命得以存在的黏著劑，那黏著劑可不是電磁。沒人可以自信地提出合理的說法，說明人體為什麼不會崩解成一團原子的煙霧，風一吹就散掉。

人體充其量是一股不斷交換資訊的資訊流，意識到這一點很容易讓我們腦筋轉不過來，但我們不能主張這就是讓物質世界維持完好的原因。記住，資訊是人類的概念，就跟其

餘的任何模型一樣。若說我們因為資訊而完好無缺,這種主張是有局限的。0 跟 1 不是具有黏性,兩者沒有相黏。0 跟 1 能夠黏合在一起是因為人類的解讀。我們知道資訊存在,因為是我們發明了資訊的概念。

那我們從哪裡得到了讓世界聚合在一起、給它意義的能力?除非我們能夠把答案套用在人體上,否則答案不會有說服力。那我們怎麼會有讓身體凝聚成形的能力?這能力必然是在身體之外,因為我們不能說身體告訴我們應該如何生活、如何存在、如何思考。我們甚至不能宣稱是大腦在指示我們如何生活、存在、思考。大腦是另一個物體,假如宣稱一個物體創造了自己,那便是鬼打牆了。(在人工智慧的領域,這就像在說有一個機器人創造了機器人。)

不管你採取什麼角度,身體都會消失在概念、心智、無形媒介的疆域裡,那才是身體的真正創造者。但概念、心智、非物質媒介必然有一個源頭。要畫出蒙娜麗莎,繪畫的概念必須先存在。什麼能讓原本不是藝術的東西變成藝術?什麼能讓原本不是概念的東西變成概念?本書已經提出很多角度的探討,說明唯一可能的答案就是意識。沒有其他的基本建材,可以合理地解釋我們剛剛談過的所有謎團,從創造力、到維繫細胞不分崩離析、到不具生命的原子與分子不知怎麼地排列組合成生命體。

我們要探討的內容還有很多,但看著你的鏡中倒影,你已經看得出那只是一個堅實、穩定、有明確邊界的「東西」,

因為你是這樣解讀它的。但我不是要讓你陷入困惑的狀態，搞不懂身體是什麼。我的目標是讓你擺脫一切解讀的束縛，不再受制於那些解讀強行施加在你身上的限制。身為人類，只能定義為無所限制。當我們畫地自限，便貶低了自己的身分。這便是超現實的真相，我們可以一步步走向這個真相，直到進入超現實，活在超現實裡的人越多越好，包括你和我。

第 02 章

「我」是幻象的根源

　　當你看著自己的鏡中倒影，你自然認得出自己，這項事實似乎基本到連說都不必說——但這一件涉及自我覺知的小事其實非同小可。你學會了將鏡中看到的你當作自身，這個你一直在強化各種不需要存在的限制。當威廉・布萊克說起「心靈鍛造的鐐銬」，其實他大可說是「自我鍛造的鐐銬」。

　　我們不可能記得自己不去看鏡中人的時期。但有幾個兒童發展階段，讓你第一次認知到「我」，建立了自我的概念。比如，極幼小的嬰兒對鏡子興趣缺缺，十分出人意料的是，他們會先學習走路和說話，直到差不多十八個月大的時候，他們才會發現鏡子照出了自己的身體。之後，鏡子就變成幼兒最喜歡的玩具。（少數動物可以辨識鏡中的自己，一旦牠們察覺那是自己，也會對自己在鏡中的形象興趣濃厚。）

最起碼，我們需要明白沒人生活在完全相同的現實裡。每個人的現實都是個人的現實。一百個人在夏威夷欣賞絢麗的夕陽，實際上看到了一百個版本的夕陽。心情低落的人或許看不出夕陽哪裡好看，更別提絢麗不絢麗了。由於每個人的個人版現實都是以「我」為核心，「我」在我們信以為真的虛擬現實裡就成了關鍵要素，**除非我們能夠認識在「我」之外的自己，否則都會陷入虛擬現實的幻象。**

　　幻象是一個承載了許多意義的詞。要是一個人陷入了世界上其他人都不重要的幻象，社會不會認同這個人，我們會說他自我膨脹或唯我獨尊。陷入痴戀的人相信愛可以戰勝一切的幻象，時時刻刻都情願沉浸其中──失戀以後，現實取代了幻象，則令人痛苦難當。苦樂交織便是「我」的特徵。在樂的一面，發現自己是誰會讓小朋友樂不可支。「恐怖的兩歲小孩」反映出肆意展現的自我主義，會堅稱：「這就是我！注意。我在這裡！」

　　恐怖的兩歲小孩讓父母抓狂的本事是出了名的，因為赤裸裸地宣示自我很惹人厭。更重要的是，那不切實際。要是你走到哪裡都要求所有人的關注，即使你不要求時時刻刻的關注而是大部分時候要注意你，你都無法在社會上生存。成年人的生活是折衷之道，游走在隨心所願與謹守社會規範之間，這一邊支配一切的「我」是宇宙中心，另一邊則是靜音的「我」，是巨大社會機器裡的小小齒輪。要在兩者之間取得平衡並不容易，數不清的人落入了覺得自己無足輕重的窠

臼，也有一些人盛氣凌人地騎在別人頭上。

　　心理醫生窮盡他們的職業生涯，去修補社會大眾損壞的自我意識，但在邁向超人類的路上，我們必須問一個更激進的問題：當初何必讓「我」存在呢？「我」帶來了無法預料的人生苦樂，讓我們孤立於世，限制我們的感受、思維、言語、作為。有多少次我們有了想做的事，又自動自發地想著「我不是會做那種事的人」，於是裹足不前？那種事可以是任何事，可以是惡作劇，可以是吹噓自己收入有多高，或是跑去加入馬戲團。「我」設置的任何限制其實都毫無意義，唯一的作用就是延續以前的老舊制約。

　　當我們明白「我」不但是心智的建構，還是非常不穩定的建構，我們便可以有改變的空間。一旦「我」無法再發揮原本的用途，或許我們會決定全面丟棄它。「我」存在的目的就是說服你，讓你相信自己是虛擬現實的造物，不可能超越到虛擬現實之外，就像一幅肖像畫不能從畫框裡跳出來。**我們之所以會無可救藥地陷入幻象，就是因為我們被鋪天蓋地的「我」包圍，困在「我」所代表的一切事物裡。**

　　我們需要進行大量的拆卸工程，才能讓「我」不再主宰人生。從我們建立自我概念以來的初期記憶開始，「我」便是我們最親密的同伴，在清醒的每一刻都忙著抓取想要的經歷，不想要的就一腳踹開。「我」不願放下「我」的權柄，而且理由充分。得到一個特別對象的愛，而且只愛你一個，能讓這個人生有價值。要是「我」退場了，誰來愛人與被愛呢？

第 02 章　「我」是幻象的根源

然而，留下「我」的風險很高。一個人所有的思維、感受、言語、作為，都是在為「我」效勞，令「我」更強大、更快樂、更好。除非成為超人類的好處超越了「我」提供的一切，否則我們無法成功變成超人類。

小我的打算

乍看之下，小我（ego）是不可或缺的。自己的命脈怎麼可以捨棄呢？因為有「我」，你覺得自己就是自己，而不是別人。你用自己專屬的眼睛凝視世界。一位母親看到自己的孩子從學校出來、準備帶他回家，她接收到的視覺訊號會跟其他一起在停車場等小孩的家長一樣，但她確實看到一個獨一無二的小孩，那就是她的孩子。獨一無二很珍貴，但代價高昂。幾乎沒人喜歡完全不依賴別人的感覺，要是你堅持做自己，淪為社會棄兒的風險就會很高。詩人威廉・華滋華斯（William Wordsworth）寫過這樣的狂想詩：「我孤獨地漫游，像一片雲／高高飄蕩在山谷與山丘上。」但我們之中很少人認為孤獨是好事。要是一個人無私到捨棄一切個人需求，有時我們會說他們超凡入聖。但更有可能，他們會被貼上反社會或瘋子的標籤——我們很難相信哪個正常人會全然擺脫小我，放下小我想要的喜悅與認可。許多靈性運動將小我貶抑為一種包袱、一種詛咒，是較高意識的隱性敵人。

然而諷刺的是，認為小我是敵人的主張，其實是小我的論斷。要是你宣稱小我是朋友，這也是小我的論斷。所以，說「我不要小我了」是在自我矛盾；這種話是小我說的，而小我絕對不想自我毀滅。你的言語不能帶你脫困，離開跟你糾纏不清的幻象。你不能像割掉發炎的闌尾那樣移除小我。要是你認為可以，你只會在幻象裡陷得更深，誤以為自己已經鏟除了小我。「我」是個小玩意，是一個字。但你（跟所有人）在這個字四周打造了很多東西，就像珊瑚礁是由微小細胞構成的，最後表面硬化形成了一層巨大的外殼。。

　如果這樣的描述聽起來很極端，想想你如何消化第一手的體驗。你的體驗在解讀完畢後，便納入你接受或拒絕的個人現實裡面。我們不會見證這樣的過程，因為絕大部分的經歷似乎太無關緊要。比如，也許你在印度餐廳吃了咖哩肉，覺得辣到噴火，斷定你不喜歡，以後上館子絕對不點這一道料理。而另一人在印度的果阿邦（state of Goa）長大，咖哩肉是那裡的主食，他幾乎沒注意到裡面的辣椒有多辣，反而戀舊地想起母親做的咖哩肉。

　在這兩人的體驗中，從味覺輸入大腦的原始資料乍看一模一樣。但兩人的體驗並不相同——體驗永遠都要經過個人的解讀。走過所有體驗的是「我」，不是五感，也不是大腦。將體驗簡化成原始資訊完全是誤導，否則就像在說是耳膜在決定你喜歡什麼音樂，是大腦細胞在決定林布蘭（Rembrandt）的畫是傑作。**作出這些決定的是「我」，在**

「我」作決定的時候，每一項體驗都令「我」的力量更強大。

體驗的本質是短暫的，很快就會結束。就在我說完「謝謝」、吃了一口巧克力、親吻孫子的那一刻，體驗便結束了。面對這無法否認的事實，你有兩種選擇。你可以接受每一種體驗的短暫，或是抓住體驗不放。當你選擇前者，生命便充滿源源不絕的新鮮體驗，像一條從源頭不斷更新的溪流。你不會沉溺在不愉快的回憶裡，也不會因為不曉得未來會發生什麼而焦慮不已。如果你選了第二個選項，你會累積滿滿一倉庫的習慣、制約、好惡，外加一連串你打死都不要再來一遍的事情。第二個選項是建立小我的地基，你緊抓著體驗不放以便強化「我」與「我」認知中的安全感。但你的損失將會非常慘重，因為各式各樣的體驗可不會因為你不想要就不發生了，而你抓住不放，將生命之流關在門外。

我們為何想抓住體驗不放？這便說到了人生的簡單事實：「我」有個計畫。心智打造的幻象不是隨機的。「我」掌控你的自身利益，而它的目標是滿足一項要求：「我還要更多。」我們不必意外「我還要更多」會變成無底洞，億萬富豪渴求更多財富、爭奪更多的權柄。一般人無法理解他們的極端。但覺得越多越好的心理需求在每個人心裡都很強烈，因為每個人都有想要滿足的需求與欲望。我們都需要安定與安全感。對愛的需求，是人之常情。對探索世界的需求，是在家裡奔向所有東西的學步小兒無法遏止的衝動。

但深究一番，便會清楚看出「我」的根基是需求。「我」

讓你綁定一套行為程式，驅策你不斷地追尋無窮無盡的新需求，那是跟心滿意足相反的狀態。心滿意足是別無所求的狀態，因為你自身感覺足夠。消費型的社會倡議需索是正常的——你永遠都有需要購買的新東西，可以讓你的臉上出現滿足的笑容。因此，正常的生活實際上是極度匱乏的生活，必須不斷填補一個永遠填不滿的黑洞。**匱乏的人和圓滿絕緣。**

至此，一個非常重要的道理就明朗了。「我」不是別有目的。「我」就是目的。小我本身就內建需求，不管我們再怎麼費勁地否定或滿足那些需求都一樣。匱乏是一種意識狀態，在找到更高明的意識狀態之前，「我」不會鬆手。

神祕的誕生

「我」帶來障礙，將超現實隔絕在外，就像一堵厚牆一樣，儘管這堵牆是隱形的。在我們的自我覺知之旅上，務必要明白人類為什麼選擇以這種奇特的形式孤立自己。以前，是否有過「我」的力量薄弱或不存在的時代？雖說時至今日，小我是人類心靈根深蒂固的一部分，但它有其發展歷程。小我留下了實際的痕跡，就像森林裡有一隻看不見的動物所留下的足跡。例如，你擁有自己專屬的「我」的跡象之一，是你會回應自己的名字。第一個名字已經消失在史前的時代，但第一個留下文字記載的名字屬於一位埃及的法老王艾拉一

荷爾（Iry-Hor，荷魯斯之嘴），年代是西元前三千兩百年。

一旦展開調查，自我覺知的演化線索便一一浮現。在書面的名字出現之前很久，人類便有辨識出自身倒影的能力。當然，我們不可能重現遠古的祖先是怎麼辦到的。史前人類是否凝視了黑幽幽的水塘，認出那是自己的倒影？我們推測他們凝視了水塘，但推測不出年代。在人類演化的時間軸上，人造鏡子出現的時間非常晚。西元前六千年，在如今的土耳其就有了石頭打磨成的鏡子，隨著埃及、南美洲、中國出現古文明，任何可以磨亮的材質，比如黑曜石、黃銅、青銅、銀，便全都拿來製作成鏡子。

只有人類認得出鏡子裡的倒影是自己嗎？寵物鸚鵡會跟鏡中的自己一起玩耍，是因為（我們假設）牠以為自己看到了另一隻鸚鵡。狗、貓通常對鏡子沒興趣。但說也奇怪，應該不需要自我辨識能力的生物也演化出這種本領。黑猩猩、大猩猩及其他大猿，都通過了辨識鏡中倒影的測試。我們要如何得知哪種動物可以真的看見自己鏡中的影像？最一目了然的測試其實相當簡單：在動物的頭上放一頂粉色帽子。當動物看見鏡中的粉色帽子，牠會碰觸自己頭上的帽子還是鏡中的帽子？如果牠碰觸自己頭上的帽子，便通過了「我看到的是自己」測試。

但大猿的自然棲息地沒有鏡子，似乎沒有演化出這種能力的理由。同理，我們不明白為何喜鵲、大象、海豚這三種動物，可以認出鏡中的自己。喜鵲懂得利用鏡中的倒影，更

精細地整理自己的羽毛。而大象一旦察覺鏡子的用法，便會出現新的行為。例如，牠們會花大把時間查看口腔內部，那是牠們不借助鏡子就看不到的身體部位。（如果你對這個主題感興趣，YouTube 有一支亞洲象的影片便拍攝了牠們在鏡子前面的行為：https://www.youtube.com/watch?v=-EjukzL-bJc。）

我們不是只能用鏡子辨識自己。刻劃出類似人類形象的雕刻，是最早顯示出我們具有自我意識的古老文物。根據最新的考古研究，那些雕刻之所以驚人，就在於那是智人出現之前就有的作品。一個簡化的時間軸可以幫助我們理解。

一千四百萬年前	最早的大猿出現
兩百五十萬年前	人屬演化
一百九十萬年前	人科演化出直立人
二十萬年前	智人出現
一萬年前	最後的冰河時期結束

當智人在大約二十萬年前發展成自成一格的物種，跟我們最接近的祖先直立人早已發現了火，也懂得製作工具。他們沒等我們出現在世界上，就發展出自我覺知。在極其古老的遺趾，我們發現了直立人製作的粗糙雕刻，他們雕出了類似人類的形象。作品的年代出奇久遠。最早發現的作品是貝列卡特藍維納斯（Venus of Berekhat Ram），玄武石材，是一九八一年時，希伯來大學（Hebrew University）的考古隊在

以色列靠近敘利亞的戈蘭高地（Golan Heights）挖到的。

貝列卡特藍的維納斯是由兩個圓弧造型構成的，大的那個應該是身軀，小的那個是頭。雕像上有三道切痕，「身體」兩側各切了一道來代表手臂，第三道則繞著切了一圈畫出「頭」，沒有雕出任何臉部特徵。儘管命名為「維納斯」，這件雕刻其實非常簡陋，起初，有些專家認為它是自然侵蝕的偶然產物，爭論那些切痕究竟是不是哪位藝術家刻意雕出來的痕跡，直到後來摩洛哥出土了一件類似的雕像，坦坦的維納斯（Venus of Tan-Tan），爭議才總算平息。這兩尊雕像實在太相像，簡直像同一個人的作品。

調查以色列那尊雕像的年代很令人振奮，卻很難界定確切的年代。貝列卡特藍的維納斯夾在兩層火山堆積物之間，一層大約是西元前二十三萬年，另一層則是西元前七十萬年。雕像的年代就在那廣大的時間範圍內。以現代的眼光來看，同樣來自舊石器時代早期的坦坦維納斯，外觀就比較像人類，因為它有軀幹、頭、雙腿。有一個人渴望以自己的形象進行藝術創作，而這人的年代不僅比智人早，也比尼安德特人早，這項事實披露了自我意識已經融入了我們的生命。那位雕刻者是在說：「我跟我的族群就是長這個樣子。」遠至沒有人可以判斷的年代，就從來沒有不具備自我意識的人類。

「我」不光是從史前時代就存活至今：它還大肆擴張。惡毒的自私隨處可見，證據就在我們四面八方。在我們如今的鍍金時代，貪婪狷獗到離譜的程度，這是「我」陷入狂亂的

症狀，我們都見識過不擇手段的金融界重創全球經濟，而富裕的禍首們根本不在乎——他們也不會停止追求更大量的財富。要不是小我渴望打敗別人的小我，企圖詆毀跟自己不同的人來凸顯自己的重要性，我們便不需要抱持跟別人對著幹的思維，不必因此惹出無止盡的衝突，從家人口角到內戰、宗教討伐、全球核戰威脅。我們能不能為這樣的大肆擴張負起責任，找到解決方法？

如果你經歷過冷戰及核災威脅的時代，你便見識過「我」在樹敵之後，把憎恨發揮到幾乎玉石俱焚的程度。即使核武的陰影不知怎麼地消失了，各國依然在優化機械化殺人的新手段，試圖擴大殺傷力。我們習慣從小我的角度看待世界，陷入不必要的恐懼與痛苦，而這直接導致我們傷害自己的人類同胞，要是減少這一類傷害，便可以造福人類。

選擇劃清界線

沒人會自願染上肺炎，連一般感冒都不會是自願的，然而「我」卻不是如此——「我」的不良效應遍及生命的每個角落，而我們選擇與生命劃清界線——這是我們的物種特性。我們演化出了優越感，認為人類比其餘生物高級。一方面，這給了我們重大的演化優勢。想想我們跟環境的關係。其餘的生物會順應環境，融入環境。數十億年來，生物演化出精

密的機制來適應地球上最險惡的環境。比如，南極洲內陸有一種稱為冰原島峰（nunatak）的特殊山脈，就是從環繞的厚重冰帽裡面拔地而起的山峰。我們很難想像有什麼環境比那裡更荒涼，四面八方除了冰原還是冰原，零下的酷寒，呼嘯的狂風，似乎沒有能讓植物或動物立足的地方。

但有一種名為雪鸌（Pagodroma nivea）的白色海鳥，卻有在冰原島峰築巢的紀錄，距離海岸線最遠可達六十哩，而牠們必須飛回海上攝食。到了交配季節，雪鸌會挑選裸露的岩隙，用小圓石築巢，兩隻親鳥會在冰封的荒野合力照顧一顆蛋四十至五十天，直到孵化。演化讓雪鸌待在這種環境裡，但人類可以選擇要在什麼地方過什麼生活。

這些選擇沒有受到人類的生理條件限制。人類一步步占用地球上最偏遠的疆域，去了我們的人科祖先根本吃不消的地方。我們憑著意志力，憑著內在的動力決心控制大自然，住在各式各樣最缺乏生機的地方，扛住酷熱與苦寒，應付稀少的食物來源，忍受一年裡有漫長的期間看不到太陽、高海拔等等。

在我們仍然赤身露體的時代，極度艱難的環境確實讓我們瀕臨生死存亡，我們智人差一點就成了剛出場便滅絕的物種。我們必須發揮覺知力，才能克服對我們不利的嚴峻條件。《科學人》（Scientific American）二〇一六年刊登了標題名為〈當海洋救了人類〉（When the Sea Saved Humanity）的文章，詳細說明了人類的生存曾岌岌可危，而我們絕大部分的

祖先沒有活下來。文章的作者柯提斯·W·馬瑞安（Curtis W. Marean）是亞利桑那州立大學（Arizona State University）的考古學者，他的研究團隊發現了這場演化危機的證據。馬瑞安寫道：

> 從十九萬五千年前到十二萬三千年前之間的某個時候，寒冷、乾燥的氣候條件令我們祖先的非洲家園不宜人居，以致智人的人口數量銳減。這場災難的倖存者成了如今世界上每個人的祖先，他們全都住在非洲南部的濱海地區。那裡是人類可以撐過這場氣候危機的少數地點之一，因為那裡有豐富的甲殼類及可食用的植物。

在南非尖峰岬（Pinnacle Point）地區的沿海洞穴，考古學家發現了大量軟體動物的殼，還有一些海豹及鯨魚的遺骨，可見早期的人類開始從海洋獲取食物的年代，比之前探索過的考古遺址還要早了將近五萬年，他們就這樣熬過了冰河時代的氣候，其餘的人類則幾乎滅絕。從這些洞穴裡的工具判斷，這些倖存者具備高度的認知能力──馬瑞安提出了或許有爭議的強烈主張，認為智力也是保住性命的必要條件，比如根據月亮的圓缺計算潮汐。他說，只有在退潮的時候，居住在陸地洞穴的人可以步行到海邊，冒險採集貽貝及其他軟體動物，不被拍擊沿岸的大浪沖走。

我們的祖先陷入了慘烈的困境,既沒有救命的辦法,也沒地方逃。他們如何找到自救的手段?

編輯現實

答案不是有形的。儘管這些考古發現很引人入勝,我們的祖先可不是因為外在的壓力太嚴峻了才順應環境。要切換到「在內心」的世界需要經歷相當大的變化。我們成為一個奠基於意識的物種,以腦力克服大自然的挑戰。人類意識擴展的重大因素之一便是我們的大腦變得太大、太有效率、太複雜,到了對自身不利的程度。過載的大腦令我們更迫切需要削弱大腦,日子才能應付得來。如果現代城市的繁忙與喧囂看似已然過載,其實還遠遠比不上我們年代久遠的祖先所面臨的心智危機。

問題不在於人類的大腦不斷成長、停不下來,而是我們的本能開始萎縮,不像其他生物可以根據本能行事。蜜蜂專門找花,本能地螫傷入侵者,只有蜂后會產卵。這三種行為都在人類的自主選擇範圍內。我們探索大自然尋找各式各樣的食物。我們在不同的情況下戰鬥或維持和平。我們的交配根據極度複雜的行為模式而來。掙脫了本能之後,我們擁有的選項變成無限多。但**大腦不能變成無限大**。那人類的心智要怎麼做,才能夠將無限的選擇塞進有限的生理框架內?

不是只有我們的老祖宗面臨這樣的兩難。每一位新生兒來到這個世界上，過量的資訊不斷灌進高層腦（higher brain），泛濫的原始資料流永遠不能完全消化完。假設你要在爆滿的停車場找自己的車。要找到車，你不會把路面、天空、人、每一輛靜止或行駛中的車輛都納入你的視野範圍。你會根據腦海裡的車子外觀，集中注意力，剪除一切與找車任務不相干的資訊，尋找特定的一輛車。

這便是我們建立小我的另一個原因。**人類會認同自己做得到的事**。修車師傅跟小提琴音樂家不一樣。以「我是○○」起頭的句子，可以接上各種類型的行為、特質、才能、偏好。同理，以「我不是□□」開頭的句子，也可以接上各種內容。結果，我們選擇不予接受的事物，就遠遠超過我們選擇去接受的事物。如果你是基督徒，那是你排除其餘宗教後的單一選擇──目前世界上有四千兩百種信仰，抱持單一信仰的人不必深思那些信仰是什麼，只是偶爾會有一些關於其他信仰的思緒。我們想都不想一下，便排除了數不清的選項，按照個人的「我」的命令編輯現實。

這種編輯現實世界裡的原始資訊的能力，已經出現在其他動物身上，比如專門獵捕某一種獵物的動物便是如此，但那不涉及刻意的選擇。當企鵝跟其他那些在大型棲息地築巢的海鳥帶著大量食物上岸，不知怎麼地就是可以在無數幼鳥吵死人的叫聲裡，找到屬於自己的幼鳥。北極狐可以察覺老鼠在幾呎深的冬雪底下活動，精準地攻擊自己的獵物。帝王

蝶可以遵循一模一樣的遷徙路線，往返牠們在墨西哥的繁殖地。

　　人類如何開發出尋找特定食物、特定地點之外的專注能力，變成一項想用才用的特質，是巨大的謎團。你感興趣的事物令你入迷、抓住你的注意力，不去留意到你不感興趣的事物。偵探小說的迷人之處，就是大偵探福爾摩斯發揮聰明才智，留意到最細微、乍看毫不相干的線索。（據說，福爾摩斯是雪茄灰的專家，能夠從雪茄灰辨識雪茄葉的種類，但他不知道地球繞著太陽轉，因為這一項知識無助於犯罪調查。）

　　儘管我們不能破解專注與不專注之謎，兩者都由「我」操控卻無庸置疑。我的妻子、兒女、孫兒孫女是我個人非常感興趣的對象（我們將這種興趣貼上「愛」的標籤），而地球上將近七十億人口則根本不認識他們。一旦注意力集中在某處，情感便跟著來了。我兒子高森（Gotham）在成長過程中，熱愛波士頓塞爾提克（Boston Celtics）籃球隊，討厭洛杉磯湖人隊（Los Angeles Lakers）。這融入了他的特質，是他認同的二選一的抉擇。

　　二選一是心智最基本的編輯工具，以「那是我或那不是我」開頭。小我根據「那是我或那不是我」的無數抉擇，將每一個人跟其餘人區隔開來。許多這一類的抉擇並不具備實質的意義，只是在強化小我罷了。（塞爾提克隊的球迷並不比湖人隊的球迷更優秀、更聰明、更富裕。但我兒子高森去洛杉磯發展時，工作上必須跟湖人隊密切往來，這可是很難

受的改變。將「那不是我」變成「那是我」可能很難。比如，想像你必須為你討厭了一輩子的政黨工作一年。)

小我隨著歲月的累積而大肆擴張，「他者」跟自己的不同之處，便成了社會大眾懷疑及不認可一個人的依據。在我的兒女還沒誕生的時候，我剛剛移民到美國，在紐澤西的醫院工作，那時是一九七〇年代，由於越戰的緣故，在鬧醫師荒。我每天到急診室工作，心裡很清楚在美國土生土長的同事們都覺得我不如他們，只因為我來自印度。

要是我們後退一步來看大局，便會看到「我」將現實編輯得七零八落，而且理由很自私。我們刻意將新的機會關在門外，以迎合老舊、固定的偏好。每個人的過去都充滿了雜八雜八的個人選擇，包括好惡、情緒、記憶包袱，更別提還有固著的信念、家庭史、從出生以來每一件改寫人生的經歷。

你今生至此的經歷並沒有塑造你這個人。塑造你這個人的是你對人生經歷的想法。小我及它曾經有過的一切反應是相當龐大的心智建構，從我們最遠古的祖先所孕育的自我種子，一路生長至今——「我」大肆擴張。我們編輯現實的能力，讓我們可以從編輯後剩下的事物裡面，篩揀出想要關注的項目；既然我們關注的項目已經有數十億件了，可見未經編輯的現實必然還要龐大得多。人類的成就在現實提供的選項裡面，只占極小的一部分——我們面前的地平線延伸到無限遠。

決定放手

我們目前為止討論的內容，或可稱為「我」的自然發展史。我們挖掘到許多關鍵的要點，披露了那個被我們當真的虛擬現實，實際上是心智打造的。人類的心智建構了現實，原因如下：

避免現有的資訊多到我們招架不住、形成混亂。
不論是現實的哪一個層面，都可以自由決定要不要接受。
要重複自己最熟悉、安全、愉快的經驗。
要避開威脅性最高、陌生、不愉快的經驗。
小我是判斷一件事物是否屬實的最高裁決者，小我的裁決是高度個人化的，會篩選我們解讀世界的方式。

我不是要宣稱小我是你的敵人，要是我那樣說了，那就只是小我又一次作出了判斷。站在中立的立場，小我是有局限性的。你選擇讓「我」擔任人生旅程中最親密的旅伴，便默許了「我」過濾、審查、評斷你的經歷。這便是意識在大部分人生活中的主要用途，而那就像空有一臺強大的電腦，卻只拿來處理電子郵件。限縮自己的個人現實，讓你跟無限的可能性成為陌路，而無限的可能性正是意識可以給你的大禮。

「我」有時會編輯掉太多現實，將可以擴展愛、同情心、創造力、進化的重要事物也拿掉了。我們花了太多心力，專

注在會傷害自己、扯自己後腿的事情上。要是你跟家人共度感恩節的時候，家人年復一年地翻舊帳，掀起令人厭倦的惱人爭執，你就曉得「我」有多固執，揪著惹人厭的雞毛蒜皮不放。對受制於肉體演化的生物而言，沒有別的出路。獵豹是地球上跑得最快的動物，但為了跑出驚人的速度，牠們體形比其他的掠食者嬌小，力氣也略遜一籌。牠們一生裡最脆弱的階段是出生時，因為母獵豹當時保護幼豹的能力有限。據估計，九成的新生獵豹無法存活。雪上加霜的是，獵豹視為獵物的瞪羚也是飛毛腿。瞪羚跟獵豹的速度不相上下，成年獵豹在捕食的時候還經常跑輸獵物，時常瀕臨餓死。獵豹由於自身特別的演化適應，即使身邊就有白蟻、青草、老鼠等等豐富的食物，也不能改吃那些東西來避免餓死。

智人面臨相反的困境。我們的心智打開了無限可能的場域。由於我們具備隨意改變大自然的能力，我們謹慎地選擇了似乎有利於生存的選項，但這些選擇造成了我們沒有預見的後果。以武器自衛的能力讓早期的人類得以興起，早在西元前四萬五千年前，便有了精巧的弓箭武器。之後，武器便勢無可擋地不斷精進，釀成了無法避免的核武競賽災難。但那真的避免不了嗎？可以自由地天馬行空是我們的自然狀態；困在過去可不是。我們一直都擁有思想自由，只要我們選擇善用這份自由就行了。關鍵問題在於「我」膨脹擴張，將自由意志濫用在洩憤、恐懼、貪婪、盲目的自私等等。

一旦看出這一點，便會明白我們的愛情為何觸礁。兩人

戀愛、結婚。度完蜜月，開始在各種事務上跟另一半互動：做家事、掙錢、安排時間一起活動或分開活動。而「我」盡責地處理一件又一件的事。但如果你們為了家裡的開銷吵架，你的小我便引爆怒火、想贏、執拗地想證明自己是對的，要是吵得夠兇，你們還會悲從中來地翻舊帳。一不小心，芝麻綠豆大的歧見就變成苦澀的私人恩怨。你們在當下的脣槍舌劍中，忘了當初讓兩人走進婚姻的愛戀。愛才是更完整的真相，但「我」一意孤行地無視那份愛，只為了在一樁通常沒什麼意義的口角裡贏過對方。

你們兩人只占據地圖上的一個小點。現在將地圖範圍擴展到全世界。人類在蹂躪地球，因為七十億人口遵從「我」的建議，情願守著一個地區，懶得管全球問題要如何解決。戰爭帶走大量人命，造成大規模的破壞，是因為每一個「我」選擇追隨自己不理性、憤怒、充滿敵意的目標，點燃怒火，刻意在更大的範圍作亂──打破友好的和平。

歸根究底，「我」堅信自己可以掌控現實，然而人類歷史上卻記滿了它慘烈的敗績。連「我」以為自己掌握了現實的基本假設都是錯的。此刻，你沒有實際接觸過一切造物的源頭，也就是量子場。你沒有體驗過構成自己身體的原子與粒子、細胞的運作、大腦本身。說也奇怪，人腦不曉得自己存在。檢視外科醫生手術刀底下的大腦，或是在醫學院解剖人體時觀察大腦，都只是二手的觀察。你會看到一顆糊狀的灰色玩意兒，表面布滿皺摺，完全看不出這坨糊狀物怎麼會

處理我們的意識。

　　基本上,「我」監督我們的經歷,確保人生偏安一隅,不要觸及無限。無限是小我的敵人,因為**無限才是地圖的全貌,我們不只是被釘在一個地方的小點。放下「我」便是投入無限。**只有自在地接受我們無限的可能性,才能夠察覺現實並不需要編輯。完整無缺才是我們的歸屬。當我們開始把完整的整體切割成小碎片,小我便出面接管那些小碎片,一片接著一片,不管我們有沒有意識到,小我都把我們的身心消耗殆盡。所以我們得調查無限,看看無限的環境適不適合我們生活。如果適合的話,放下小我便是合理的選擇。無論「我」為了改善人生做了什麼,我們都可以開始意識到,活出完整的生命更愉快。

第 03 章

人類潛能是無限的

　　人類的潛能是沒有窮盡的，因為意識沒有邊界。身為人類，就表示凡事都有可能發生。我們暫且探索一下內在世界的可能性。外在世界的可塑性，在許多方面都超乎任何人的想像。既然意識是現實的根基，我們便不該為它設下任何死硬的限制。想要飛行的人類沒有長出翅膀，但我們確實找到了實現飛行願景的途徑。記住，不論我們的抱負再怎麼遙不可及，總有一條路會開啟。

　　在內在領域，出現新思維、新洞見、新發現的可能性已經是無限的了。就衝著這一點，將智人視為立足在意識之上的物種便很重要。無限的可能性是我們具備的特質之一。可是我們心底的某個角落，卻不肯相信無限是人類的屬性。感覺上，還是編輯過的現實更舒服。但超乎尋常的事情確實會

發生，徹底證實了「凡事皆可能」的概念是真的。只要肯花點時間找一找，意識突然躍進的事情俯拾皆是。但「凡事皆可能」可以用來描述一個充滿量子雜訊（quantum noise）的全然隨機宇宙。在量子理論中，一切事物會先在「量子泡沫」（quantum foam）裡冒出來，然後才形成具體的形體與結構，就像不成形的蛋糕糊要烤好了才會定型。由於量子粒子來無影去無蹤，根據機率定律，一片葉子、一把椅子、一頭抹香鯨或任何物體，有極微小的機率突然間憑空出現。目前的物理學則讓我們知道，發生這種事情的可能性其實微乎其微。

也許你覺得這些事情太抽象，不關你的事。當量子物理學說你家的車道被巨型章魚堵住的可能性非常、非常低，你並沒有得到新的知識。我們照著社會給我們的規範，參與「在外面」的世界。但以這種角度看待現實，實在太過短視了。我們參與世界的起點其實是在量子層次。事實上，心念與物質就是在量子層次相遇的。兩者的存在都是可能性，隨時可以融合並顯化，但仍然是肉眼看不見的。

所以，在這個層面上，心智與物質都具有更高的可塑性，就像柔軟的黏土在塑形、烘烤、上釉之前，可塑性會超過瓷器盤子或小塑像。身為人類，我們可以刻意返回量子層次，跟創造物在走完創造過程、就定位之後的狀態相比，我們在量子層次可以無限擴展我們參與創造的程度。或可說，我們的「創造物」不但還是軟的，心智與物質也尚未分離。兩者分離時，岩石不會瞬間變岩石，而分道揚鑣的意念不會

瞬間變成一個念頭。心智與物質最初都以相同的方式出現，是量子場中的無形漣漪。這些漣漪遇到重力場、夸克場、電子場及其他幾種場的漣漪，開始形成圖樣。就像波浪在沙灘上留下波紋痕跡一樣，要先等到干涉圖樣成形，才會出現我們能夠辨識的夸克、電子之類。

物理學將創造的歷程挖得這麼深，真的很了不起，但在追溯到心智的源頭卻未有太多進展——這方面我們會詳細介紹。但重點在於一般人以為心智跟物質本來就是分離的。所以，幻象才能夠混淆我們。一個關於蘋果的意念，跟真正拿著的蘋果很不一樣。但在更深的層次上，兩者曾經相同，一開始都是可能性，存在於物理學所說的虛擬現實的領域中。然而，真正的奧祕在於，兩個差異這麼大的東西居然來自相同的源頭，真的很不可思議。

要利用無窮的潛力，便必須接受現實是開放性的，可以接收微妙而無形的心血來潮，將之轉化為心智與物質。我把這種開放性稱為「超現實」，凌駕了心智與物質的境界；**在超現實裡，整個宇宙、萬物及一切精神活動都處於胚胎狀態。**

我不會假裝第一次聽到超現實的人，可以輕易接受它的存在。要是生活的一切都完全沒有定數，你還能有多少安全感？絕對不會有多少——每個人都情願生活穩定有序一點，不能一切都說不準。但要是你仔細想想，望著空白畫布發想的畫家，還有看著空白稿紙沈思的作家，他們都要仰仗「凡事皆有可能」，那才是最理想也最高階的創造狀態。當你將

無窮的潛在可能性視為無限創造的可能性,便開啟了「我」在各種限制之下不會有的自由。

我們太習慣講「我的」身體、「我的」心靈,講到我們以為身心包辦了我們體驗到的一切思想言行。但在超現實,是意識在思考、在行動。我們可以——也應該——切換成這樣的觀點,原因很簡單。大腦不能跨越到較高的意識層次;但意識可以。小提琴的琴弦不會自己發明新的音樂形式,但音樂家的意識可以把小提琴當作在現實中表達的工具。同理,身心(將身體與心靈視為一體的概念)是意識在現實生活中的表達工具。

音符在音樂裡的組合方式比宇宙裡的原子還要多,我們卻能對如此龐大的可能性感到自在。我們下西洋棋的時候,每個玩家在走了一步棋之後,便要面對四百種可能的棋局走向,在四步棋之後,可能出現的棋局走向便爆增到兩千八百八十億,而我們毫不焦慮。在日常生活的情境裡,比如玩遊戲,我們覺得無限是理所當然的。無限到處都是。即使你認識的字彙量跟一般五歲的小孩一樣,只有貧乏的兩千字,這也夠你創造出無數的字詞排列方式,更別提沒人禁止你賦予一個常見的詞彙幾個不同的新詞義。(舉個例子,pet 原本就是動詞、名詞、形容詞,比如:I pet my pet cat, who is the only pet I have.(我寵我的寵物貓,她是我唯一的寵物。))——而任何人都可以自由賦予這個詞其他的新意思。Pet 可以替代寵溺、舒心、惹人喜愛等等。這個詞已經隱含這些意義

第 03 章　人類潛能是無限的　　97

了。新的詞義可以橫空出世,就像 hip(臀)跟 cool(涼)的諸多意思也脫離了它們原本的字義。

既然我們在這些方面都習慣了無限,就可以擴展我們的舒適區,直到可以坦然接受無限是我們的個人特質為止。

頓悟天才(sudden genius)

「凡事皆可能」是作為人不可或缺的特質之一。意識可以意外躍升,「頓悟天才」的神奇現象就是這麼來的,創造這個詞的人是達羅德・特雷夫特(Darold Treffert),威斯康辛州的內科醫師,已是一位「超乎尋常的大腦表現」的專家。他將頓悟天才定義為:「彷彿天啟般的一刻突然降臨,瞬間領悟了各種規則跟艱深的道理,比如忽然懂了音樂、藝術、數學,幾乎當場成了天才。」

在特雷夫特目前為止研究過十四個人裡面,二十八歲的以色列籍男子是一個相當驚人的案例,特雷夫特將他稱為「K・A」。他是一位表演者,可以隨意用鋼琴彈出流行歌的曲調,一次彈一個音符。一天,他去逛購物中心,有一架鋼琴放在那裡展示。他本人這樣描述了下一刻發生的事:「我忽然領悟到大調音階、小調音階是什麼,知道它們的和弦是什麼,還知道要把手指放在哪裡,才能彈出音階裡的某些部分。」他原本沒有彈奏和弦的知識和能力,那時突然就曉得

和弦的樂理。他上網查了音樂原理，驚訝地發現：「網路上教的東西我大部分都曉得。」他很困惑自己怎麼會懂一個他從來沒學過的東西。

這種現象強而有力地印證了超現實的核心特質之一——人類跟無限的可能性已經接上線了。

許多因素導致我們不曉得自己蟄伏的潛能——比如，我們才剛解釋過小我會編輯、限縮現實。即使我們看到了反證，限制的力量不是讓我們懷疑證據的真實性，就是完全不當一回事。特雷夫特對於頓悟天才的觀察可以登上二〇一八年七月二十五日的《科學人》，則是因為一個更大的謎團，稱為「學者症候群」（savant syndrome），這在醫學界及心理治療領域都有豐富的文獻記載。

學者症候群也涉及了無法合理解釋的驚人能力。這種症候群被歸納為兩種類型，特雷夫特也是兩者的專家。「先天性學者症候群」是在人生的早期階段便出現超凡的能力。有的孩子可以告訴你，在過去及未來的任何一天是星期幾——稱為日曆學者。有的人可以在心裡推算出質數，速度跟精確度媲美電腦。（質數是指只能被一及自身數值整除的自然數。質數列表一開始很簡單，是二、三、五、七、十一。但要是不用計算機，很快便會很難推算出下一個數字是什麼。比如，七、七二七及七七四一都是質數，但兩者之間的數字都不是質數。）

另一種是「後天性學者症候群」，就是一般人在頭部受

傷、腦溢血或經歷了中樞神經系統的其他損傷之後，突然有了驚人的能力。在這兩種類型之外，特雷夫特把「頓悟學者症候群」（sudden savant syndrome）列為第三種，K·A便是一例。這三種類型都沒有科學解釋。先天型的孩童通常是自閉症或智力障礙。（已故的神經科醫師奧利佛·薩克斯（Oliver Sacks）一九八五年出版的膾炙人口的著作《錯把太太當帽子的人》，便細數了「另類聰明人」的真人真事，其中包括右腦損傷的人、數學能力不凡的自閉兒。）

當學者症候群局限在自閉症及腦部受損者身上，聽起來就有點異類，但是明明很普通的人卻成了頓悟天才，感覺就比較貼近我們的生活。特雷夫特使用的文章標題是〈大腦增益：一個人可以瞬間成為學者——沒人知道原因〉（Brain Gain: A Person Can Instantly Blossom into a Savant—and No One Knows Why）。對於注重科學的讀者來說，標題裡最重要的字眼是「大腦」，因為在我們的時代，一切精神現象的標準解釋都是以大腦為主。但宣稱大腦可以不經過任何外來的知識灌輸、教育、訓練就忽然學會樂理，這並不是合理的說法。（那就像宣稱大腦不必看地圖，就曉得全世界的城市。）突然得到藝術能力的人，會沉迷於繪畫，難以自拔，就像畢卡索那樣。畢卡索從小就對繪畫著迷，但一個原本對藝術提不起興趣的人，因為大腦的命令而在一夜之間愛上繪畫，就很匪夷所思了。

對大部分人來說，藝術、音樂、數學不是生活大事，而

目前為止，有案可考的頓悟天才只有十四例，這種奇怪的現象似乎相當罕見。然而頓悟天才的存在提供了另一條揭開人類奧祕的線索，而這條線索牽涉到無限本身。

與無限的關聯

要是一個對音樂毫無興趣或只有少許興趣的人，突然懂得自己不曾學過的樂理，那些知識是怎麼來的？這人可沒有使用一般傳遞知識的管道，比方說，透過老師或課本學習。我們可以說，樂理是不曉得怎麼回事就下載到他身上。但下載的源頭是哪裡？音樂是人類的創造物──自然界沒有和弦、奏鳴曲、交響樂。也沒有「在外面」的隱形圖書館在收藏音樂的一切相關資訊。此外，即使這種圖書館真的存在，誰會把樂理寄給一個沒想過要學的人？

我們會避開摸不著頭緒的東西，而超現實很可能令人暈頭轉向。**超現實存放著一切在過去、現在、未來的思想內容。由於無限是無窮無盡的，超現實也收著一切可能出現的想法。**研究古希臘的學者們，最近總算破解了古代手稿殘片上的樂譜，苦心推敲，總算有辦法用蘆笛跟鼓演奏出來，重現蘇格拉底在公元前四世紀漫步雅典城的時候，說不定聽過街頭藝人表演的樂曲。

帶回古代音樂是一種再創造的行為。心智想要憶起它從

不曾遺忘的事情,這話聽起來很奇怪。但那不等同於重新取回資訊。要理解真正的關鍵所在是什麼,一個日常生活裡的意象或許能幫上忙:雲端。

有上網的人大概多多少少都聽過,雲端是一個網路空間,儲存著全世界的資訊。雲端的容量比世界最大的圖書館還要高出很多倍。雲端存放著每一封電子郵件、每一張線上照片、每一筆亞馬遜書店的交易、每一次的谷歌搜尋。雲端已是世界通用,卻很少人意識到雲端有實際的地點。

我們興建巨大的數據中心,以儲存以往存放在家用電腦及商用電腦的所有資訊。當你拍下任何事物的照片,比如夕陽、大峽谷、新生兒,然後剪裁、調色、寄到某人的手機,照片其實不是從你的手上直接到另一人手上,中間還要經過雲端。實際上置放雲端的設施就在維吉尼亞州的勞登郡(Loudon County),規模龐大的數據中心每一棟都占地幾百萬平方呎。

我們上網可以立即連上雲端,但進入這些數據中心的手續卻很繁瑣。數據中心的核心有成千上萬的強大電腦,由一層層的安全措施保護。工作人員必須以視網膜掃描驗證身分(甚至可以判斷那是不是活人的視網膜,而不是某人拿著別人的眼球在掃描),之後進入「人員陷阱」(mantrap),等到入口上鎖,出口才會打開,隨後通過一支武裝保全隊伍,全程一共要輸入九組不同的密碼。

網路空間有實際地點的事實,跟我們的意識形成鮮明的

對比。你不用去「在外面」的實際地點回想法蘭克‧辛納屈的《午夜陌生人》(*Strangers in the Night*)的旋律,腦海便會響起他的歌聲,連他的長相都一併奉上。**超現實儲存全部的體驗,我們可以隨時重現。**神經科學說我們是從大腦檢索這些資料,但頓悟天才的現象卻讓這種說法蒙上陰影,因為人們竟可以讀取自己根本沒接觸過的知識。

進一步來說,人有創造力,所以會發揮意識去發明及發現新事物。這跟重新重現古希臘音樂不一樣。然而要追查為什麼有些人擁有創造力,卻相當困難。超現實跟雲端一樣設置了安全措施。像達文西或貝多芬那樣的人,多彩多姿的創造力來得輕鬆又豐沛。這些藝術家會沉溺在創造活動不可自拔。在另一個極端,則是跟藝術創造力完全絕緣的人。看來,創意天才們駭進了超現實。他們接通了超現實蘊含的無限潛能,遠遠超過一般人允許自己連結的量。

我們一直在努力將創造力視為一種技能,此舉一開始似乎前景可期。有遠見的公司,比如谷歌、蘋果之流,便因此致力於辨識並網羅最有創意的人才。回到前文提過的《盜火》,兩位作者史蒂芬‧柯特勒(Steven Kotler)和傑米‧惠爾(Jamie Wheal)在書中深入介紹了矽谷的企業如何打造「才華搜集器」。在社群媒體臉書、推特所掀起的革命浪潮中,這些企業憑著創新起家,有了可自由支配的鉅額資金,自然就想要催生更多的創意點子──在高科技產業,這攸關企業存亡。

這些企業樂得利用創意大發利市,但「啊哈」的時刻只是暫時綻放的洞見。難就難在要怎麼做,才能讓源源不絕的靈光及創新變成家常便飯。《盜火》描述谷歌如何巧妙地將創造力的重要元素——心流——注入他們的工作環境。

　　基本概念很簡單:如果要讓思路暢快流動,就建立可以暢快流動的工作環境。谷歌認真地落實這個觀念,一直在調整工作環境,讓環境可以跟工作之外的生活無縫銜接。他們提供腳踏車,方便員工自由穿梭園區的不同位置,在園區的巴士上設置無線網路,供應高級的有機食品,建立允許點子自由流動的寬鬆體制,不用階級嚴明的傳統管理方式,所以管理階層不會接觸不到員工。

　　但這些便利的措施效果很有限,因為心流本身不等於創造力。兩位作者柯特勒和惠爾將重點放在他們所說的「另類狀態」(altered states),就是頭腦徹底脫離平時習慣的狀態。不論啟動另類狀態的方式是迷幻藥還是漂浮艙,是冥想還是神聖儀式,都可以讓人進入 ecstasis(狂喜)。這個詞源自拉丁字根,意思是「在外面」及「站立」,狂喜的狀態讓人超脫到心智平時的自我意識之外。我們在狂喜中感到自由、不羈、幸福——有創造力。《盜火》基本上是在談矽谷如何設法把狂喜變成營收。

　　比如,谷歌鼓勵所有的員工冥想,以促進更寧靜、更開闊的覺知狀態。但儘管知道了無我的境界、心流、出神、冥想、觀照,創造力依然捉摸不定。二〇一三年,幾個領域的

聰明人為了尋找「刁鑽」問題的解決之道，合作啟動了創造力破解計畫（Hacking Creativity project），展開「有史以來最大規模的創造力統合分析」。他們的中心思想是如果能夠明白創造力是怎麼回事，便沒有不可能做到的事。

為此，他們分析了超過三萬篇創造力的研究論文，訪談了幾百位專家，從霹靂舞舞者、馬戲團藝人、詩人，到搖滾明星。到了二〇一六年，他們有了兩項結論。

第一，創造力是解決複雜問題的必要條件——就是我們在快節奏的世界裡時常遇到的那種複雜問題。第二，我們試圖培養創造力，但成果微乎其微。失敗的原因相當簡單：**我們把創造力當成一種技能在訓練，但我們應該培養的是一種心態。**

原來，超現實不是你駭得進去的。駭是入侵，相當於網路版的非法闖入。有創意的人不闖空門。他們做的事更接近演化；新的點子浮現出來，得到實際的形式，化為一幅畫或一支樂曲。演化就是創造——長頸鹿的長頸，變色龍的變色能力，還有我們引以為傲的生理特徵，也就是可以相觸的拇指及食指，這些都是大自然發揮創造力的成果。演化是從無限可能性的場域汲取靈感，一點一滴，打造出一隻完整的生物，方式就跟你我重現聆聽辛納屈演唱《午夜陌生人》的完整體驗一樣。

每一種生物都在演化時連結上超現實，一步步地取用超現實的創造潛能。以我們的眼光來看，最奇怪的生物不是用

零碎部件胡亂拼湊出來的，每個身體部位都是精心調校的結果，以便在同一個環境裡的無數生物之間，找到最有利於自己生存的完美利基。

中南美洲的大食蟻獸（*Myrmecophaga tridactyla*）每天早晨醒來都飢腸轆轆，想吃螞蟻。牠的身體經過優異的演化，能夠找出深藏在地下的昆蟲獵物。大食蟻獸的前掌配備了四吋長的爪鉤，可以用力撕扯開蟻窩或白蟻窩。牠有一條兩呎長的黏性舌頭，可以滑來滑去地黏住螞蟻，然後咻地收回嘴裡。

這些適應環境的機制實在精密得令人讚嘆。雖說大食蟻獸的顎變得極小，否則會鑽不進蟻丘或白蟻丘的狹窄通道，但與此同時，人類絕不會選擇被綁死在這樣的演化絕境。為了生存，大食蟻獸一天必須攝取高達三萬隻螞蟻，又因為這份伙食的養分少得可憐，精力只夠牠們過著一天睡上十六小時的生活。

人見人愛的大貓熊也走上死胡同。儘管牠真的是熊，還是最早演化的熊之一，但腸道的缺失卻成了問題。貓熊的消化系統跟其他熊不一樣，只能消化竹葉。一般的熊幾乎吃什麼都能消化，為什麼大貓熊會喪失或從未得到那樣的消化能力？「為什麼」在演化裡並不重要。一項演化適應發生了，要麼有助於維繫物種的命脈，要麼沒有幫助。

智人避開了每一條，包括其他靈長目動物闖入的死胡同。在當今世上的物種裡面，我們最近的近親是黑猩猩和大

猩猩，但我們不是牠們或其他猿類的後代，這一點與一般的認知正好相反。人類與黑猩猩之間最後的共同祖先，根據目前最可靠的估算，大約存在於一千三百萬年前出現了基因分裂，之後遺傳基因便出現兩個分支。一支演化成黑猩猩、大猩猩、紅毛猩猩及牠們的近親，另一支則演化成我們的人科祖先。

　　黑猩猩是現代物種，我們也是。（有趣的是，黑猩猩的遺傳演化比我們的複雜了兩三倍，原因有二：第一，黑猩猩由親代傳遞給子代的隨機變異是人類的兩倍──人類嬰兒從父母那裡繼承的新變異平均是大約七十項。第二，遺傳學有一種稱為「瓶頸」的現象，就是新的基因不夠多。基因變少，變異就少，於是一個物種就無法出現新的特徵。根據基因分析，幾百萬年來黑猩猩遇過三次瓶頸，導致基因池縮水，人類則只在二十萬年前遷移到非洲以外的地方時有過一次瓶頸。脫離那次瓶頸之後，我們的物種便迅速成長，遍佈全球。）

　　我們的現實為何出現劇烈的大轉換，是深奧的謎團，無法從基因找到答案。即使黑猩猩的變異率是智人的兩倍，牠們並沒有獲得自我覺知。這跟缺乏智力不一樣。靈長目的研究一步步證實了黑猩猩跟我們的智力差距，比我們以前所知的小。根據靈長目動物學家法蘭斯・德瓦爾（Frans de Waal），只有人類會製作工具的觀念如今已經被推翻了。我們還宣稱人猿沒有心智觀點，如今這種主張也被大幅削弱。

至於文化方面的主張，就是認為只有人類擅長合作等等——（這些）實際上全都站不住腳。

心智理論（theory of mind）是哲學及心理學的術語，指在別人沒有明說的情況下，依然能夠判斷別人心理狀態的能力。簡單的定義就是「讀心術」。很多愛狗人士會信誓旦旦地說，他們家的狗狗清楚主人的喜怒哀怒。但若要說這證明了所有的動物都知道自己擁有心智，便仍有爭議。想想也很有意思，我們在一千三百萬年前的共同祖先具備發展出心智理論的潛能，在分化成兩支以後，這種潛能在黑猩猩那一邊的分支開花，也在我們人類這邊的分支綻放。

但黑猩猩沒有經歷過現實的大轉換，不像智人因此有了自我覺知。黑猩猩能夠學習、理解的事物是有限的。比如，如果你在黃色杯子底下放花生，在紅色杯子底下不放，黑猩猩很快便會察覺差異，之後便只拿起黃色杯子。但如果你給黑猩猩看兩個砝碼，要是牠指出哪一個砝碼比較輕就獎勵牠，牠就無法理解關連所在，只會一直隨機選擇砝碼。同樣地，要是一隻黑猩猩自己摸索出如何打開一個複雜的箱子來拿裡面的食物，其他黑猩猩無法只靠著觀察第一隻的操作手法，就學會如何開啟箱子。

我們與我們最親近的親戚之間，差異也就是這樣了。黑猩猩和大猩猩擁有的選擇空間，就比大食蟻獸要大得多。但牠們連接無限可能性的能力，跟我們天差地遠。現實大轉換是跨越基因的，無論我們在其他靈長類動物身上看到多少人

類的影子，牠們都無法從人類身上看見牠們的影子，因為牠們就是沒有看出來的能力。有些演化的死路會令生活變得複雜，就像高級靈長類的生活，但死路依舊是死路。

身為人類的奇蹟就是我們同時在幾個維度演化。我們的一切特質，包括行為、抽象思考、好奇心、個人的性格、社交網絡，都出現了史無前例的爆發，彷彿地球上的生命急著進入未知的高度，施展雄心壯志。三維西洋棋[1]的大師要是看到我們人類演化的棋局一定會目瞪口呆，我們原本就拼接了很多層的棋盤，還一直增添新的棋盤進去。但這位大師看不到我們的設定，因為設定存在於意識裡，也在意識裡演化。這一點非常重要，需要進一步討論。

多維度的意識

無限可以停留在一個維度，也可以同時存在於多個維度。不妨想一下三分之二這個數字，〇・六六六的六可以無限延伸，這個單一數字串像一隻數學版的蠶吐出一條無盡的蠶絲。這便是停留在一維的無限。但心流跟創造力一樣，是一種橫跨幾個維度的意識狀態。當一個人事事順利，障礙消

1　西洋棋的變種玩法，用幾個棋盤組成三維架構。

融,答案得來不費吹灰之力,這人便「進入心流」。當每個層面都占據自己的維度,但每個層面之間卻不知怎麼地協調一致,於是心流便發生了。心流帶來平靜感,感受到愉快,甚至達到到狂喜。要是心流夠強勁,還可以席捲而下,創新的點子彷彿是自動前來,將我們當成載體,就像劇作家利用演員來傳達自己的話語。

　　心流是我們所嚮往的,同時也充滿了神祕,來去無蹤,有些人一輩子都沒見識過。**當你明白心流就是毫無阻礙地接通了「超現實」,心流的神祕便解開了。在心流中,我們體驗到整體性。水坑不會流動,但海洋會。只有整體性可以精心安排,建構出多個維度協調一致的意識狀態。**毫無疑問,我們的人科祖先在很久很久以前,便過起了多維的生活。他們經歷的集體覺醒留下了痕跡,就是我們所知最早的洞穴壁畫。只有經歷了劇烈的意識躍升,他們才有可能畫出壁畫。科學家鑑定洞穴的動物壁畫,判定出來的年代一再往前移。有很長的時間,歐洲是壁畫年代最早的地點,最初是法國拉斯科(Lascaux)一個結構複雜的洞穴(大約一萬七千年前),之後是法國及羅馬尼亞的獨立洞穴(三萬至三萬二千年前),此時年代已經大幅提前。目前年代最早的紀錄則是印尼南蘇拉威西半島(South Sulawesi Peninsula)的一個洞穴系統,原住民仍在使用那個洞穴。根據放射性碳定年法,印尼壁畫的年代界於三萬五千至四萬兩千年前。

　　觀賞這些史前文物的照片(網路上很容易找到)是一種

時間旅行，不是實際旅行，而是神遊。最古老的法國遺址是肖維岩洞（Chauvet-Pont-d'Arc Cave），位於如今已乾涸的古老河床上方的石灰岩壁上，那些壁畫絕對堪稱是藝術品。在一九九四年發現後，聯合國教科文組織（UNESCO）很快便將它列為世界遺產。肖維岩洞的壁畫是保存良好的巨大動物形象，數以百計，一共描繪十三個物種。冰河時代其他畫作的主題是草食動物，比如馬和牛，但肖維岩洞的繪師加上了掠食動物，例如洞穴獅（cave lion）、豹、熊、鬣狗。

這些壁畫的繪製環境很艱辛。穴壁很深，遠離洞口的亮光，所以是在黑暗的洞穴作畫，以搖曳的火把照明。在晃來晃去的火光中，繪師的手依然很穩，每一隻動物的角、背、頭、腿的主要線條都是一筆畫完，就跟現代技藝精湛的繪師一樣。他們在實際作畫之前，顯然清理了岩壁並弄平，清出一塊適當的淡色區域，當作空白的畫布。畫面裡的兩隻披毛犀（woolly rhinoceroses）頭對著頭對峙，反映出繪師想要描繪的場景，此外還畫了很多在活動的動物，而且不是小朋友畫的那種簡筆畫。

可想而知，畫圖的欲望並不簡單，從來都不簡單。這些畫的本質是神話？儀式？還是魔法？我們無法判定繪師是懷抱什麼心情在作畫。這些動物壁畫真的美嗎？或者我們只是從自己熟悉的概念裡挑出了「美」，硬說那些畫很美？不管洞穴壁畫的繪師在想什麼，可以說他們的作品都火了。幾千哩外的其他文化，也畫出了一樣的畫面。

在大謎團裡的一個小謎團是他們為什麼不畫自己。在三萬年前的肖維，繪師們不曾畫過完整的人物，只畫了一個半身像（女性的下半身，有顯眼的性器官），但岩壁上有很多枚人類手掌的輪廓。方式是將手放在岩壁上，然後把赭色的顏料吹到手掌的周邊。手的輪廓也出現在年代要早上幾千年的印尼洞穴，也出現在九千至一萬三千年前的阿根廷，還有阿納薩齊（Anasazi）的岩壁雕刻，還有美國西南部的古老手印。我們無法從這些散布在世界各地的手印，歸納出確切的結論。或許手印代表了對部落的忠誠，也或許只是代表「到此一遊」。

細膩繁複的繪畫在世界各地激增，證明有一種蟄伏的潛能活化了，這是人類意識的覺醒，而這意識鮮活有力，發展成熟。藝術能力對智人來說必然是進化，因為那一直是我們人類的顯性特徵，在每一個社會都不曾減滅。但不管怎麼看，藝術能力對生存似乎沒有幫助。洞穴壁畫證明了史前人類在乎生理需求之外的事物，而這種事物是從他們的意識直接迸出來的。

在我看來，肖維洞穴的壁畫顯然是動用了完整心智的成果。史前的「畢卡索」不是走向石灰岩的岩壁上這一塊空白的作畫範圍，然後盡情揮灑他的才華。智人的演化比那要全面得多。起碼，藝術創作的欲望牽涉到下列各項我們都認同的屬性，即使我們不是藝術家：

好奇心
聰明才智
目標
幹勁
勤奮
眼手協調
學習一組技能

這些心理特徵必須存在，才能夠打造泰姬陵、發明內燃引擎、在穴壁上畫出一隻披毛犀。而且這一堆特徵還必須匯聚在一起，用在單一的目標上。這是如何發生的或許無法以科學的方式調查清楚。當你要調查的是無形的事物，是搜集不到證據的。即便如此，我們的老祖宗使用完整心智的能力，讓我相信他們具備成為超人類的潛力。他們能夠動用完整心智的事實，推翻了我們的先祖很原始的迷思。他們的潛能已經是無限的了。

腦筋急轉彎

當智人找到了通向完整心智的途徑，完整心智就融入了人類演化。要是我們仔細檢視自己，我們顯然是具備完整心智的生物。我們就用一件簡單的小事來測試這個論點，以開

車到超市給孩子買生日蛋糕為例。這項簡單的任務涵蓋了我們視為理所當然的複雜心智活動，包括以下各項：

- 知道「生日蛋糕」的概念，也知道這個詞所對應的實際物品。
- 想為孩子做一件窩心的事。
- 將蛋糕列入待辦事項。
- 會開車。
- 記得去超市的路線。
- 決定優先把時間用在這項任務上，別的事晚點再說。
- 從多個蛋糕裡面挑出一個，判斷孩子會最喜歡哪一個。

這些心智活動橫跨了情感、意圖、視覺辨識、記憶、運動協調性、儲備的技能——就為了一件小事！這些活動所涉及的大腦部位，有一些可以由神經科學進行精確的判斷，但神經科學不能解釋那些大腦部位怎樣緊密配合，執行單一的目標——買生日蛋糕。跟不計其數的腦細胞同步行動的過程相比，把一群貓咪集中趕到一處還簡單得多。那更接近馴服全世界的每一隻貓咪。

也沒人能夠解釋大腦如何從一項行動切換到另一項行動，中間沒有任何明顯的轉換步驟。大腦可以從一個極度複雜的活動模式自動切換成另一個，不像開車還要用到變速器或換檔裝置。想像你在看小說，忘了烤爐裡在烤肉。你沉浸

在《魔戒》或《簡愛》的情節裡，忽然注意到空氣裡有刺鼻的煙味。就在一瞬間，一個簡單的嗅覺促使你跳起來採取行動，不管小說了。碳粒子刺激了偵測氣味的受體，大腦隨即啟動新的協調行動模式。放鬆在一瞬間變成緊繃。

宣稱大腦注意到肉烤焦了，並不能解釋你的反應。雖然大腦處理了煙的粒子進入鼻腔的原始數據，但要有一個人注意到煙味、判斷煙味的重要性。同樣的煙味如果發生在夏天，從烤架上烤得微焦的牛排散發出來，便不會引起你的警戒，儘管鼻腔與大腦執行了相同的程序。大腦皮層的電化學活動在家裡失火時是一種模式，在烤肉時又是另一種模式。神經科學家所能使用的全部資源只有這些，遠遠不夠研究出個什麼名堂。

目前，美國國家衛生院（National Institutes of Health）在執行聯邦補助的腦科學計畫（Brain Initiative），然而即使神經科學家可以繪製大腦活動的每個微小區域，連最細微的地方都畫出來，照樣無法偵測到意識。如果大腦在煙味上是誤導我們的線索，那麼它在其他許多方面也可能是。兩位想成為詩人的人可以提筆寫十四行詩，引發特定的腦部活動，讓大腦在功能性磁振造影時亮起來，但沒人有辦法判斷哪一位詩人是莎士比亞，哪一位是冒牌貨。愛因斯坦過世後，大腦遭到解剖，看看舉世公認的曠世奇才是否有一顆與眾不同的大腦；結果沒有。YouTube上有許多音樂神童的影片，他們三四歲便在彈鋼琴，可是以大腦發育的正常步調，那麼年幼

的大腦應該不具備那麼複雜的肌肉協調能力。要能掌握鋼琴演奏的技能一般需要幾年到幾十年的光陰。

　　智人逃過了肉體演化的限制，不再是大腦的傀儡。神經科學領域有許多引人入勝且重要的發現，但不管有再多驚人的發現，基本原則都是你掌管大腦，不是大腦掌管你。**成為超人類的路，正是關於這一點的自我覺知之路。**你要做什麼人是由你掌控的，即使你認為你不行。這條線索的脈絡已經引導我們在這條路上走了很遠。現在我們準備就緒了，可以展開比我們老祖宗當年的集體覺醒還要更劇烈的現實大轉換。當我們的現實再一次轉換，我們將會認定自己是擁有無限可能性的存在。當每個人都認同超現實是我們的歸宿，超現實便會是我們的家園。

第 04 章

超現實給予我們絕對的自由

自由的反面是感到受困。我們打造規模龐大的虛擬現實，讓大家在生活中不覺得受困。但真相是這整個安排便是一個陷阱。哈姆雷特進退兩難，不曉得要不要向弒父仇人索命。舉棋不定導致他只能在殺人與自殺之間做選擇，最後他兩樣都做了。哈姆雷特跟朋友羅森坎咨（Rosencrantz）、吉爾斯坦（Guildenstern）的談話，展現了憂鬱症的所有臨床症狀：

我……沒了所有的歡喜，斷了一切慣常的玩樂，千斤重擔沉甸甸地壓在我心頭，掏空我這大好的身軀，彷彿大地變成了不毛的海岬；這天幕何其華美，這青天，瞧瞧那覆蓋萬物的壯闊帳蓬，鎏金的火球燒灼著宏偉的

穹頂，然而在我眼中，無不是污濁惡臭的穢氣。

毫無疑問，真的承受憂鬱之苦的人，言詞不會如此華美，然而哈姆雷特對於人類潛能，那種推動文藝復興的人類潛能，依然抱持相當樂觀的態度。他隨即又說：

> 人是多麼了不起！理性高貴，才華洋溢！儀表萬千，舉止優雅！行事如天使，料事如天神！集世界之美於一身！是生靈的典範！

四百年後，我們仍是同一個物種，但要維持相同的樂觀卻變得困難。看看周遭的世界，你認同莎士比亞讚美人類是「集世界之美於一身，是生靈的典範」？我一向主張在地球上，只有智人是多維的物種。對任何生物來說，似乎沒有比這更不得了的大禮了。我們的心智因而得到了一張無限期的門票，可以想像任何想要的事物，讓我們避開了演化的死胡同，不像大食蟻獸、貓熊等動物被演化所束縛。要被我們握有無限潛能的前景衝昏頭，實在太容易了。

怪就怪在人類沒有收下無限潛能的大禮。我們的內心嚴重分裂——人性既渴望自由，又極度恐懼自由。我說的「自由」可不只是不受禁錮或被強權壓制。**自由是無邊的覺知，這也正是「超人類」的定義。**

當凡事皆有可能，我們最能夠展現自我本色。如果只有

某些事情可能實現，我們都可能活得太過凡夫俗子。

　　自由沒有固定的規則，沒有禁制，可以抱持任何思想。可惜，不管你的生活再怎麼美滿，你的生活都不自由。在你出生的世界上，現實被局限在規矩跟禁制裡面，有些思想是你不該去想的。在這些篇章之間，我們一直在討論禁忌的思維，就是顛覆虛擬現實、揭開幻象的那一種思想。為什麼？因為我們要打造奠基於自由的新現實。**終極的禁忌思想是，這一切都不是真的，足以掃除全部幻象。**這種思維之所以是禁忌，倒不是警察會敲你家的門，要你因犯法而得接受法律的制裁。要是你選擇退出虛擬現實，甚至不會有人知道。

　　「這一切都不是真的」的想法之所以是禁忌，源於個人的恐懼：因為我們害怕接下來會發生的事。絕對的自由太嚇人了，可將未知擴展到極目之處。這便是人類不曾在歷史上追求絕對自由的主因；我們追求的是測試下一道界線，跨越了就繼續測試下一道新的界線。從超現實的角度，智人從來無需在乎那麼多道界線。「不可為」的歷史背後有深厚的恐懼，外加雷厲風行的強制規範，以致我們的進化之路每一步都很艱辛。

　　我們恪守限制的根源是分裂的自我。我們認知中的人性是值得歌頌的，也是必須畏懼的。我們有必要跨越分裂的自我，因為就像虛擬現實的每個部分，分裂的自我唯一的真實性是我們給它的。善與惡，光明與黑暗，創造與毀滅的戰爭，都是思維的產物，源自我們對自己是誰的深度困惑。當

一個物種拿到一張關於未來演化方向的無限期車票，印在票面上的目的地便是「所有地方」。智人仍然一手拿著這張無限期的車票，但我們策劃的歷史路線是高低起伏、進進退退、暴君與解放者、戰爭與和平。每一天我們都在扭曲現實，硬是讓現實吻合我們分裂的自我模型。

測試界線是一種發展階段。每個小孩都會測試父母訂立的規矩，並據此繪製出「該做什麼」和「不該做什麼」的地圖，這張地圖在長大以後，大都會遵循一輩子。但如果我們的心智地圖告訴我們如何使用這個到「所有地方」的車票，那會好得多。幸好，**我們越清楚自己是誰，超現實就越接近我們。**幾萬年來，超現實一直在逐步接近我們。要看見無形的意識演化，就必須從新的角度看待我們的物種。

冰人傳說

在人類意識到自己可以涉足多重維度之前，無法探索多維的生活。我們不清楚史前人類作出這一項突破的確切年代，然而就如同遠古的其他無形事物，有一些我們能夠調查的具體線索，可供我們解讀老祖宗的心智。這些線索披露的故事很引人入勝。我們一邊與內心的黑暗及光明搏鬥，一邊擴展進入自由的領域。限制拉著我們往一個方向走，自由拉著我們往另一邊走。這一場拉鋸戰需要解釋一下。

一九九一年，幾位登山客去爬奧地利及義大利邊境的阿爾卑斯山，偶然在海拔大約一萬呎處的冰川發現一具天然的木乃伊。人類學家根據他出土的山區，將他命名為奧茲（Ötzi），大眾媒體則稱呼他「冰人」，這位公元前三千五百年的男性像一張冰封的快照，披露了銅石並用時代（Chalcolithic Period）的歐洲生活實況，當時也稱為紅銅時代（Copper Age）── *chalcolithic* 一字源自希臘文的銅。此時的史前人類可以冶煉銅礦，但還不會將銅跟錫混在一起製成青銅，青銅是硬度比紅銅高的金屬。

如果你在南提洛山脈（South Tyrol Mountains）健行，在冰人斷氣前的兩小時遇到他，你會看到他是一位瘦到幾乎營養不良的男性，身高大約五呎兩吋(約158公分)，可能正在狩獵。他坐在石頭上用餐，帶著用小麥及大麥製作的麵包；他的儲備糧裡有水果和根莖類，還有岩羚羊、紅鹿、野山羊的肉乾。要是奧茲對著你笑了，便會露出滿嘴的蛀牙，大概是因為他攝取高碳水化合物的飲食。

木乃伊化的奧茲裸露的皮膚上有大量紋身，共計六十一處，大部分是橫線及十字，主要分布在脊椎上下及膝蓋後方。根據研究他遺骸的人類學家，奧茲在過世前六個月生了三場病。以現代的標準，四十五歲的奧茲身體狀況不佳，膝蓋和足踝都有磨損的痕跡，脊椎有骨質疏鬆症。（紋身的材質是黑色的煤粉，可能是某種古代的醫療手段。每一種傳統文化都有以紋身緩解疼痛的古法，而冰人的紋身集中在關節

第 04 章　超現實給予我們絕對的自由　　121

及下背部,正是他應該有出現慢性疼痛的部位。)奧茲不是在農業聚落安家落戶的人,一輩子都大量步行,他可能是牧人或獵人的推測更加可信。

冰人是被研究得最徹底的早期歐洲人,包括他胃部的內容物、頭髮的礦物質(有微量的銅及砷)、DNA 的確切構成。他的基因顯示他是褐眼、黑髮,有心臟病傾向。但我想到的是從這些實質的科學發現,強烈顯示紅銅時代的智人走過了看不見的內在旅程。

意識必須經過大量的覺醒,才有可能出現奧茲這樣的人。我們只能想像這些覺醒的樣貌。**農業、縫紉、鞣製獸皮、發現岩石可以加熱到滲出純粹的金屬——這些都是覺知能力的巨大躍進**。冰人的大腦足以執行極度複雜的工作。

維持連貫的思緒、作出結論,並不是現代的特徵。極度有條理的心智讓冰人可以維持出奇複雜的生活。這一點從他講究的服飾可以推斷出來:鞋、帽、皮帶、護脛、纏腰布,全都是以不同的皮革製成。他的斗篷是草編的,可見在我們演化出各個文化之前,就有精緻的編織。

感覺上,冰人離我們很遙遠,卻又非常親近。但我們是智人的一員,跟奧茲屬於同一個意識物種。有些鮮明證據,證明他跟我們跨越了許多個世紀的親緣關係,其實有點令人哀傷。冰人過世的那一天有全副武裝,帶著一把九十九%純銅打造的斧頭跟一把燧石刀,兩者都安裝了木製把手。他肩上掛著一把長弓跟一個裝了十四支箭的箭袋。顯然,他的敵

手也有類似的武裝，因為一枚箭頭刺穿了他的斗篷，卡在他的肩膀上。箭柄斷裂，大概是拔除箭頭失敗的結果。他身上有另外三人的 DNA：他的朋友？他的敵人？或許是冰人在中箭之前殺掉的人？

奧茲出土的時候面部朝下，可能是有人讓他趴著，好拔出他背上的箭。但奧茲隨即死於失血過多，幾乎同時下起了冰風暴，於是他被冰雪覆蓋。我們不難從他身上，聯想到現代生活裡常見的激昂事件：部族戰爭與忠誠、憤怒的攻防、渴望救回陣亡的同志。光明與黑暗之爭已是人類社會的普遍現象。

失落的源頭

冰人不是第一位死於暴力的人。幾具一萬四千年前的墨西哥女性骷髏有骨折及其他傷痕，傷勢與受虐一致，可見並非意外事故。在超現實與人類現實之間，壞事會發生。幾千年來，我們宣稱問題出在人類的原罪或普遍的缺陷。我則認為禍首是分裂的自我，讓和平與暴力都有了容身之地。兩者投射到外面，就有了戰爭的制度，比如軍隊、兵工廠、軍火庫，也有了和平的制度，比如法庭、公平正義的準則、描繪出一個慈悲上帝的宗教。

各個社會都學會了容忍這樣的矛盾。羅馬自詡為締造世

界和平的偉大先驅,然而凱撒在征服如今的西班牙、英國、德國的領域期間,行事卻殘酷至極。在一個村莊,他下令砍斷所有成年男性的手;他攻打高盧,奪走的人命高達兩百萬條。羅馬人歌頌凱撒(他在元老院遇刺之前,羅馬人給了他皇帝的頭銜),但一句俗話揭露了更深層的真相:*Homo homini lupus*,意思是人以豺狼之道待人。看起來我們還沒演化到超越這一條凶殘的智慧之語,畢竟美國依然一邊維護世界和平,一邊充當世界最大的軍火商。

但我們的困境不只是受制於分裂的自我。如果我們換一個角度,從意識的觀點重新檢視冰人,便會察覺人類的歷史發生了一件大事。人類學家稱為「認知爆炸」(cognitive explosion)或「智力爆炸」(intelligence explosion),石器時代的人類因此飛快進步。冰人複雜的工具、武器、飲食、衣著便是無法否認的證據。早期的人類必須要有新穎且聰明的思維,才有辦法出現如此精細繁複的心智活動。

關於認知爆炸的原因,有人認為是高層腦與基因,有人認為是人類的重大進步,比如發現火,讓人類的關係更緊密,於是有了集思廣益的可能。科學家的老規矩是仰賴實體證據。但我認為真相是在於意識的擴展,而擴展發生在實體證據出現之前。想想製作第一把弓箭需要怎樣的覺察力。如果只給你一片樹林跟一塊鋒利的石刀,你有辦法發明弓箭嗎?

YouTube 有一個名為「原始技術」(Primitive Technology)

的驚人影片系列,便示範了這樣要如何製作弓箭。影片中,一位赤足的短褲男帶著石刀到樹林,那石刀就是一塊厚實的石頭,一側弄得鋒利來當刃。他用石刀砍倒一棵小樹,再用同一把石刀劈開樹幹,弄出三呎長的木料,從兩端削薄木料,直到可以搬彎——這是弓,弓的兩端切出凹槽來安裝弦。弦的材料是剝下一棵樹苗的綠色樹皮,把樹苗的樹皮曬乾,然後扭轉兩次,固定在弓上。而箭呢,這位男性用一棵細瘦的樹苗,剝掉樹皮,將樹幹刮得更細,就有了細長的箭身。

製作到這一步,我們的原始工匠便需要羽毛,箭才能直線飛行;這是唯一一樣跟石刀無關的東西。他撿拾雞的尾羽,刮細,用火將一根木棍的尖端燒紅,拿來將羽毛的邊緣燙到平滑。現在這位工匠有了弓箭(還用樹皮做了一個裝箭的箭袋),便著手證明這是可用的武器。他瞄準十碼之外六吋寬的樹幹,精準地命中。

很難形容人類第一次見識到這樣的過程該有多麼震撼,但話說回來,我們的現代工匠複製四萬年前的獵人如何製作弓箭是作弊。他已經知道弓跟箭的外觀及用途。第一個製作弓箭的人,只能仰仗自己的才智與發掘新事物的概念。不作弊的話,要怎樣才能發明弓箭?覺知的能力必須擴展,有一些覺知能力的特質更是只有智人才具備,例如:製作弓箭的人必須先想到自己要做的東西,然後想出製作的方法。他無疑做過實驗,測試各種選項,就像愛迪生試過用很多材質來

第 04 章　超現實給予我們絕對的自由　　125

製作電燈泡的燈絲,一直試到鎢絲為止。不僅如此,這個發明弓箭的人展開製作的時候,必須集中注意力,專注在製作上。要是分心了,他得記得自己還要做弓箭,回來繼續做。

注意力、意圖、專注力、好奇心、勤奮這些心智能力並不是思想,而是思想的根基,就像看不見的磚頭與灰泥。沒了這些能力,什麼都做不出來(我們智人的另一個名稱是 *Homo faber*,意思是工匠人)。**發掘我們的意識可以做到什麼事,是推動人類演化的核心力量。我們養成的多維能力屬於覺知的維度,跟空間的實際維度不一樣。**

現在來說明一下意識與心智的具體差異剛好。我們不需要講得很抽象。**心智是思維的活動。意識是純覺知的領域。**借用一個古老的印度譬喻,意識是海洋,心智是在海面上戲耍的波浪。一旦掌握了兩者的差異,全新的洞見就出現了。心智之所以出現,只是因為意識內部有了活動。純覺知的場域開始振動,振著振著,意識便得到了製作弓箭(及未來四萬年科技領域的所有造物)所需的那一套熟悉的心智能力。

最後,人類便被複雜的心智搞得暈頭轉向,茫然困惑,卻又對心智能辦到的一切著迷不已。我們也承接了心智的黑暗面,因而可以變得暴力、恐懼、抑鬱、悲傷、衝突——這些屬性都來自分裂的自我。我們之所以會陷入濃重的哀傷,有時還深深期盼重頭來過,起因便是我們容許分裂的自我存在。也因此,每個文化都有黃金盛世或失落的伊甸園的神話。我們對自己的現狀失望,便戀舊地想要回到昔日的純

潔,重拾自己純真、美好的樣子。

如果不拘泥於神話,人類失去的其實是與自身源頭的連結——也就是純意識。但要返回伊甸園,我們有一條不具神祕色彩的路可走。在人類心智的演化過程中,在如今無法觸及的某個時候,智人有了自我覺知。萌生自我覺知是一步到位的轉變還是漸漸發展出來的?沒人曉得。早期人類的思維開始超越日常的範疇,不再只以實用為主,滿腦子只有日常的責任與需求。而超越的思維則漸漸定於一尊,也可以稱為神,就是一個按照我們的形像打造出來的超人類。但在其他時候,**超越是指冥思覺知的本質,也可以說,覺知到自己的覺知**。如此一來,我們便可以親炙自己的源頭。只有體認到自己即意識,才能夠探索意識是哪來的。

理智的救贖——與詛咒

有史以來,我們對意識的追尋既沒有章法,又險象環生。人類有佛教及早期基督宗教的非暴力文化,也有蒙古人及維京人那樣的戰鬥文化。我們覺得理所當然的特質,比如浪漫的愛情,並不存在於地中海盆地的許多早期社會,包括希臘人及埃及人;對女性的騎士精神本來只在貴族之間風行,要到中世紀宮廷騎士興起之後,才流傳到庶民之間。兒童不是天經地義的純潔範例——在中世紀的基督教義中,原

罪是一生出就有的,而按照英國的普通法,兒童被視為父親的財產或奴隸。人類的尊嚴則被奴隸制度踐踏。

如果要從這糟糕的歷史找到一以貫之的特點,那就是人類的心智對自己的認識很零碎,這些零碎的認識交織成我們共同的故事,在歲月裡累積。比如,生於公元前六世紀的佛祖直到逝世大約四百年後,才有第一份其生平的書面記錄,而且很短,是寫在釋迦牟尼佛(Gautama Budda)之前二十五佛的記載之中。他第一部真正的傳記是一首史詩,寫於公元前二世紀,作者是名叫馬鳴(Ashvaghosha)的僧侶,標題是《佛所行讚》(*Buddhacarita*),內容夾雜神話、奇蹟與或許可靠的事蹟——為了大量集結適合敬拜的聖潔人生小故事,這樣的內容安排倒是可以理解。《新約》同樣有許多來源,一般認為主要是散布在羅馬帝國各地的早期教會,而四部福音書之間還有極大的差異。

所有融入我們文明裡的故事都是集體創作,即使是傳統上說是單一作者的作品也是,比如荷馬或福音書的作者。原作總會在之後遭到修改。有的故事變得勵志。有的成為一個民族的身分認同或敬神的方式。相對於這些正面效益,每個故事都大幅縮減了我們的無限潛能。超現實沒有故事,因為超現實在時間之外,所以在歷史之外。跟心智不一樣,**心智會留下一連串歷史學者可以研究的事件,意識則沒有起點,也沒有終點。**

整體而言,目前的主流故事是科學,將人類的進化歸功

於一項心智的特質：理性思考。如果我們同情祖宗們割捨不掉迷信與神話，未來的人也許會可憐我們推崇理性的心智而忽略完整的心智。

博覽群書的哈佛心理學家史迪芬‧平克（Steven Pinker）在二〇一八年的著作《再啟蒙的年代》（*Enlightenment Now*）以四百五十頁的篇幅，全力頌揚理性在近代文明史上的勝利。平克「為理性、科學、人文主義和進步辯護」（書的副標題），態度大概跟十八世紀啟蒙時代的法國一致。事實上，他將那一段時期視為西方文明的轉捩點。

平克認為「啟蒙」的特性為非宗教、自由思想、理性、力求進步，這原本就是大部分西方人的觀點，所以有點多此一舉。我是醫師，接受過科學化的醫學訓練，對此深有體會。在理性取得的勝利中，沒有幾樣比現代醫學更成功，而現代醫學的崛起則屬於更大規模運動的一部分，旨在掃除無知迷信的禍害。

一個絕佳的例子是十四世紀時沒人曉得黑死病的合理解釋，從一三四七年到一三五二年，死於黑死病的歐洲人口可能高達三分之一，大約兩千萬人。超自然的解釋廣為流傳，還針對猶太人和巫婆施行一連串的迫害。你一定以為，三個世紀後的社會會記取教訓，明白他們曾經多迷信。沒這回事。當十七世紀的威廉‧哈維（William Harvey）以科學手段證明心臟將血液輸送到全身各處又回流，許多人照樣相信巫術。據估計，在莎士比亞一六一六年辭世後的那個世紀，被

處死的巫婆人數比前一個世紀還要多。

哈維走訪過可能會行使巫術的女性,對女巫和迷信思維很不以為然,成為著名的反迷信人士。有一次的會面中,巫婆說她的蟾蜍是魔鬼送給她的魔寵,哈維便當著她的面解剖蟾蜍,證明蟾蜍體內沒有任何超自然的存在。

平克熱烈而自信地稱讚文明的理性興起:

> 何謂啟蒙?康德(Immanuel Kant)在一七八四年便以此為題名,撰文提出答案,主張啟蒙包含「人類脫離自作孽的不成熟」、擺脫「因『怠惰和懦弱』而屈服於宗教或政治威權的『教條與規矩』」。他強調啟蒙的格言便是「勇於明理!」。

這樣的啟蒙論述非常符合一般人的認知,沒有大膽之處。一個非宗教、科學的文化不僅以理性為榮,還崇拜理性,那種一心一意信仰理性的態度,就跟康德要人類擺脫的宗教教條一樣。我們要停止對理性抱持沒有事實根據的推崇,那才叫大膽。理性引發的災難不會比非理性少──按平克的描述,中世紀的僧侶是跟天主教「怠惰和懦弱」的教條掛鉤的人物,他們可沒有投擲原子彈、發明化學戰爭及生化武器,也沒有把環境剝削到要人類自我毀滅的地步。

理性確實締造了許多好事,卻一併釋出了惡魔的創造力。當自由思想的風潮遍地開花,便無法阻遏惡魔的創造力,

從羅馬的投石器、中世紀的十字弓以來，我們設計的殺人工具便日新月異。理性一直控制不了自己的創造力，每次發明恐怖的武器都搬得出一套合理的說詞，宣稱那是必要之舉。

這是理性的致命瑕疵，但平克避而不談，樂觀地認為理性會促進我們在許多方面的進步。《再啟蒙的年代》的核心論述，是以七十五個圖表闡述人類從古至今的進步，駁斥我們的世界在走向崩毀的一般性看法。這些圖表的主題相當廣泛，有新聞的調性、預期壽命、兒童死亡率、營養不良及飢荒的死亡人數，也有世界生產總值、全球所得分配、美國休閒時間及機票費用。

結算理性帶給我們的各種進步，成績是相當驚人的。但在平克的整體論述中，將意識擺在非常後面。這個詞在書裡幾乎不存在，而從第四百二十五頁開始的主要引用，都持懷疑和想揭穿的態度。他借用哲學家大衛・查莫斯（David Chalmers）的用語提出「嚴峻問題」，亦即為什麼人類具有主觀意識的謎題——也就是「在內心」的世界。

平克根據自己信仰的理性、邏輯、科學，宣稱涉及主觀性的事物（亦即思維、知覺、形象、情感）以及我們在主觀事件展現的行為，「顯然是達爾文式的調適結果。如此一來，隨著進化心理學的日漸進步，我們越來越多的意識體驗正以這種方式被解釋，包括我們對知識的迷戀、道德情感、美學反應。」

也就是說，達爾文主張的「適者生存」塑造了一切生

物的樣貌,而同一套理論便是心智的合理解釋——或者說搪塞。他沒有談到智人可能是立足在意識之上的物種,而平克要是聽到這樣的說法大概會笑出來。平克的主張跟科學界的主流一致,我沒興趣刻意挑出他的見解來評論,但他說人類能夠感覺到是非對錯的差異(道德情感)、渴求真相(對知識的迷戀)、熱愛美的事物(美學反應)是因為那是求生所需的特質,卻是嚴重誤導了。平克甚至不願意正視意識,將我們貶為高級的哺乳類動物,為了覓食及交配權的優勢而偶然有了意識。

有些信奉達爾文主義的人到此就打住了,但平克察覺他需要給意識一些更可信的解釋,因為這個嚴峻的問題不去管人類如何得到意識,而是在問意識為何物。重申一遍,以下不是在找平克的碴,他跟許多「科學至上主義的使徒」(一位評論平克的人這樣稱呼他們)都抱持兩個主張:(一)意識大概是複雜的大腦活動所造成的錯覺,及(二)意識的議題基本上無關痛癢。[1]

主張主觀的世界純屬錯覺,披露了理性至上的教條已經盲目到什麼程度。平克搬出了嚴正否定意識的哲學家丹尼爾・丹尼特(Daniel Dennett),引用丹尼特的觀點:「意識不屬於嚴峻議題:意識是腦海小劇場那個荷姆克魯斯(homunculus)的壞習慣所引發的誤會。意識是沒有軀體的體驗者。」荷姆克魯斯的意思是小小人,在科學及哲學的領域有各種意思。支持意識純屬錯覺的人喜歡說大家誤以為我

們內在有一個「小小我」或獨立的自我。丹尼特將自我貶為喧囂大腦的錯覺產物。這種主張超過了平克的認同範圍，卻是很多神經科學家支持的觀點。在某種程度上，他們不得不如此，因為如果心智是大腦創造出來的，那麼自我的概念便只能是大腦活動的另一項產物。若說每一個自我都是錯覺，當一位科學家（也就是一位自我）試圖證明自我是一種錯覺，我們何必相信他？要是我們相信他，豈不是相信一個「錯覺」所說的話嗎？這種爭議根本不合邏輯。

在帷幕之後

許多人認為科學是解放的力量，他們確實沒錯。然而科學也是路障，讓我們不能連接超人類的絕對自由。宣稱意識是錯覺、無關痛癢、純屬達爾文演化論在大腦的運作結果，顯示了正直、聰敏的現役科學家們如何卯足了勁，承擔起否定意識的角色。最諷刺的是量子物理學在一個世紀以前便窺見了物質世界的帷幕之後，但隨後幾代的物理學家卻認為意識不值得研究。

---

[1] 關於嚴峻問題的詳細討論，請見《意識宇宙簡史》（*You Are the Universe*），本書由著作豐富的物理學家米納斯·卡法托斯（Menas Kafatos）及我合著。

但有時候，科學家又重現了昔日的風範。著名的俄裔美籍物理學家安德烈‧林德（Andrej Linde）對「暴脹理論」（inflation theory）貢獻良多，暴脹理論適用於初生的宇宙，主張宇宙在初生階段比一個句點還要小。後來，他成為最早支持「多重宇宙」（multiverse）的人之一，多重宇宙是指在我們的宇宙之外還有無數個宇宙——目前估計的宇宙數量是十的五百次方個，就是十再加五百個零。

林德以一貫的龐大野心，在一九九八年的論文《宇宙、生命、意識》（Universe, Life, Consciousness）不太客氣地打破現代物理學所認可的世界觀。他主張：「根據唯物論的標準教條⋯⋯意識是次要的附屬品，只是物質的一個功能，是用來描述真正存在的物質世界的工具。」

讀者看到林德這句話大概會點點頭，看不出隨後會出現叛逆的內容。林德接著寫道：

> 但別忘了我們對世界的認識不是始於物質，而是知覺。我很確定我感知到的疼痛是存在的，我感知到的「綠」是存在的，我感知到的「甜」是存在的。我不需要這些事物存在的證明，因為這些事件是我的一部分；其餘的事物就是一個推論。

最後一句「其餘的事物就是一個推論」揭示了林德即將提出奇怪的說法，而這說法的激進程度開始漸漸累積。林德

談到在科學模型中,知覺服膺於自然律,就跟其餘的宇宙萬物一樣:

> 物質界遵守物理定律的模型實在太成功了,我們很快便忘了自己的起點,宣稱物質是唯一的實相,而知覺唯一的用途是描述其他事物……但我們其實是在抹殺自己感受到的現實情況,成功取而代之的現行理論則宣稱有一個獨立存在的物質世界。

林德的讀者這時大概坐立不安,因為他發現了「在外面」的世界是感知的替代說法,而感知其實應該被視為任何現實模型的起點。畢竟就像林德說的,不需要科學來證明綠色是綠色、甜是甜。科學拿不出那種證明;只有主觀的體驗可以驗證最基本的知覺。

只有知覺是真實的,無庸置疑。也就是說,林德顛覆了一個物質第一、意識第二的世界觀。他接下去寫道:「這個(物質至上)理論太成功了,我們幾乎沒想過它的局限,直到這個現實模型解釋不了一些極其深刻的議題,我們才不得不正視問題。」

林德說的深刻議題聚焦在如何從大霹靂、其他宇宙、次原子粒子等等方面,確切解釋創世的性質。但當他推測要挖出答案,意識便是無法迴避的主題(量子先驅們早已意識到此事),卻大概一下跳得太遠了。由於科技一飛衝天的盛大

成功,如今的科學正值物質主義的巔峰。林德脫離了主流,卻仍然謹守物理學家的專業技術操守。儘管如此,他跟史蒂芬・霍金(Stephen Hawking)及其他學者一樣,理解到不管科學如何先進,都無法描述現實。林德甚至更進一步。阿德里安・大衛・尼爾森(Adrian David Nelson)的線上文章〈意識與新範式〉(*Consciousness and the New Paradigm*)便提到了林德:

> 林德⋯⋯呼籲同僚對意識在量子力學的根本地位保持開放心胸。他告誡道:「在量子宇宙論裡迴避意識的概念,或許會人為地限制了我們的展望。」

林德的警語乍看很溫和,但拆解一下,他是在暗示沒有意識的話,宇宙便無法存在。尼爾森接下去寫道:

> 林德跟幾位受人尊敬的物理學家指出,要是不引進一個相對觀察者,整個宇宙的量子波函數便不可能隨著時間流逝而演化。

簡單一句話,要是沒人在看(「相對觀察者」),宇宙不可能在大霹靂以後擴張,進而在地球這個小角落蘊育出生命。這一位神祕的旁觀者是誰?信神的會說是神,但站在科學的立場,只有兩種可能:無限的宇宙意識,或我們人類。

事實上,這兩種可能性融為一體。**宇宙只有透過人類的體驗才能存在,而我們體驗宇宙的能力來自無限或宇宙意識。這樣的融合之所以發生,是因為宇宙意識及個人意識的源頭,就在我們之內。**

我大著膽子,花這些時間談論一些很抽象的概念。理性建立了一個它自己的世界。在先進的社會中,要是沒有大量的專業訓練,一般人還進不了這個理性的世界。然而這一切有人性的一面。一個將普通人排斥在外的世界觀,會導致非常孤獨的存在。最新款的 iPhone 不會給你一個擁抱。愛因斯坦給孤立的現代生活一個擬人化的描述,說出了最震撼人心的話之一。愛因斯坦說,人類……

> ……所體驗到的自己、自己的思維、自己的感受,都是獨立於眾人之外的東西,這是個人意識的一種光學錯覺。這錯覺就像我們的牢籠,將我們局限在自己的欲望上,關愛的對象只局限於與我們最親近的幾個人。而我們肩負的任務,就是得掙脫這個牢籠……

這是科學家在渴望一個可以凝聚你我並帶來慰藉的事物,以終結寂寞孤立的錯覺。在本書中,我只是在擴展同樣的渴望。**虛擬現實代表一切需要拆解的人心建造的限制。只要我們相信虛擬現實,就不能觸及超現實。凡事都必須以自由之名而為之,如此既解救了現實,也解救了我們自己。**

第 05 章

心智、身體、大腦和宇宙是修訂過的意識

　　本章的章名蘊含新的創世故事。首先,假定我們需要新故事。舊版的故事已深入人心。學童聽說過大霹靂,這是他們祖父母那一代出現的說法——大霹靂一詞是英國天文學家佛瑞德・霍伊爾(Fred Hoyle)在一九四九年創造的,而宇宙是以一場大霹靂開始擴張的概念則是比利時天文學家喬治・勒梅特(Georges Lemaître)在一九三一年提出的。說來奇怪,整個量子革命基本上都沒有創世故事。愛因斯坦跟他那一代的著名科學家認為,宇宙從以前到現在都沒有變過。

　　在致力於廣義相對論、量子這些激進概念的天才工作背後,所謂的「穩定態」(steady state)宇宙[1]理論從古希臘的年代以來就沒有進展。從某個角度來看,《創世紀》有一個

地方符合現代物理學——《創世紀》與世界上其他的創世神話，都立足於宇宙萬物必然有一個起點的信念上。大霹靂讓物理學跟我們的常識一致，而目前估計宇宙有一百三十八億年的歲月也得到了證實，足以取代聖經的時間軸（牛頓爵士是虔誠的基本教義派基督徒，苦心孤詣地計算了許多年，就為了算出伊甸園的確切年代）。

一個始於大霹靂的宇宙滿足了相信常識的心智，然而一旦你問起那一場大霹靂是哪來的，這說法就站不住腳了。一個巨大的問題擋住我們的求解之路：當你詢問在時間與空間出現之前的世界是什麼樣的，邏輯就無法招架了，因為沒有在時間「之前」的時間，也沒有在空間「之外」的空間。儘管我們決定了要創造時間與空間，卻無法討論在時間與空間之外的場域，迫使物理學退縮到深奧的數學裡，因為數學不必仰賴在心識裡形成畫面或作出符合邏輯的說法。科幻迷都知道，要是你回到過去，殺掉尚未結婚的祖父，邏輯也會在那一瞬間崩塌。你不可能既是活人（因為你的祖父有了後代）又是死人（因為你的祖父沒有兒女）。

新的創世故事總得繞過這個邏輯不通的重大問題，要麼像《創世紀》那樣提出創世開始的確切起點，不然就是替換成一個不需要起點的說法。我走的是第二條路，**將意識視為宇**

1　根據廣義相對論的計算，宇宙是動態的，愛因斯坦加進了宇宙學常數，讓計算的結果保持靜態，稱為穩定態宇宙。

宙的根基。在無始無終的永恆事物中，意識是最切實可行的一個。新的創世故事沒有神明或上帝，沒有上緊發條的宇宙像精密校正過的手錶那樣在運轉，沒有大霹靂誕生的陣痛。沒了這些東西，連一般概念中的故事都不會有。只有意識在盡忠職守，而智人編織出各種創世故事，試圖理解莫名其妙的世界，去想像他們想像不出的事物。如果上帝創造了世界，那誰創造了上帝？如果說大霹靂創造了時間與空間，那便表示有一種無時間與無空間的狀態存在，而那是無從理解的東西。詢問時間出現之前的世界是什麼樣子並不合邏輯，畢竟只有在時間的架構下，才有「之前」可言。如果我們必須從常理的角度解釋創世，創世便不可能存在。

　　但出路是存在的。兩個人可以對世上一切事物都持歧見。一個人可以討厭另一個人喜歡的事物。一個人可以相信上帝而另一人是堅定的無神論者。但即使某甲以畢生之力反駁某乙說的每一句話，即使他可以潛入某乙的腦袋並反駁某乙的每一個念頭，有一件事是這兩個死對頭必須同意的。他們是有意識的生物。假如其他太陽系的智慧生物來到地球，即使他們外表長得像變異的人類、會走路的章魚、一坨像阿米巴原蟲的玩意兒，不管長相如何奇怪，他們必然也具備意識。

　　關於外星的智慧生物，最深的謎團不會是他們發展出來的科技。星際太空船、傳輸裝置、時光機之類的東西，無疑都很難用我們的科學來理解。地球人大概可以從外星科技獲

益良多。但最深的謎團依然解不開。我們對他們永遠不能感同身受，因為我們不能進入他們的物種意識。小綠人摸到水說不定會覺得痛；他們說不定覺得光子很美味，或是告訴我們地心引力今天諸事不順。

連這些怪異的說法都作了很多假設。小綠人說不定根本不具備我們的任何感官能力。只要他們是意識生物，他們生活的現實便可能是任何樣子，因為意識本來就可以形成任何形態。地球最常見的蝴蝶是姬紅蛺蝶（painted lady），翅膀有鮮亮的橘色斑塊，譜系相當詩意：姬紅蛺蝶是一種蛺蝶（Cynthia），是紅蛺蝶屬（Vanessa）的亞屬，而紅蛺蝶屬則隸屬於蛺蝶科（Nymphalidae）。說這些名稱令人想到小仙子滿天飛的虛無縹緲神話，那姬紅蛺蝶的感覺器官可就跟外星人一樣令人費解了。

姬紅蛺蝶站在葉片上就可以從腳尖品嚐葉子的味道，以觸鬚嗅聞，以三萬個複眼看世界，以翅膀聆聽。以旁觀的角度，演化為姬紅蛺蝶創造了一個我們幾乎無法理解的現實。如果你想要相信外星人就藏在我們之間，不如相信蝴蝶是外星人。就跟造訪地球的外星人一樣，我們永遠不能體會牠們的意識。

但沒有意識就沒有生命，這是新的創世故事的另一項優勢。佛里喬夫‧卡普拉（Fritjof Capra）是奧地利裔的美國物理學家，因一九七五年的著作《物理學之道》（暫譯，*The Tao of Physics*）闖出名號。那是「新物理學」的重要著作，因為

卡普拉將科學跟古代的智慧傳承串聯起來，比如道教。科學界一向不納入考慮的主觀世界證據，此時突然有了參考價值。

卡普拉認為生命與心智的關係密切，遠超過生物學家目前的理解。生物學家會說姬紅蛺蝶沒有心智，但卡普拉認為不是：「植物、動物或人類等等生物，是帶著覺知在跟自身的環境互動。因此，生命與認知能力是相連的，不能切割。」用大白話來講，沒有心智就沒有生命。姬紅蛺蝶的感覺器官以人類的角度來看是很怪，但姬紅蛺蝶是有意識的生物。沒有其他替代的解釋了。卡普拉接著便這麼寫了：「在各個層次的生命大小事，都涉及了認知（如果你想稱為心智也行）的程序。有史以來第一次，科學理論將心智、事物、生命共冶一爐。」

這正是超人類會有的說法。一般人類想認定只有智人具備意識，在滿足某些附帶條件的前提下，認為大猩猩、黑猩猩等較高級的靈長類（或許）也有意識。超人類則明白意識是普遍存在的。要是這項見解沒有讓你精神不堪負荷，就表示你沒有徹底瞭解那意謂著什麼。意識可以用三個詞來描述：**萬事萬物、永久長存、無處不在**。將三個詞獨立來看，都是我們在精神上應付不來的事。要是小朋友真的相信聖誕老公公無處不在，在關注每個小男生跟小女生有沒有乖乖聽話，小朋友一定很難理解那種概念，就像中世紀的神學家也很難理解上帝如何監視世界上的所有罪人，連每個人私底下的念頭都在監督之列。

有一些令人寬慰的辦法可以化解這樣的難題、排除可能的焦慮。每個人的每個念頭，後面都還有無限多個念頭在等著出來。當我領悟到這一點，我感到樂觀——擁有無限創造力的前景在我的心靈之眼敞開了。但我知道自己只是在運用一個畫面；我不是在直接凝視意識的實相。艾略特（T. S. Eliot）的詩《焚毀的諾頓》（*Burnt Norton*）有一段令人難忘的內容，描述一隻鳥召喚我們跑進花園大門，進入「我們的第一個世界」，後來那鳥告誡我們回頭：「走吧、走吧、走吧，那鳥說道：人類啊／招架不住太多現實。」

　　詩裡說人類招架不住現實的完整衝擊，彷彿某種過載會燒斷我們的保險絲似地，這是極度悲觀的概念。我並不同意。雖然艾略特使用了伊甸園的譬喻，但伊甸園不是我們的第一個世界。我們的第一個世界是純意識，稱為「純」是因為裡面沒有蘊含任何事物。在意念與意念之間的開放空間也沒有蘊含任何事物，只有下一個、再下一個、再下下一個意念的潛在可能性。顯然那是一種無物（nothing），而在現實中，每個意念之間的空白則是構成一個意念的「成分」。**一旦意識開始創造事物，心智便是意識的展現。**

　　只有明白「萬事萬物、永久長存、無處不在」的外星生物，我才會認為他們是更高階的生命體。要是不明白的話，連我們自己都不能進入超現實。**萬事萬物都來自於意識的展現。**我認為這是「創世紀現在版」，是在心智、身體、頭腦、宇宙的層面上不斷出現的新事物，給了我們身為人類的體驗。

「萬事萬物、永久長存、無處不在」才是創世的真貌。光是這一句話,便揭示了我們的身分與人生在世所為何來。無論是公元前一千年撰寫希伯來文《聖經》的拉比們,或撰寫希臘神話的荷馬,或推論出可能有億萬個其他宇宙存在的理論學家們,在任何人描述的故事之外,都有某個東西在創造世界。那東西就是此時此地。它沒有一般概念中的故事。它就是內容,就像一個編舞家站在舞臺底下,隱匿自己的形跡,為這個舞蹈的宇宙構思出各種動作。

終極的防護機制

宇宙不是意識揉捏的素材。意識即宇宙。意識搖身變為氦原子或銀河,變為腦細胞或心跳,變身永不止息。當你感到快樂或悲傷,你體驗到兩組相反的意識模式。但既然你本身即是意識,你的大腦也是意識,那結論就只有一個:**創造便是意識在體驗自身**。就像打造金飾的時候,飾品的款式千變萬化,但創造的基本「材料」,也就是黃金,是始終不變的。在人類對終極真理的追尋中,只有真理本身才有價值。

終極的真理振奮人心嗎?引人入勝嗎?或只是難以置信?當人們聽說了意識這玩意兒,他們的世界觀不會粉碎。當真理席捲而來,他們不會驚奇地坐下來。事實上,(以我的個人經驗)一般人根本無動於衷,直接在心裡拋掉這樣的

念頭。大家覺得取得進入超現實的機會不是急事,也不是必要的。我思索過原因,歸結為一系列的防護機制。防護的機制可防堵禍事發生,避免系統因而停止運轉、發生意想不到的狀況,就像裝載了核彈頭的彈道飛彈,也會配備預防意外發射的裝置。我們以精良的防護裝置預防這樣的大禍。

人類心智的防護機制,則用在防止虛擬現實遭到廢除。說也奇怪,心智必須防止自己的無限潛能傷害自己。想像你是藝術科系的學生,開學第一天,教授便在你的頭骨上安裝電極,將古往今來的繪畫通通灌進你的大腦。你不甘願地照辦了,突然間,鮮活的藝術注滿你的頭顱,從最早的洞穴壁畫開始,涵蓋了千百年來的畫作。這種經歷大概不是我們吃得消的,同時也派不上用場。讓剛起步的畫家們欣賞歷史上的每一幅畫,不會有教學效果。那就像跟人討一杯水來喝,對方卻逼你灌下五大湖的水。也就是說,讓心智隨著歲月慢慢發展是一種防護機制。按照線性順序,事件一之後是事件二,然後是事件三。

但這樣的線性順序並不真實,而是安裝在人類意識的機制。我們可以質疑這種機制是不是史前時代的老祖宗們早就有的,還是後來演化出來的。但無庸置疑的是我們認為這個心智防護機制是不可或缺的保命要件。其中一項證據是我們很難說服一般人相信時間是相對的。儘管早在愛因斯坦一九〇五年的狹義相對論就有這個概念,但時間會隨著慣性偏離線性的概念似乎難以理解。直到二、三十年後,都還像某種

神奇的魔術。英國哲學家伯特蘭・羅素（Bertrand Russell）在一九二五年寫了《相對論ABC》（*The ABC of Relativity*）的小書，以他特有的大言不慚昭告世人，世界上只有三個人懂相對論，而他是其中之一。

愛因斯坦的革命性理論沒有改變日常生活；相對論太怪異，大可鎖進牢籠裡扔到一邊。（但相對論有實際的用途。比如，全球定位系統的人造衛星繞著地球飛行，就需要考慮到相對論效應。否則，你車上的導航系統會有細微的時間差異，無法精準地定位你的所在位置。）

一旦你接受人類建構的時間概念，認為時間是線性的，自然便會認同因果律。因為有了大霹靂，一百億年後有了地球，而後有了DNA、有了人類、有了文明、有了紐約市、有了今天早晨某一刻在紐約某一家醫院誕生的新生兒。時間順序不能顛倒——在紐約出生的新生兒不會是大霹靂的成因。那不符合因果律。

這個防護機制實在太逼真了，我們很難接受那是人造的。但相對論既不是最後的異常訊號，也不是唯一的。現代物理學建構出一些宇宙的數學模型，萬事萬物都在最幽微的創造層次同時發生，時間消融為無時間，整個宇宙是同一個次原子粒子。但這種模型即使是在量子物理學裡都算新奇，而量子物理學本身就夠新奇了。沒人覺得這種概念會顯現在日常生活的表相中。要是沒了這樣的防護機制，我們會非常焦慮。

我們都沉浸在防護機制所維護的錯覺裡，怡然自得。我們將宇宙視為一座時空劇場，物與人都在裡面四處蹦跳。我們的身體是物體。我們的心智來自一種了不起的思考機器，稱為大腦，而大腦又是另一件物體。麻省理工學院的馬文‧明斯基（Marvin Minsky）是人工智慧元老之一，將人類定義為「只是一具在頭部裝載一具電腦的人肉機器」——毫不留情地說出了絕大部分人認知中的真相。

　　但每個人自己建構的個人防護機制也在運作。個人的防護機制又可稱為「必須是如此」。有人必須要掌握；有些人一定要贏；還有些人一定不跟別人爭論。「必須是如此」的背後有理性的原因嗎？沒有——這些心理機制是一種自衛的形式，給我們安全感，即使是看起來芝麻綠豆的事件也能引發嚴重的警戒狀態。《愛情劊子手》（Love's Executioner）是一九八九年史丹佛心理學家的作品，作者歐文‧亞隆（Irvin Yalom）提到一位他稱為艾娃的中年女性，有人在一家餐廳外面搶走她的錢包。那是隨機犯罪，雖然錢包裡的三百美元沒了，但錢包中其餘東西都可以換新的。大部分人在挨搶的驚愕消退之後便沒事了。但艾娃不是。「艾娃除了錢包跟三百美元，還被搶走一個錯覺——覺得自己與眾不同的錯覺。」

　　跟別人相比，艾娃的人生相對優越，以致她以為自己不會遇到這一類的失序事件，她是免疫的——她一再重申：「想不到我會遇到這種事。」但事情就是發生了，而破滅的錯覺造成慘痛的代價：

這樁搶案改變了一切。她失去了安逸，失去了平靜的生活，失去了安全感。以前，她家裡有誘人的軟墊、花園、蓬鬆的被子、厚地毯。現在她看見的是門鎖、門、防盜鈴、電話。

艾娃一直感到焦慮，生活沒有隨著時間流逝回歸正常。亞隆解釋道：「她的世界觀粉碎了。她不再相信人性的善良，不相信自己不會受到傷害。她覺得自己被剝光了、普普通通、不受保護。」

成為犯罪事件的受害者打破了個人的界線，因為罪行侵犯了個人。此時，艾娃不能修復自己的界線。她的生存意義急遽崩潰，沉溺在終極的威脅中：死亡。死亡是她沒有正視過的恐懼，然而她的丈夫過世時，她已經跟死亡打過交道了。喪夫是她不曾好好面對的事，而這便是亞隆在診療室跟她一起處理的主題。

艾娃是了不起的病人，後來她「脫離了被遺棄的心態，恢復了信任。」亞隆認為她的轉變不只是脫胎換骨，更是救贖。艾娃原本以為自己譜寫出了完美的人生故事，而現在她可以體認到死亡的存在而不恐懼死亡。

認定自己可以開創完美的故事，活出絕大部分人認知中的完美人生，終將是一場空。總會有惱人的事件打亂你的故事。即使是在一切進展順利的時候，故事照樣會變得混亂複雜，因為下意識的力量，比如焦慮、憂鬱、憤怒、嫉妒、寂

寬等等，隨時都會爆發。儘管亞隆沒有使用「防護機制」一詞，我們可以看出艾娃認為自己受到保護、人身安全無虞的觀點，便是一種精神上的防護機制。長久以來這一套機制都運作良好，直到她察覺那實際上很脆弱、不可靠。

每個人都給自己打造了專屬的防護機制。這些機制跟大部分的精神建構一樣，往往是在不知不覺中完成的，有時我們渾然不覺這些機制的存在，以致這些機制完全不受我們控制。恐懼症便是一個好例子。怕蜘蛛的人不能摸蜘蛛，連無害的小蜘蛛都不行。要是他們將手伸向蜘蛛，恐懼便會升起，靠得越近就越怕。在下一個階段，他們會劇烈顫抖、冒冷汗、出現恐慌症的跡象、覺得瀕臨昏厥。

恐懼症是意識的創造力的反證，因為焦慮可以聚焦在任何事物上。phobialist.com 按照字母順序，列出了記載在精神科文獻的各種恐懼症。這個網站沒有列出總數，因為新的文獻記載一直在增加，但光是字母 A 底下就列了六十五條條目，包括長笛恐懼症（aulophobia）。不是每一個字母收錄的條目都很多；例如 G 底下只有十九種恐懼症，有看起來很離譜的，比如下顎恐懼症（geniophobia），也有很嚴重的，比如性愛恐懼症（genophobia）。恐懼症的成因並沒有定論，但以精神科的分類來說是焦慮症的一種形式，焦慮是過度恐懼的常見成因。除了項目明確的恐懼症，也有社交恐懼症，發生在當事人擔心別人觀感的情境中，還有種類繁多的特定場所恐懼症，就是擔心自己無法逃離特定的場合而驚慌失措。

恐懼症的患者對自己恐懼的項目未必有過不愉快的經驗，通常是沒有，但一旦形成了恐懼症，他們便會挖空心思地迴避那些事物。沒有恐懼症的人會覺得這種病很奇怪，部分是因為患者為了閃避自己恐懼的事物或情境，可能出現怪異的行為，比如恐懼空曠環境的人好幾年都不會踏出家門一步。說來奇怪，真的有危險時，讓身心進入高度警戒的恐懼是有效的保護措施，然而發展成恐懼症的話，恐懼卻變成絆腳石。因為聽見笛聲或看見下顎便極度警戒，根本無助於我們的生存。

　　但我們幾乎不會注意到的正常防護機制有臨界點，超過臨界點便會出現嚴重的混亂。比如，遇到車禍、火災、犯罪事件的人要是被嚇呆，便無力自救了。嚇呆的人會目光渙散、無法作決定，跟戰或逃的反應相反。在戰或逃反應中，身體會釋出壓力荷爾蒙，由下層腦當家作主——驚駭地逃離戰鬥的士兵無法刻意叫自己不要逃跑，必須等到腎上腺素消退而上層腦又一次上線，才能夠清醒地作決定。（相同的反應也見於日常的場景中，比如街頭魔術師為觀眾製造的錯覺。當魔術師猜對了牌卡，或是從某人的耳朵後面掏出一枚銅板，當事人警覺地向後跳開或轉身都是常見的反應——下層腦對戲法的反應就跟遇到危險一樣。）驚恐是不由自主的，而且看起來不能幫助我們保護自己。

　　總之，這些防護機制是自我模型的必備要素，是你對現實的觀點，而你根據這些觀點判斷哪些事情對你來說是真

實的。個人的現實無疑是有奇怪之處,誰都不會跟別人棲身在同一個自我模型裡。但虛擬現實是我們全體共享的,在這裡,時間、空間、物質、能量的特性都是我們共同接受的。這些特性深入人心,只要空間、時間、物質、能量不脫序,我們就覺得「如魚得水」。但知道這些都是精神建構的產物,並不是要讓現實脫序,而是要建立自覺,而單單憑著自覺,我們便能夠洞悉實際的情況。

買帳、不買帳

人類對空間、時間、物質、能量的體驗,不是哪一個單獨的人創造的——而是我們在集體意識中創造的,集體意識可追溯到智人出現,絕對在那之前就有了。我們無法一步步回溯人類出現自我意識的過程,自我意識是我們物種獨一無二的特色。我們的基因含有每一種生命體的痕跡,包括細菌,那是我們肉體的一部分,然而並沒有實際的蛛絲馬跡,可以讓我們一窺老祖宗們如何體驗他們的生命。

我們的物種最重要的傳承是無形的。我們從幼年便連結上這一份傳承,吸收虛擬現實的全套設定。小朋友得知了時間的存在以後,很快便會明白時間的規則,然後就回不了頭了。打個比方,一旦你在六七歲學會了認字,便不能重拾不識字的狀態。頁面上的文字不能回復成無意義的黑色印記。

同理,當你跟你的大腦採納了時間的規則,似乎便回不去時間不存在的生活。一天、一小時、一分鐘、一秒——將生命切割成片片段段的時間,便是艾略特在另一首詩《普佛洛克的情歌》(The Love Song of J. Alfred Prufrock)哀悼的事。時間成了普佛洛克的精神敵人。

> 因為那些時間我都認識了,通通認識:
> 那一個個的晨昏與午後,
> 我已用咖啡匙丈量了我的人生。

習慣以時間單位切割人生,不代表人類的時間就比另一個版本的時間更真實。我們不知道其他的意識物種如何體驗時間與空間。慢吞吞的加拉巴哥象龜覺得自己行動緩慢嗎?長耳大野兔覺得自己在西部草原蹦跳的速度快嗎?我們或可猜測動物活在當下這一刻,從本能的反應知道現在要進食、睡眠、或狩獵。然而對於一個沒有時間概念的動物,「當下這一刻」是不存在的。

大自然給了我們銘印在基因裡的生物節律,比如晝夜節律便用於甦醒與入睡。但那不能回答當初時間怎麼會存在的謎團。幅員遼闊的海洋有精準校正的時間,沒人能夠解釋那是怎麼辦到的。比如,一種名為紅腹濱鷸(Calidris canutus rufa)的小型濱鷸每年都從南美洲南部尖端的火地島(Tierra del Fuego),遷徙到加拿大北極群島(Canadian Arctic)的繁

殖地。據估計，紅腹濱鷸一生飛行二十四萬哩，超過從地球到月球的距離。

　　鳥類從一個半球遷徙到另一個半球去交配的原因似乎很費解，但紅腹濱鷸自身便蘊含一個謎團。牠們遷徙的路途很漫長，必須在五月份停駐在德拉瓦灣（Delaware Bay）的海濱，巧妙搭配一場先行事件發生的時程。從五月的滿月到六月的滿月之間，大批的鱟會從海裡的淺灘出來產卵。母鱟一次可產六萬至十二萬顆卵。早在四億五千萬年前，也就是在恐龍出現之前兩億年，鱟的長相便已經像是一個堅硬的圓型龜殼長出一條尖刺尾巴（鱟又名馬蹄蟹，但其實不是蟹，而是蜘蛛、蠍子的近親）。

　　鱟卵會在兩週內孵化，能供濱鷸攝食的時間很短暫。然而每一年，九千三百哩外南極洲附近的濱鷸都會出現遷徙的慾望。五月的滿月日期在五月份的三十一天裡都有可能，而濱鷸必須在二月份從火地島出發。大自然如何讓月亮、海洋活化石的交配周期、地球上遷徙路徑最長的小鳥互相配合，同步發生？以濱鷸來說，掌握時機的能力不知怎地扎根在牠們的DNA裡，引發大規模的生理變化。在遷徙之前，濱鷸的翅膀肌肉會變大，腿部肌肉則縮水。由於鱟卵柔軟易消化，濱鷸的胃在出發前會縮小，內部粗糙的嗉囊可磨碎冬季的堅硬食物，此時也會變小。

　　也就是說，濱鷸的DNA可預先知道大自然未來的每一項細節。由於北極的繁殖地很荒涼，是光禿禿的凍原，沒有食

物來源,濱鷸在德拉瓦灣時會大量攝取鱟卵來增脂,在鱟卵存在的十至十四天內讓體重變成兩倍。要是這些互相搭配的環節有哪一個脫序了,便會危及牠們的生存。(可惜,這已經發生了。紅腹濱鷸瀕臨絕種有很多原因,一項重大因素是濱海水域遭到破壞,導致鱟的數量銳減。)

人類不受制於時間方面的本能,儘管我們的 DNA 也有拿捏時機的能力,比如青春期及月經周期。細胞設定在某個時間點死亡,即「細胞凋亡」(apoptosis)的過程。一般細胞在死亡前只能分裂大約五十次(所謂的海富利克限度 [Hayflick limit]),這過程可在實驗室精確地測量。但說到底這是全然的謎團。細胞是化學工廠,密封在一層有滲透性的柔軟薄膜裡面。當兩個分子相遇,便會瞬間引起化學反應;不會遲疑、耽擱、延遲或回頭。這些化學反應每一項都必須在當下發生,那這些反應湊在一起,為什麼會有能力預測未來事件?這問題基本到幾乎沒人會問。

想像你要打撞球,球代表要在心臟或肝臟細胞裡碰撞的原子與分子。你第一次出桿,撞散了原本聚集在一起的球,之後球的運動便是機械式的。當檯面上的那些球相撞了,球必然會立即向後彈,會彈到哪裡則取決於牛頓運動定律。牛頓的其中一條運動定律說,當一顆球碰到或撞上另一顆球,球的動線一定是直線,直到被別的東西擋住。這一局球賽就這麼進行下去,似乎沒有異常。然而當你在隔天中午返回撞球室,那些球已經自動聚集在一起排好,就等有人出桿。

那些撞球出現這樣的行為是相當了不起的，但你的DNA預見了無數的事件，比如控制按時釋出的荷爾蒙，預見在我們萌生每一個念頭時，腦細胞所發射的化學觸發物有哪些需要補充，只要我們不干擾（比如熬夜不睡覺或服用荷爾蒙補充品），協調各種生物節律的工作就能做得精準無比。

我們無法進入其他物種的時間體驗。但由於時間太容易塑造、改變，我們可以說每一種生物的DNA都有不同的時間建構。所以不必動用想像力，便能說時間是一種建構物。既然DNA蘊含會在瞬間互動的原子，必然有某種在原子之外的東西在精準地拿捏時間與協調。唯一能做到這種事的是意識。畢竟，除非你知道時間存在，否則你不能操縱時間。

生活在充滿創造力的宇宙

如果時間是一種建構，那我們認為很多宇宙必備的要素，也會是一種建構。我們對物質與能量的體驗，很多都是我們這個物種專屬的。對於在住宅裡穩定啃食木框的白蟻來說，木材是堅硬的嗎？鼴鼠一輩子都住在地底下，地道的寬度連要轉身都困難，牠們會覺得地道的空間很窄嗎？

身為意識物種，時間、空間、物質、能量都是可以塑造的體驗，與我們的創造力綁在一起。也就是說，那些體驗可以有各種形式的擴張與縮減，愛因斯坦曾經提出俏皮的說明：

「把手放在熱爐子上一分鐘,感覺會像一小時。跟漂亮的女孩坐在一起一小時,感覺像一分鐘。這就是相對論。」但他其實避開了時間的核心議題:只因為人類說那是相對的,那就是相對的嗎?害怕看牙的人要是坐在牙醫的診療椅上,對時間的感覺便會錯亂;他們不能判斷時間過了多久,只知道每一分鐘都如坐針氈。牙醫診所的時鐘指針不會因此改變移動的速度,那哪一個版本的時間體驗才是真實的?是個人的體驗還是機械裝置的體驗?

乍看之下或許很奇怪,但**令時間得以真實存在的是人類的體驗,而不是時鐘。要明白我們如何創造時間(與空間、物質、能量)的體驗,你必須選擇不再認為那些是固定不變的事物**。現行的宇宙理論可助我們一臂之力,因為自從愛因斯坦證明了物質可以轉換為能量($E=mc^2$),其他蛻變的大門便敞開了。後來,美國物理學家理查・費曼(Richard Feynman)甚至以數學將一個電子的位置,表述為時間倒流的運動。這就像有人問你住在哪裡,而你答道:「我住在梅波街六十三號,不過有時我住在去年二月。隨你挑。」我們認為因果固定不變的概念,已經由「因果倒置」(reverse causation)的實驗瓦解了,因果倒置就是未來的事件影響了現在的事態發展。

但終極的蛻變發生在虛擬粒子的場域變形為實際的粒子時,俗稱「無中生有」。虛擬粒子是無形的,不存在於時間與空間裡,對物質宇宙卻是完全不可或缺的。那就像逆轉的鬼故事,先有鬼,然後才有那個活人。如果你看著自己的

手,不斷縮至到更細微的物質層次,那隻手很快便會成為一片顫動的分子網絡。這些分子不像你的手是扎實的,再往下一個層級,便是一團幾乎沒有實體的原子,有超過百分之九十九・九九九九是空無一物的空間。這是最後一個層級,跟物質存在只剩微乎其微的連繫。在次原子粒子的層次,有忽隱忽現的夸克、膠子及其他量子空間的奇怪玩意兒,從虛擬狀態變成我們物質世界的完整東西。從無到有的過程就發生在你的手部,也時時刻刻發生在其餘的一切物體上。

所以關鍵議題不在於扎實的物質是錯覺。沒有人可以否定以下的事實:要是我們沒有採納心靈的小慰藉,相信世界不會在明天化為一縷次原子的霧氣消失,那我們便不可能存在。**關鍵議題是在「無中生有」背後的創造勢能是不是意識,尤其是人類意識。**

身為人類的歷程是在時間與空間裡展開的。你的出生證明書證實了你的出生日期與出生地。沒人的出生證明會寫出生日期:永恆;出生地:所有地方。合理的假設是時間與空間就是單純地「在那裡」,是自然界的一部分。但要進化成超人類,對創造就不能繼續抱持固定不變的想法。現實必須重建,才能夠將意識的角色加進來。**現實只有兩個層次。一層是不受限的純意識,也就是潛能的場域。另一層是激發態（excited state,借用粒子物理學的用詞）的意識,即我們所說的宇宙。**

所有的激發態都隨著能量振動。物質隨著物質能量振

動，心智隨著心智能量振動。人體是一種激發態；大腦是人體的一部分，也屬於激發態，心智是持續不斷的思維，也是激發態。即使石頭看起來就是石頭，神經元看起來就是神經元，兩者的外觀沒有半點相像，但兩者都是激發態的意識。

這是實用的知識。比如，當你知道時間只是激發態的意識，便會明白為什麼時間的可塑性這麼高。時間別無選擇，只能跟心智一樣靈活而有彈性。我們操控時間來滿足人類的需求。有的時間框架長，比如宇宙的壽命，有的時間框架短，比如一個訊號從一個神經細胞跳到下一個神經細胞所需的毫秒。這些時間框架可以極度穩定：氫原子大概可以存續到這個宇宙死亡為止，而一個念頭只有在存在的時候才穩定，稍縱即逝。心智活動飛快消逝的事實可能造成一項錯誤。我們可能會以為意識必須遵守時間表——其實沒有。意識可快可慢，可大可小，可隨機可固定，以此類推。

既然意識是「無中生有」的源頭，便不受制於它自己的造物，就像一個認識三萬個詞彙的人不會只能表達三萬種思維。意識隨時都在整併與改造，決定自己是要細小如夸克，還是要浩瀚如宇宙。憑著這項事實，便可以推翻最頑強否定現實是由意識打造出來的論點之一。我們不認為心智可以創造樹木、山、行星、星辰。懷疑論者會說，這尺度不對。當你害怕得心臟劇烈跳動，那是心理事件——恐懼——在調動你體內的化學物質。被調動的是分子，表示尺度很小。但你不能用心智移山，因為山是龐然大物。

然而這樣的反對意見不能成立，因為意識不會管規模的限制。想像你從惡夢醒來，跟朋友說你夢見一百個男人持槍在大街上追著你跑。假如你的朋友回應你：「要是你說有一個男的在大街上追著你跑我還會信，但你講一百個就太離譜了，哪有可能那麼多。」講這種話表示他不了解夢境的運作方式。夢境不受制於大小。夢見一隻老鼠在大街上追著你跑，跟軍隊進犯你的家鄉是一樣的。在夢中，一片草葉可以顫動，隨後一顆行星便爆炸了。

我們接受夢境的光怪陸離，因為我們習慣了從夢中醒來，便回歸物質世界及其限制。意識的設定是有些事物可以隨著心念自由移動，比如大腦的化學物質會隨著我們的心念同步移動，而其他事物無法隨著心念移動。這是人類宇宙的設定。不去測試這些設定，便不會知道這些設定的極限在哪裡。我們不禁要想，耶穌對心識是否也有類似的理解，才會告訴門徒們：「我實在告訴你們，無論何人對這座山說，你挪開此地投在海裡，他若心裡不疑惑，只信他所說的必成，就必給他成了。」（馬可福音第十一章第二十三節）

無論你認為這一段話是福音還是譬喻，是實實在在的真話或鮮活的教學範例，以心念移山的概念都很超自然，與日常生活不相干。問題並非超自然＝不可能。目前為止的問題是科學不能解釋我們口中的「自然」。標準的科學解釋剔除了意識的存在，因此必敗。大腦裡拋接耍雜的化學物質無法解釋心智是哪來的，當科學宣告沒有化學物質以外的解釋，

便不再是處於可信的範疇──而進入了「事物必然如此」的範疇。

但虛擬現實一旦瓦解，便不能回頭。你不能一邊識破幻象，一邊相信幻象。魔術師不能坐在觀眾席上，被自己的魔術手法騙倒。然而那正是我們在做的事。我們信任物質世界，同時徹底明白那是幻象。

與其被動地接受常理的世界，超現實給了我們另一條路──將宇宙萬物視為意識不斷變化的模式。比如樹木經過量身打造，以符合我們人類對樹木的反應。樹木的任何特質都可以抽離原本被分派的角色，重新編排，去契合另一種非人類的架構。對完全色盲的人來說，樹木的顏色是不存在的。中微子是一種次原子粒子，可以像穿越外太空一樣輕易地穿過地球，對它來說，樹木不是實心的。要是將樹木運送到國際太空站，樹木的重量便不存在。在每一個分子的核心位置都有質子，質子要幾十億年才會衰變，以質子的壽命角度來看，一棵樹木的壽命轉瞬即逝。

事物的「真實性」來自施加在上面的意識模式。在睡夢中，整個物質世界都消失了，不再為你存在。它仍然為人類全體存在，按照虛擬現實的規則待在原地。但睡眠時，你會從虛擬現實退出來，去體驗不同的世界，睡眠不是多數人以為的空白無意識。深眠的體驗有可能是不在激發態的純粹覺知──的確，數百年來的尊者、瑜伽士、其他超人類體驗到的睡眠便是如此。佛教的涅盤概念更接近深眠，而非尋常的

清醒狀態，因為涅盤讓一個人與純粹的覺知恢復連結。

作夢是一種意識模式，精神激發的程度很細微。夢境是另一種世界，不能套用虛擬現實的規則。夢裡的事物可以魔幻地違反尋常的物理規則——火車頭可以飛上天，帝國大廈可以化為青煙消失。**睡眠與作夢是兩種意識模式，沒理由貶低，認為比不上清醒的狀態。**既然我們可以將這個世界視為一場清明夢（lucid dream），[1] 又何必認為你在夜晚經歷的夢境沒那麼真實或不真實？

人們盲目地假定實實在在的實體，比思緒、想像力、夢想之類虛無縹緲的東西更真實。然而卻是你虛無縹緲的衝動在決定你的個人現實如何運作。前文已經舉了恐懼症的例子，一個在健身房可以舉起一百磅重量的人，可能舉不動放在他手心的一隻蜘蛛；恐懼讓他的肌肉使不上勁。不管他恐懼的東西有多輕都舉不動。但我們也需要正面的例子，瞧瞧一個人微小的意圖如何改變個人的現實。

前文舉過一個例子，以虛擬實境裝置模擬站在高樓橫梁上的體驗（第一章）。拜虛擬實境的錯覺之賜，穩穩站在地面上的人卻頭暈目眩，手腳發軟，強烈感到受到墜落的危險。由此可見，我們可以用各種手段刻意操縱自己的平衡感。走

---

1 指在做夢時保持清醒的狀態，又稱清醒夢。清明夢跟白日夢不同，清明夢是做夢者於睡眠狀態中保持意識清醒；白日夢則是做夢者於清醒狀態中進行冥想或幻想，而不進入睡眠狀態中。

鋼索的藝人已將平衡感跟任何受威脅、危險的感覺切割開來。從地面向上看的人，會覺得他們的危險看起來很真實（光是觀賞危險的馬戲表演，沒有親身經歷，你都能心跳如雷）。

在科學界認可的演化模型中，我們繼承的所有特徵都有助於生存。我們的老祖宗需要平衡感的原因很明顯，因為他們需要在野地狩獵其他生物、進行打鬥。但我們不再隨時處於求生狀態，只為了賣弄演化而來的傳承而賣弄。走鋼索沒有求生價值，還相當危險，除非受過嚴格的訓練，否則反而會要你的命。

嬰兒從極小的年紀就怕摔，然而要學會走路，就得測試在摔倒及用雙腳站立之間的不穩定狀態。顯然怕摔的心態最後會敗北。走鋼索的藝人則更進一步，刻意凌駕於演化之上，將怕摔的心態跟平衡感脫鉤。這種顛覆演化的能力，其實是更高階的演化特徵。

意識的力量讓膽大包天的人為了任何浮上心頭的理由，比如尋求刺激、渴望實現不可能的壯舉、想跟對手一較長短，或根本沒有任何理由，而去駕駛滑翔翼，或是徒手自由攀登（free climbing）垂直的岩壁，無視他們可能死亡的處境。受制於肉體演化的動物沒有這種自由。只有智人將承擔極限冒險變成一種樂趣。我們選擇自己的動機，個人現實便隨著我們的意圖動起來。在暗巷遇到持刀的歹徒很可怕，但一個罹患闌尾炎、或冠狀動脈堵塞、或惡性腫瘤的人，卻甘

願讓持刀的外科醫生進行有限度的暴力行徑。一旦意識從一個特定的角度解讀一個情境，那情境的現實便會貼合意識的一切決定。

　　長久環繞著我們的虛擬現實是一種建構，同時契合了許許多多的動機、意圖、決定、解讀，數量多到我們都算不過來。

*

　　本章深入艱難的議題，有些議題頗為複雜。但本章的宗旨很簡單——拉近幻象與現實之間的距離。沒有人的身體會蒸發。當你明天起床，常理的世界還在那裡等著你。但一切都與幻象夾纏不清，以致常理世界的核心並不穩定。**測試時間、空間、物質、能量的極限所在，便是在測試我們自身的創造力。**跟移動全世界相比，用意念移山不算什麼，而移動全世界才是我們的終極目標。

第 06 章

存在與意識是同一回事

我在印度的成長期間，就讀由天主教傳教士授課的學校，記憶非常鮮明。《舊約》不是輕鬆的讀物——我記住了罪惡、戰爭、律法、哀歌、[1]瘟疫。但有一句出現在很前面的話，就是在七日的創世之後，「天起了涼風」而上帝「在園中行走」（《創世紀》第三章第八節）。那時上帝仍與亞當、夏娃交好，而在我的想像中，那是閒聊的最佳時機。但沒有任何閒聊。一開始，亞當和夏娃其實不在場，因赤裸而感到羞恥，躲著上帝。但在我想像的對話中，他們會問一個關鍵問題：「為什麼要這樣做？為什麼祢要創造世界？」

回答時，上帝會有一點窘迫：「沒有原因。只是不做不行。我情不自禁。」

現代宇宙學沒有更棒的答案。宇宙在自我創造。它存

在只是因為必須存在。自大霹靂以來,大自然的勢能推動萬物,萬物便自然發展。我們險些沒有存活下來。物理學家已經計算出來了,起初,在創造與毀滅之間的平衡點是極度脆弱的。眾所周知,宇宙差一點毀滅,因為原初的質量及能量除了極少數之外,都從內部崩陷,回歸真空狀態。僅僅億萬分之一逃過毀滅的鐵蹄,鐵蹄是指重力,亦即導致其餘事物崩陷的力量。但億萬分之一的創造便足以建構出萬億顆星辰及星系。(不過速度並不快。星際塵埃過了八億年才匯聚成最古老的恆星。)

自我創造的宇宙是我們花俏的創世版本,相當於十八世紀的主張說宇宙如時鐘,而上帝就像時鐘師傅,祂給初期的宇宙上了發條、完成啟動便離去,讓宇宙自行運作。但自我創造是棘手的議題。當初是什麼人或什麼東西啟動了自我創造的程序?造物主的創造者是誰,對古代的猶太拉比們來說不是問題——他們憑著信仰相信上帝始終存在。想在非信仰的領域找到跟上帝類似的創世代理人,已經證明是幾乎不可能的了。

我要在本書主張,**意識是唯一可能的自我創造者,它將自己轉化為心智、身體、大腦及宇宙**。這跟宇宙的物理學解釋大相徑庭。誠如《創世紀》,意識進行創造是因為不得不

---

1 《哀歌》(*Lamentations*)為《聖經》中的一本書,表達對耶路撒冷毀滅的哀悼和悲痛。

創造。意識只要存在，創造就開始了。（至於怎麼會存在？我們不必為這個問題傷神，因為要是「不存在」存在的話，便不是「不存在」了。）

　　只因為純意識存在，便創造了我們所知的現實。古代的印度典籍談到無數的世界旋轉著誕生，就像在陽光裡飛舞的塵埃。但在相同的陽光裡，我們也看到了無數的思緒、感受、感覺及形象，亦即人類心智的全部內容。我們的心智面臨驚人的過載，必須創造一個宜居的世界來生存，這便是人類世界，而我們創造出虛擬的現實便成了必然。

　　但只是降低原始現實的龐雜程度並不夠。人類世界是有意義的。意義從何而來？意義一直都在，這是超現實的主要特徵之一。純意義創造了一個充滿意義的宇宙。我們能說的關於人性的一切都不需要創造者，比如我們的喜悅、愛、活力、才智、無限潛能。這些特質都是伴隨我們的存在而來，是現成的。沒有車輪，車便不是車。沒有人性，這個宇宙便永遠跟我們沒關係，甚至不宜人居。

　　宇宙是為我們創造的，因為別無選擇。除非我們是完整的，否則創造不會是完整的。一旦揭開了這項奧祕，超人類便可以免於自我懷疑、困惑、悲傷。那些都是幻象的繼子女。

特殊的創造

即使是在想像中對談，我們也不能採訪純意識，就像跟上帝說話那樣。但自我創造的概念一直是可行的。我們可以接受智人創造自己的現實，不帶疑問。我們仍在創造現實，沒有停止的跡象。宣稱我們最久遠的祖宗不知怎麼地學會了發揮創意是說不通的。創造力是我們的本能，就像呼吸。

我們莫名其妙地掌握了意識習以為常的老習慣。所有的生物都在自我創造，但牠們讓創造力從身上流淌而過就滿足了。一切哺乳動物的祖宗是侏羅獸（Juramaia），外觀像鼩鼱，在一億六千萬年前，生活在淡水湖畔的樹蕨間。二〇一一年在中國發現了侏羅獸，將一切「真獸類」哺乳動物（true mammal）的起源提前了三千五百萬年。（之所以稱為真獸類哺乳動物，是因為胎兒在子宮時是由胎盤輸送養分。九十五％的哺乳動物是真獸類，其餘的是有袋類，比如負鼠、袋鼠，幼獸出生時極嬌小，會在母獸的育兒袋裡繼續發育成熟。）

侏羅獸不知道自己唯獨不可能是鼩鼱，看看牠們五吋長的骸骨，你一定會覺得只有現代的鼩鼱是牠們的後代，而不是所有真獸類哺乳動物的祖先。牠們完全沒有狗、貓、蝙蝠、象、鯨魚的影子。科學家做了大量推論才主張侏羅獸有胎盤，因為牠們的化石沒有留住任何軟組織。然而知道了胎盤是關鍵以後，科學家便不必繼續猜測。胎盤出現了，這個

以前沒見過的獨一無二特徵,便敞開了一扇大門。從門內衝出來的不是後來絕種的侏羅獸,而是自我創造。勢無可擋的自我創造習慣躍進了一步。從此,真獸類哺乳動物便可小、可大或超巨大,可游泳、行走、爬行、鑽洞或飛行。一切特徵都不固定或永久——唯一不變的是胎盤。大自然的創造力大躍進,變出前所未有的花樣,在那之前的生物幾乎沒有任何跡象顯示將會有這一種新的誕生方式。

這便說到了第二個錯誤觀念,亦即演化永遠是為了進化。**創造力不需要進化,原本便完整無缺。**每一種生物都是一次完整的創造活動。以侏羅獸來說,這種類似鼩鼱的小動物,並沒有比牠之前的動物優秀。有袋類原本可以主宰地球——牠們成了澳洲唯一的原生哺乳動物。而在更早之前,卵被演化出來,卵持續孵化,就跟恐龍的全盛時期一樣。胎生沒有比較好——如今有的鯊魚會產卵,有的則是生下小鯊魚。從早期的生命形式一直到我們之間,並不存在直線的進化過程。數十億年前的微生物、單細胞動物、藍綠藻依然存在,因為它們各顯手段,在地球上適應得非常好。除了按捺不住想要創造的衝動,原始的生物沒有理由脫離自己安全的舒適圈。

自我創造是很有力的線索,指出意識不需要自身之外的事物,便可以無止盡地擴展。

覺知與存在並不是被創造出來的,而是結構最單純的真相。不是被創造的意思,它們就是存在。不必給理由,不需

要創世故事，身為人類的原始設定就是我們在這裡。我們存在是因為意識存在。在關於超現實的所有奧祕中，消化這一條需要最久的時間。乍看之下，存在是假議題。在牛津大學辯論聯盟那樣的大學辯論社團裡，沒人會上臺為我們不存在辯論。要是我們不存在，便不可能有辯論社——這論點似乎很蠢，甚至幼稚。但如果身在此處便足以透過自主的程序，帶來任何造物，這可是大新聞。

存在與意識是分不開的。兩者不僅相依相屬，就像熱與火、水與濕；兩者還是同一回事。笛卡兒（Descartes）的名言 *Cogito ergo sum* 就是「我思故我在。」反過來說才更精確：我在故我思。

但無論如何，尋求因果關係是在強詞奪理。存在與思考是同一回事。沒有哪個是因，哪個是果。很多錯誤的觀點就是因為沒看出這一項事實。比如，要是你堅稱心智必須有一個前因，便會卡在必須解釋心智是從哪來的。如果你是現代的世俗人士，你很快便會落入陷阱，以為是大腦創造了心智。在發展心理學的學者看來，無疑是大腦創造了心智，而神經科學支持他們。這個創世的故事拿到了生理學的背書，但從兒童發育來看，也有足夠的證據推翻這個故事。

擴張的大腦

如果我們檢視胎兒在子宮的最後幾個階段，便會看到大腦是重點發育的部位，是最後才建構完成的器官——但到出生都尚未完工。出生時，嬰兒的大腦洋溢著尚未開發的成長爆發力。人腦最大的部位是大腦（cerebrum），負責思考及其他的高階功能，演化讓嬰兒從一開始就有巨大的大腦，這是嬰兒有一顆大腦袋的原因之一，會一直長到產道能夠容納的極限。如果是正常的足月胎兒，大腦的重量在最後的孕期會變成大約三倍，從第二孕期結束時的一百公克變成出生時的三百公克。

在某種意義上，嬰兒都是在發育成熟之前出生，從出生那一天起展開「第四孕期」，因為大腦是在子宮外持續加速成長。在新生兒一開始三個月的生命，腦部每天成長高達一％，在最初九十天裡擴大六十四％，之後成長率縮減到平均一天〇‧四％。在迅速成長期，嬰兒攝取的能量有六十％是用在腦部。從大規模或宏觀的角度來看，新生兒的腦細胞數量夠用一輩子——事實上，是多到用不完。新生兒的腦細胞數量是成年人的大約兩倍，儘管新生兒的腦部重量是成人的一半。新生兒的腦在發育三年後，達到完整的尺寸，之後便剔除較弱的連結（這個過程的專有名詞是「突觸修剪」[synaptic pruning]）。那就類似整理堆滿了雜物的閣樓，保留你要的東西，清掉你用不上的廢物。

此時開始看得出我們之所以獨一無二的奧祕，因為每個嬰兒的突觸修剪都不同。冥冥中，大腦就是會捨棄那個人不需要的部分。音樂神童需要驚人的運動技能，才能展現出神入化的琴藝，而他們可能不需要高階的數學能力或優異的語言表達能力。雕刻家具備高度開發的想像力，能夠想像物體在三維空間的樣子，卻可能沒有尋覓良緣的人際關係技能。技能組合有無限多種，而要讓技能配對成功，大腦的千兆個突觸連結恰恰夠用。但顯然一個腦細胞不會預先知道在遙遠的未來事件裡，自己會派上用場或不會。突觸修剪不是隨機的。唯一合理的解釋，就是一定有一個凌駕時間的更高觀點在管理這項過程。

比如，華盛頓大學（University of Washington）的研究員們做了一項研究，發現控制說話動作的特定腦部區域（布洛卡氏區 [Broca's area] 及小腦）是在嬰兒七個月大時活化，當時嬰兒還沒開始學講話。這證明了大腦是根據未來的事件，預先開啟必要的開關。七月齡的嬰兒不知道自己以後會開口說話，但智人知道，因為我們是意識的物種。我們的物種以口語溝通，差不多每個寶寶都繼承了口語能力。

這跟繼承生理需求不一樣，比如將乳牙換為恆齒涉及了下顎的成長，經歷青春期則是為了進行有性生殖，將基因傳遞給後代。口語是透過心智習得的，是了解別人在想什麼的主要工具。

要是認識大腦便可以認識心智，我們便會占盡先機。但

第 06 章　存在與意識是同一回事　　171

「大腦創造心智」的概念始終是一個謬誤。一個細胞如果想知道任何事情，並不能從原子及分子取得資訊。原子與分子不知道言語將是必要的。只有意識撐得起合理的解釋，因為**意識是每個細胞、每個生命體、每個人認知的要素**。

由於我們生活在神經科學的黃金時代，你會以為有一天我們會拿到心智的使用手冊。但那一天永遠不會來。**我們犯下將心智與大腦劃上等號的錯誤，蒙蔽了自己的視野。**即使大腦有千兆個連結，這項事實對心智來說也沒有意義，就像假如你要解釋達文西如何畫出蒙娜麗莎，那測量每一種可見光的頻率並不具意義。如果生命是由大腦在主導，生命便沒有意義，因為大腦本身沒有意義。將大腦的奧妙、意念、感受、感覺都歸功於一團一團的神經元，是站不住腳的。要是神經科學家跟人說「四分衛失去了腦子」或「我很想買房子，腦子卻很猶豫」，沒人會否定他應該把「腦子」換成心智（mind）。

然而要讓神經科學家放下「大腦創造心智」的信念卻很難。在急診室，腦電圖可指出遇到致命車禍的人幾時腦死，腦死了便不再有心智。顯然心智存在於大腦，在堅硬的頭蓋骨底下，不是嗎？才不呢。想像你沒有看過自動演奏的鋼琴，不知道它的運作原理。你走進音樂室，一架鋼琴在自行演奏《藍色多瑙河》。你看到琴鍵在上下移動，琴槌在擊打琴弦。

你怎麼知道是不是有一位隱形的琴師在進行神奇的演

奏？你根本無從判斷。話說回來，直接跳到鋼琴在自行演奏的結論似乎也不合理。你可以把鋼琴的材料（木料、鋼、毛氈、象牙）剖析到原子層次，都找不到音樂天才的影子。大腦也是一種物質工具，然而在神經科學界及日常生活中，我們卻說是大腦在思考、在感受、在觀看，是大腦做盡了一切發生在心智的事。我們假定那是事實，卻根本沒有任何證據可以證明細胞裡的原始材料（基本上是氫、氧、碳、氮）可以喜愛或厭惡球芽甘藍、喜歡維也納華爾茲、戀愛等等。腦部隨時都有繁忙的活動雖然是事實，卻不能證明那是心智在運作，也不能證明為什麼每一個心智在任何時候都獨一無二。

　　一旦你將意識放在第一位，找出心智的源頭就簡單了。這不難。我們天生仰賴心智，因為我們的存在和心智息息相關。我們運用心智做許多事情，在腦部掃描時不會顯現出來，而且腦部活動沒有出現任何可以觀察到的變化。你能不能看一眼人群，便認出自己配偶的臉？當然可以，你瞄一眼就行，但這可不需要走完某個腦部活動的程序。大腦不必調閱人肉版的名片夾，找出相符的面孔然後挑出來，就像警方會請罪行的目擊者到警察局檢視嫌疑犯的照片。辨識發生在心智，不必燃燒腦部的卡路里，而除非大腦在燃燒卡路里，否則大腦就沒在工作。

　　同樣地，你遣詞用字不必翻閱儲存在頭腦的字典。當你摸熟了一個陌生城市的街道，你不必查地圖（實體地圖或腦海裡的人肉地圖）就曉得路怎麼走。資訊一旦學會就是學會

了。反之亦然。如果有人問你腦積水或蔬菜雜燴是什麼，而你沒聽過這些名詞，你不必查閱腦海的詞彙表才曉得自己沒收錄——你立刻就曉得自己不知道。但高速電腦必須查詢記憶體，才能說：「不能運算。」

幾年前我遇到一位數學天才，如今是退休教授。他十二歲便開始在各大數學期刊發表論文，十六歲就讀普林斯頓大學。他還在念大學的時候，便完成了哈佛博士學位的課業。神童們是很了不起，而我一直記得這位數學天才在一次採訪中的發言。有人問他，他的思考過程跟別人哪裡不同，他說他不思考如何破解數學問題——他向自己提出問題，讓問題自行發酵，等待正確答案冒出來即可。

他很早便建立這樣的絕對自信，倚仗至今。我們應該認為天才卓然出眾、完全跳離常人的範疇嗎？並非如此。每個人或多或少都體驗過直覺的威力，也就是心智跳過思考的一道道步驟，直達結論。當人們說出直覺感應到的事，比如「我看到他的第一眼就知道以後會跟他結婚」「我從五歲起，就知道將來會駕駛噴射機」，他們不是經過完整思考才那麼有把握。**在各種活動中，心智仰賴的是在意識中與生俱來能知曉的能力。**我們一定要了解事實如此，才能夠探索有可能使用我們全部潛力的超人類能耐，有可能把我們的全部潛能都施展出來。假如是「大腦創造心智」，這條路便會封閉，因為大腦無法理解讓人類之所以是人類的一切，諸如愛、惻隱之心、創造力、洞察力、想像力。

我們可以再回到嬰兒大腦的主題，來加強論證。給新生兒做腦部掃描，會看出他們的大腦高度活躍，但沒人會說新生兒在思考，他們無法像成年人一樣在頭腦裡組織語言。嬰兒哭泣時，是在用非言語的方式說明自己餓了、累了、在害怕、需要換尿布等等。母親會挑出其中一個可能性，並在確認了寶寶的訴求以後，採取相應的行動。我們不會假定嬰兒知道生理不適以外的事情。

到了某個時候，嬰兒會開始思考，進入以心智為主的生活。他們開始以言語思考並建構想法。但即使嬰兒第一次開口說話的那一刻你在場，即使你可以透過腦部掃描，將那一刻當成事件來記錄，語言都不是在大腦誕生的。一個意念不知怎麼地在純粹的意識領域出現了，串聯到一個意義。

一開始，嬰兒對言語的應用就像鸚鵡學舌，複述自己聽到的聲音。「咕咕」沒有意義。「媽媽」大概是母親逗弄嬰兒、哄著嬰兒說的鸚鵡學舌。然後，嬰兒冒出一個不可見、無聲的「啊哈」。「媽媽」是跟人有關聯的概念，而這個人全世界只有一個。然後，言語的發展便加速了，到了兩歲生日，嬰兒便進入專家說的「意義爆炸」（meaning explosion）。（這顯然也是黑猩猩 DNA 突然中止之處，儘管跟人類 DNA 有九十八％一致。智人在人生開頭的兩年裡會發展出數十億個新的神經連結，這是智人的獨特之處。）兩歲小朋友一般認識大約一百個詞，兩歲半時，詞彙量則增加到大約三百個。

同時，一個比學習詞彙更重大的變化發生了：學走路

的小朋友開始說出以前沒聽過的內容,自己建構出新的句子。沒人教導我們這要怎麼做,但最先進的電腦還落後一般的三、四歲小孩一大截。電腦可以透過程式設定,編排出無限多個以前沒說過的語句,但電腦不會知道自己在做什麼。那是完全機械化的過程——當一部筆記型電腦跟你說「我愛你」,它並不是真的是那個意思。

意義不會從無意義噴發出來,就像光是把字母湯[2]拋到半空中,不會結合出有意義的句子。意識隨著心智、身體、大腦的發展而展現,每一項發展都由意義及目的來主導。(「目標導向的人生」是近年流行的勵志口號,啟發了困惑、隨波逐流、漫無目標的人。但我們從出生起,便不得不活出有目標的人生——否則我們就沒有心智了。)我們或許講不出人生的意義,但我們很確定意義是存在的,而我們天生便會追求更多意義。

意識是一個意義的領域。這是我們不自覺就曉得的事,由不得我們想不想。在一項實驗中,研究員告訴參與者他們要做聽覺測驗,方式是聆聽一些語句的錄音,而那些語句都是用極低的聲音念出來的。即使聽覺敏銳,那些語句也很難聽得清楚,但研究員吩咐參與者,盡力去猜。

參與者不知道自己聽到的是一串沒有意義的音節,誰都沒想到會有這種可能性。無論音量多低,語音多難分辨,參與者都會聽到(或猜測自己聽到)有意義的句子。但即使在語言出現之前,動物便會認識周遭的環境,學習辨識可食

的食物、潛在的威脅、渴望的交配對象、自己的後代。這或許可以稱為認知本能，但這沒有改變我們逃離不了意義的事實。即使是單細胞的阿米巴原蟲要吞食更小的單細胞生物，也得區分食物與非食物。**從混沌裡創造出意義的並不是任何事物，甚至不是演化之力——意義原本就存在於宇宙。**

　　心智的領域擁有變成地雷區的能力，視兒童發展出什麼樣的心智而定。迴避自己內心世界的人，老實地按照社會規範打造自己的生活，以免惹上麻煩。但閃避心智的黑暗面，並不能解除威脅。據估計，二十世紀難以想像的戰爭與種族屠殺導致一百萬人以上的死亡，從此我們對人生悲觀起來。

　　人類學家推測，認知爆炸發生在史前時代，從此開啟了自我覺知的世界，之後，每次有嬰兒在學習思考及說話，認知爆炸就要重演一次。嬰兒的大腦會採納自己接收到的世界觀。無窮的潛能遭到縮減，因為受到太多限制、自己扯自己後腿。英國作家赫胥黎（Aldous Huxley）幾十年前便抱持類似的觀點。他以大量的書寫反對我們讓大腦充當「減壓閥」（reducing valve），以致心智變狹隘。以下是赫胥黎對這件事情最有力的論述之一：

　　　　我們每個人都是潛在的群體心智（Mind at Large）。

2　　做成字母造型的麵食。

但只要我們是動物,念茲在茲的就是不計一切代價活下去。為了維繫肉身的生命,群體心智必須通過大腦的減壓閥和神經系統進入人體,於是人只收到少得可憐的意識,供我們在這個星球的表面上保住性命。

也就是說,赫胥黎是拿無邊無際的意識領域,來跟尋常心智採取的狹隘觀點作比較。他的核心論述是大腦的「減壓閥」對我們的生存不可或缺,許多演化心理學的現代擁護者也支持赫胥黎,覺得縮減心智是生存的必要手段。但我一直認為,不管我們在虛擬現實發生什麼事,意識的無窮潛能都不曾喪失。怪罪大腦造成我們存在的缺陷,便搞錯方向了。大腦是意識的另一種模式。大腦的潛能不是天生受限。我們需要進一步說明這一點,理由很實際,因為大腦必須打破狹隘,才有可能將我們帶進超現實。

群體心智與致幻劑

第一個必要條件是打開大腦的減壓閥,打開的方法來自一個出乎意料的地方。由於麥可・波倫(Michael Pollan)根據第一手的經歷,詳盡且理性地探討以前的禁忌話題,寫成《改變你的心智》(*How to Change Your Mind*),結果醫學界受到刺激,對致幻劑的潛在價值產生了新的興趣。致幻劑重

新浮上檯面，是一種「出來吧，出來吧，不管你在哪」的命題。搖腳丸（LSD）、神奇蘑菇、麥司卡林（mescaline）在一九六〇年代風光一時，而後聲名狼藉。撇開由恐懼主導的各種反毒法律不談，鑽研致幻劑的醫學研究員一般都有遭到非難的風險，說不定還會斷送事業。最低限度來說，這方面的研究不太受重視，很容易被無視。

　　直到不久前，社會仍然普遍認為，致幻劑是安全隱患，沒有醫療用途。然而情況正在改觀。這一則傳統智慧被推翻的原因，是我們更深入認識大腦，也更懂大腦。尤其是讓搖腳丸得以改變心智狀態的腦部區域，以及所謂的 DMN（default mode network，預設模式網絡），DMN 是高層腦的幾個區域，負責組織並管理廣泛的大腦活動。DMN 過濾每天湧來的大量資訊，揀選並控制我們給世界的回應。前文提過大腦編輯現實的機能，實際發生的部位就是 DMN。DMN 帶來一個惱人的影響，就是讓大腦的結構演化成赫胥黎說的減壓閥。搖腳丸可暫時打亂 DMN，然而一旦迷幻之旅結束，大腦便恢復原狀。

　　毫無疑問，DMN 的功能是絕對必要的。大腦因此不會被混亂無序的刺激拖垮，可以安定地輔佐我們應付人生，在評判、閱歷、私利之間取得平衡。DMN 一向被稱為「我」網絡，因為它在大腦的功能就像小我在心理上的功能，可抑制不理性的衝動，並在約束衝動之際，一邊組建和諧的成年人自我。

　　DMN 要到五歲左右才發育，也就是兒童以「不是小寶

寶」為榮的時候。那可是大工程：不鬧脾氣，不為了微小的不適就哭泣；展現更多勇氣、獨立、沉著；想派上用場，幫忙做事；捍衛自己的品味與性格特質。要做出如此複雜的行為變化，內在需要大量的自律，而大部分的自律是 DMN 的工作。

但這轉變不盡然都是正面的。以赫胥黎的觀點，群體心智被削弱，以維持原始的動物生存。從醫學的角度來推敲，DMN 絕對必須存在，讓我們不會老是被目不暇給的景象及聲音絆住腳步，但也有缺點。自動化的反應（也就是預設）久了以後，便會根深蒂固，變得僵化。一方面，上了年紀的人可能就是因為這樣，變得頑固、心胸狹隘，而在另一方面，DMN 或許也跟焦慮症、憂鬱症、成癮症之類的障礙掛鉤。這些障礙變成頑強的反應，在 DMN 停止強勢控制之前，無法解除。

關於致幻劑的個人轉變紀事，探索得最透徹的其中一本是，美國作家林韜二〇一八年的回憶錄《旅程》（暫譯，*Trip*）。林韜在一九八三年生於佛羅里達州，父母是臺灣人。林韜長期意志消沉。他是這麼說的：

> 在我看來，人生依舊晦暗，從十三四歲起，那晦暗便不斷演化。長久以來，我都覺得活著沒意思⋯⋯活著既不美好，也不深刻，單調乏味，不舒服又麻煩。

他孤伶伶的，過著隱士一般的生活。按林韜的說法，就

是對網路及手機上癮,這加重了他的孤獨。他接觸致幻劑,是因為在 YouTube 看到泰瑞斯・麥肯南（Terence McKenna）的獨白,一口氣看了三十小時。麥肯南死於二〇〇〇年,生前大力鼓吹幻覺。他提過致幻劑可以促進想像力,讓人更接近自然,而這打動了林韜。

　　林韜訴說的故事很複雜,在一次幻覺中,他看到自己被大炮射到銀河,而他沉思「各種議題,思考什麼是現實、什麼是語言、什麼是自我、什麼是三維空間與時間」。這種經驗,跟瀕死者及出竅者很相像。這些人經歷的自我模式,對現實的觀點不再是預設的那一個,以神經學的用語來說,就是 DMN 預設的那一個。

　　致幻劑可鬆開 DMN 的控制,讓有情緒障礙或其他困擾的人,得到一個改變大腦機能的餘地。直到二〇〇一年,研究員麥可・瑞奇（Michael Richie）才以先進的功能性磁振造影掃描,發現 DMN。有史以來第一次,研究員可以向受試者提出問題,比如用幾個形容詞來描述自己,然後看到與 DMN 互相連結的腦部區域亮起來。對神經科學家來說,作答時流向 DMN 的血液增加,實際上代表自我是大腦的一個機能——你的 DMN 知道你是誰,因為在你想著自己時,是它創造了你的預設回應。

　　在大腦研究中,血流量的增減是有用的指標,電流活動模式也是,但這些依舊不能測量心智,只是心智的一面鏡子。致幻劑讓血流的模式出現不尋常的變化。波倫引述了一

項研究,十九位受試者是傳統藥物治療並不見效的憂鬱症患者,他們服用了裸蓋菇鹼(psilocybin),也就是「神奇蘑菇」的作用成分,結果病情改善了。研究員們發現,流到杏仁體(大腦的情緒中樞)的血流減少,但這無法解釋受試者們為什麼也回報了強烈的神祕經驗。

許多人懷疑這樣的研究發現。難就難在任何你能給控制組的安慰劑,都不可能跟實際的致幻劑一樣有致幻效果。(沒人真的知道人體為何演化出致幻劑的受體,畢竟老祖宗們接觸到致幻劑的機會一定很罕見。)但致幻劑的主要研究似乎指出了致幻物質降低了DMN的活動,使它暫時關閉。在關閉時,服用致幻劑的人覺得自我消失,對心智、身體、世界的正常體驗也一併消失。這凸顯了在人類的感官知覺中,心智、身體、大腦、世界的可塑性是很高的。我們在清醒的每時每刻,都忙著維繫這些事物的完好,而致幻劑突然強力打斷我們的掌控。

波倫的體驗讓他恍然大悟。他意識到「我自身的預設意識很脆弱,而且是相對性的。」他詳盡、客觀的調查涉及了服用各種改變心智狀態的藥物,還鉅細靡遺地鑽研醫學研究,終至期盼起致幻劑的應用可以擴展到一般的健康人士(儘管迷幻之旅也可能像惡夢,所以他保持合理的恐懼)。他希望致幻劑的旅程不再只被視為「吸毒的經驗」。以他的觀點,假如幻覺有意義(不是每個人都認為有),第一步便是在迷幻旅程結束後,由可以解釋其意義的人給予指導。

＊

接下來我們要往哪走？其實沒人知道，地位崇高的科學期刊的常規作法，是退回致幻劑的研究論文。關於這些物質的未來潛力，應該閱讀波倫的著作來了解全貌。特別耐人尋味的是「微劑量」的作法，即每天服用微量的致幻劑，劑量足以鬆開DMN的控制但不足以改變平常的思維，認為與其給心智進行劇烈、迷幻的刺激，不如以微劑量達成自我覺察的效果，觀察並省思我們無法在正常狀態下意識到的新可能。

從超越的角度來看，毫無疑問，致幻劑削弱或解除讓虛擬現實保持完整的心智建構。有的人覺得幻覺接通了群體心智。這對赫胥黎來說是天大好事，他是熱衷此道的早期領軍人物，支持在別人帶領下，透過幻覺進入擴展的意識，而這也是他的終極目標。然而要讓世人尊重致幻劑，致幻劑就必須超越嬉痞的形象，而事實證明，大腦掃描將是關鍵。但借助大腦掃描而來的尊重也有一項瑕疵。

在神經科學家看來，DMN如同家裡的大人，是壓制狂野、原始衝動的腦部區域。因此，有一組專門的細胞精確接管了佛洛伊德分派給自我的機能。我們這個時代的典型特質，是精神科非常仰賴以藥物對抗焦慮與憂鬱，取代長年累月昂貴又耗時的談話治療。精神醫學的專業變成了在轉變大腦分子，心智的其餘方面也是。但「大腦創造心智」的概念在哪裡都問題百出。

這問題在 DMN 很顯著，因為要是它真的負責維繫成年人的心智平衡，這能力是誰給它的？當初它又如何得知成年的益處？第一個想當然耳的答案是 DMN 是充當生存機制出現的，然而這一點並沒有證據──這只是達爾文主義者拿手好戲的概括性說法。不計其數的人沒有成為成熟的大人，照樣在社會上活得好好的。

研究員對 DMN 的態度，就像它是一個有意識的媒介，擁有靈活的意圖與良好的判斷力。將這一類的特質附加到腦細胞上，是一種魔法思維的形式。一團、一團的化學物質可不懂人生；只有意識知道。

麥可・波倫將改變心智狀態的藥物試了一輪，最後在不借助藥物的情況下得到最深刻的體驗。他見識到只要急速呼吸並聆聽有節奏的鼓聲，便可以進入出神狀態。他的反應是：「這些知識以前都藏哪去了，我怎麼都不知道？」其實就在群體心智裡面。

任何藥物都有副作用，有些是無可預料的，但致幻劑的隱患很獨特。如果你進入一架鋼琴，惡搞琴弦，樂音將會走調。進入上層腦最敏感的區域會面臨類似的風險，但我不是要大家因為恐懼與懷疑而按下警鈴──恰恰相反。群體心智蘊含全部的人類潛能，我們練瑜伽、打坐、各種冥想練習，便可以自然地接觸到群體心智。這些練習也會帶來有益的腦部變化，促成變化的則是最自然的機制：**心智會學習認識自己。**

現在就是讓致幻劑走出陰影的時刻,既看到利害關係,也看到風險所在,看到不偏不倚的全貌。當我們忽然出現自己會飛的幻覺,又跳下高樓來測試,那幻覺便會要人命,這種事發生了不止一次。在幻覺中的恍然大悟在回到正常的清醒狀態時,往往只是莫名其妙的想法。真相的格局不是致幻劑能夠涵蓋的。波倫在他著作的後記鼓勵「中性多元」(neural diversity)。但依我看,迷幻藥改變心智狀態的效果,只有在真的促進自我覺知的前提下才有益。藥物可以讓你看見在心智局限之外有些什麼;唯有自我覺知能夠讓你永久棲身在群體心智中。

　　自我覺知的反面,就是人類是大腦的傀儡、是神經活動的下屬的呆板觀點。只要致幻劑有醫療用途,我們便應該樂見其成。但赫胥黎認為群體心智是關鍵所在的見解仍然屬實。

　　我們跟群體心智(或者說超現實)之間隔著最薄的薄紗。只要一個念頭便能穿越。前陣子我跟著瑜伽老師做樹式,才明白這一點。樹式是以單足站立,需要高明的平衡工夫,而我已經練得有模有樣了,但那天早晨,我突然搖搖晃晃。老師立刻說:「你剛剛在想什麼?」他提出了正確的問題,因為我分心去想別的事(恰巧是在想致幻劑的醫療效益),心智脫離了清明、開放的狀態。心智要處於清晰、開放的狀態,不被雜念塞滿,才可以把人生拿來做很多事,不只是做一個瑜伽體位而已。這樣的明確清晰就是群體心智的感覺。那就是自由的滋味。那就是通往超人類的大門。

在第二部，我們要徹底進入個人的層次，闡明每個人要怎麼做，才能夠體驗到轉化，觸及群體心智。唯有個人覺醒，我們才有可能集體覺醒——沒有比這更迫切的事了。既然我是橋梁，就讓我重申覺醒的超乎尋常、不可預料。

　　覺醒讓我們更有人性，同時更真實，因為我們是意識的物種，注定全面認識我們的源頭——這寫在我們天生的設定裡。假如有哪一個願景可以讓全人類團結一心，這就是了。

第 2 部

覺醒

第 07 章

以經歷為重

有個老笑話的笑點已經在流行文化生根了。我第一回聽到的版本是有一位都市人迷路了,在鄉間小路停下車,指著地圖上一個城鎮,問一個莊稼漢怎麼到那裡。莊稼漢搖搖頭,一臉困惑,說道:「不好意思,先生,但從這裡去不了那裡啊。」

為何這個笑話令我們捧腹?笑點在於事實上你可以從地圖上的任何地方,前往地圖上其餘的任意地點。但要是那個都市人問那個莊稼漢去超現實的路怎麼走,他會得到相同的答案,只是這一回這並不好笑──至少我笑不出來。

你緊抓著虛擬現實,是到不了超現實的。自從智人察覺有一個在日常生活之外的另一個生命維度,便有人以各種方式解釋過原因。困在虛擬現實裡就像被下了催眠的咒語,只

要我們被虛擬現實包圍，便不能解除咒語，因為沒有催眠師在一旁待命，打個響指便能替我們解除咒語。我們也像陷入夢鄉，被自己夢中的幻象所囚，夢境沒結束，就醒不過來，沒人在床邊把我們搖醒。

咒語、夢境、魔法、幻象、巫師與巫術、喜歡促狹的神明——每個文化都以各自的說法，一致表達現實會騙人的概念。只要你深陷在心智完完整整、鋪天蓋地的伎倆中，「你從這裡去不了那裡」。因此，如何覺醒一向都是件神祕的事。但現在不是了。

生命是由知識與經歷在推動的，本書第一部便是在討論超現實的知識。那經歷要從哪來？為什麼不先討論經歷？我們很容易就不耐煩（尤其是男性，男性不看使用手冊、迷路時不問路的惡名遠揚），但對覺醒來說，知識與經歷是不能切割的。你不能先跳進泳池的深水區，然後才研究如何游泳。意識必須從地基開始重建；觀念必須改變；解讀必須揚棄。當你從人類躍升為超人類，一切都不會是老樣子。

儘管虛擬現實無所不包，卻有一個漏洞，而漏洞只不過是經歷本身。什麼是經歷？駕駛單人的小艇橫跨大西洋的經歷，與攀爬阿爾卑斯山、通勤上班、烤蘋果派大相徑庭，因此經歷的樣貌是百變的。但歸根究底，**每一項經歷都是同一回事——是有意識的事件**。如果你的經驗是根植在現實世界，你便做錯了，無法從咒語、夢境、幻象醒來，因為現實世界正是咒語、夢境、幻象。

體驗這個世界

打破魔咒的唯一辦法,是逆轉萬物運行之道的尋常解釋。我的意思是將經歷放在第一位。一般的解釋是先看事物,這很符合常識。難道不是先有星星,然後我們才仰望夜空的繁星嗎?先有地球,地球先以原初的狀態存在,然後有了生物,要不是這樣,我們便不會在地球上。至少常識是這麼說的。

然而這樣的解釋在逆反之後一樣說得通。假設現在是早晨,你在閱讀,身邊有一杯咖啡。「一杯咖啡」可以指目前固定在這個時間與空間的一項實體物品。我將「一杯咖啡」加上引號,是因為引起你共鳴的對象,其實是所謂的物體。然而實際上,你是在經歷幾種感官的交融。你的眼睛看見顏色、光線和陰影,判定那是咖啡杯。你的鼻子偵測到咖啡香,你的手感受到杯中咖啡的熱度,你的舌頭嚐到了咖啡味。

拿掉這些經歷的話會怎樣?那杯咖啡就不存在了。這是簡單、合乎邏輯的結論,然而如果你想要強化咒語、夢境、幻象,那這結論就太離譜了。一杯咖啡就是那裡存在著,以實體的形態屹立在時空之中。我們暫且不討論將包括整個宇宙在內的物體分解成無形虛擬狀態的量子物理解釋,我們在這要討論的宗旨不一樣。讓一杯咖啡消失的理由,不是要證明它不曾存在過。而是我們要把體驗放在前面。我們所說的**一棵樹、一朵雲、一座山、一個星辰、一杯咖啡,都只以體**

驗的形式存在。一旦你接受這項事實,你邁向「超人類」的路徑便會暢通無阻。

　　但如果你聳聳肩、說道「好吧,我接受了」,那沒太大意義。除非你經歷了「啊哈」的頓悟,你才是真的懂了,否則就只是說說而已。經歷是我們理解萬事萬物的方法。若是有一個超出人類覺知範圍的現實存在,顯然我們是絕對無法藉由定義察覺到它的。許多現代物理學的新聞會提到「暗」物質及能量(米納斯·卡法托斯 [Menas Kafatos] 跟我合著的《意識宇宙簡史》(You Are the Universe) 詳細介紹過)。假如某些理論是正確的,有些能量及物質之所以是「暗」的,便是因為它們存在於物質宇宙的範圍之外。在那個黑暗領域,「東西」或許不是源自原子,不會發散出光子及電子,或許跟我們這個版本的空間及時間沒有任何關聯。

　　假設這些臆測全部屬實(有可能不是真的,但這裡不會說明詳細的原因)。暗物質及暗能量是人類完全沒經驗過的,與構成人類大腦的「東西」毫無共同之處,這難道不能算是真實但無法體驗的存在嗎?關於這一點,沒人可以體驗到大霹靂,因為那發生在原子及分子出現之前。沒人可以進入黑洞去親身體驗,因為黑洞內外的極端重力會瓦解物質,撕碎一切尋常的「東西」,包括時間和空間。

　　凡是認為宇宙本來就是這個樣子的人,他們會覺得將體驗放在第一位很荒謬——其實不然。暗物質與能量是我們透過經驗而得知的,大霹靂、黑洞以及物理學的其他怪事也是如

此。我們對這些事物的經驗是間接的，表現在比如透過數學方程式的運算、收集到散逸的少量次原子粒子、無線電望遠鏡接收到的數據等等。但不管再怎麼間接，那照樣是我們的經歷。一定有人看見了什麼，即使只是一頁全是數字的紙。一定有人聽見其他科學家的言論、讀過人家發表的文字。連最稀奇古怪的科學領域都出現了，憑這項事實，便無法否認那是我們覺知到的經歷。這使我們的日常經驗可以平起平坐，因為一個一年級小朋友在學ㄅㄆㄇ的體驗，與一位正在閱讀量子重力期刊文章的物理學家所經歷的是同樣的過程。

作為獨特的意識物種，智人以每日生活的經歷打造自己的現實，並在此基礎上持續建構一切。我們根據自己的經歷，從人的角度看待虛擬現實。沙漠豔陽下的炙熱岩石令蜥蜴感到舒適，卻會灼傷我們的皮膚。漆黑的午夜令我們害怕，蝙蝠卻怡然自得，就像令人顫慄的高度是老鷹築巢的完美地點，而海洋是魚類可以呼吸的環境。

但我們不是注定要困在自己的經歷中。我們擁有驚人的自由，可以揉捏、塑造個人的體驗。身體看似穩固，但我們可以餓扁它或養胖它，讓它增肌或讓它鬆弛無力。關鍵在於事物的「實體性」實際上有多大的可塑性。我覺得那有點像解凍的程序。當春天來臨，冰封的河面塞滿了碎裂的冰，那些冰不會立刻融解，要經過一個過渡期，才會恢復流動。我們在物質世界的體驗也是如此。物質世界不是碎裂成一大堆冰塊，而是碎解為最細微的體驗，像岩壁隨著歲月流逝，被海浪沖刷成細

沙。我們的五種感覺器官很精良,可感測稍縱即逝的短暫事件。我心底一直記得一則微小卻令人印象深刻的科學發現,就是只要有一顆光子,人類的視網膜就感應得到,然而就在最近,這一條孤立的資料卻有了相當驚人的擴充。

量子變成了人類

一項不曾透過大眾傳播媒體引起廣泛注意的研究證實了一件事,五感裡至少有四感其實可直接體驗到量子領域,不必動用尖端精密的科學儀器。這項研究的基本結論來自幾間領先群倫的大學實驗室,可簡扼地概括如下。

視覺:如前所述,人類的眼睛可偵測到單一的光子。光子是光在宇宙裡最小的單位,我們偵測單一光子的能力給了研究員靈感,他們才會想到要研究能不能以肉眼探索量子世界。

聽覺:內耳非常敏銳,可偵測到比原子的直徑更小的振動,可分辨振動間隔僅僅一千萬分之一秒的聲音。

嗅覺:根據以前的估計,人類的嗅覺系統可偵測一萬種不同的氣味,但最新研究顯示嗅覺是一種量子知覺,可分辨一兆個不同的氣味。

觸覺：我們可偵測面積小到十億分之一公尺的觸感。

味覺：味覺沒有追查到量子層次，但我們已經知道人類舌頭可偵測到五種味道（甜、鹹、酸、苦、鮮味）的分子層次。進行比較細緻的味覺判斷時，便需要嗅覺的輔助，因此即使是味覺，跟嗅覺並用時便涉及了量子層次的感知。

為何演化給了我們如此微觀的知覺？要回答這個問題，一定要明白這一項新研究跨出了多大的一步。過去，我們以為五感是在分子層次運作，跟味覺一樣。比如，要分辨鹹味跟甜味的差異，味蕾上的受體是設計成能夠緊抓每一種味道的分子。實際上，公認的觀點是我們透過細胞外膜上無數的類似受體，去跟世界互動。這些受體被描述為鑰匙孔，只有特定的分子（鑰匙）可以對接。比如，聞到玫瑰香氣的過程，是玫瑰的氣味分子在空氣中飄蕩，進入鼻腔嗅覺細胞的受體。由於這程序發生在分子層次，連原始生物其實都同樣極度敏感。

最古老的知覺是觸覺，是單細胞生物演化出了可感知碰觸的觸覺，比如阿米巴原蟲，還有一些植物；捕蠅草的葉片外觀像顎，當昆蟲碰觸到葉緣的敏感刺毛，葉片便會合上來抓住獵物。儘管觸覺是最早的知覺，我們對觸覺的認識卻仍然不徹底。攝影機跟竊聽器可以複製我們眼睛及耳朵的敏銳度，但我們摸得出木料、金屬、玻璃的不同，識別能力超過

工程師設計出來的人造手段。我們手指的敏銳度足以感知單一分子的事實，最近才由加州大學聖地牙哥分校（University of California–San Diego）的實驗得到證實。

他們找來十五個人，請他們觸摸三片矽晶圓片，然後指出哪一片跟另兩片不一樣。這些晶圓片唯一的差異在於表層，有一片多出一分子的厚度。一片的表層是以氧為主要成分的氧化層，其他的塗裝則是類似鐵氟龍的物質。參與者察覺差異的正確率是七十一％。

然而即使分子跟量子相比是龐然大物，但既然眼睛可以感知光的量子，科學家便思索起另外四感的情況。現在看來，我們全身都是量子偵測器。乍看之下，這很了不起——絕對擴展了人類的感知能力範圍，比以前的估計還要大很多。然而在更深刻的層次上，這些科學發現指出了我們如何設計並控制虛擬現實的建構。透過人體的量子偵測器，我們在最細膩的層次跟宇宙無縫交織。我們的身體不再只是接收「在外面」的世界的原始資料，還參與了心智與物質交融的核心。

查出我們如何看、聽、碰觸、品嚐、嗅聞的身體奧祕，照樣不能查出這五種知覺的用途。本書〈總論〉裡提到將視網膜對光的反應，比擬為蓋革計數器每次遇到貝他粒子、伽瑪射線便咔咔咔地計數。但蓋革計數器對這個世界的體驗跟我們不一樣。人體的量子偵測器如此敏銳，可見我們的體驗實際上調校到多麼細微的程度。在我們發現人體具備量子級

的偵測力之前，人體能微調到具備分子級的偵測力的事實，便已經是驚人的感知能力。

香水產業的專家擁有超乎尋常的嗅覺，比如能夠分辨數十種玫瑰的香味，但這些專家的味覺神經或其他的知覺神經，不見得比我們一般人發達。他們訓練了自己對氣味的覺知能力。職業品酒師在味覺方面便是如此，神射手在視覺方面也一樣。這些人天生的知覺能力或許比一般人敏銳，但品酒師或神射手並不需要太多的細胞受體。有了正常範圍內的受體數量，品酒師就可以提升感知的能力，而**感知力即心智力**。

所謂的超級味覺者（supertaster）在舌頭的一個特定區域有三十個味蕾，一般味覺者在相同區域的平均味蕾數量則是十五至三十個，而所謂的味盲者（nontaster）（較佳的用詞是味覺遲鈍者）則少於十五個味蕾。一般味覺者要是在品酒時善用鼻子、提升專注力、放慢品嚐的速度，便可以辨識出酒的更多細微差異。品酒的能力當然跟年齡有關，我們在四十至六十歲之間開始流失味蕾，剩餘的味蕾則萎縮。但這不足以解釋為什麼老人往往會喪失進食的興趣。也許人老了以後，普遍會喪失對活著的興趣，或是感到孤單、沒人要。然而有些嬰兒一出生便沒有味覺，他們照樣會有健康的食慾，這項簡單的事實證明了**主宰我們感知自身存在的是心智元素**。

我們測量眼睛、耳朵、舌頭的運作數據，然而這些數據不能交代我們的實際體驗：夕陽是什麼樣子、音樂聽起來如何、巧克力是什麼滋味。科學完全用量在測量生命，無論大

小層面。體驗則完全關乎生命的質,不能計量。「你今天體驗到了幾單位的美?」是荒謬的問題。美是主觀的體驗,誰都不會有異議。但每一種感知也是主觀的體驗,前文提過的鴻溝就是這麼來的。光的波長檢測與光的性質兩者完全沾不上邊,尤其是顏色。

顏色是意識創造出來的,橫跨質與量之間的鴻溝。橫跨時魔法會發生,於是量子振動不僅會轉化為顏色,還會轉化為一切由五感所感知的事物。但願新的研究可以解釋這樣的魔法是如何發生的,可惜沒有。想查明五感具備量子級的敏銳度,就像想要擁有狗的聽覺,狗的聽覺可比人類要強大得多。假如你一覺醒來,突然聽見了狗狗所聽見的世界,那就不能理解音樂、言語或任何其他事物,只是一種聽覺的體驗罷了。聽到聲音的不是耳朵,而是心智。

但我們至少掌握了一條重要的線索,知道這個魔法會將量子事件轉化為人類的體驗。既然我們的感知力細膩到量子層次,我們可以說(至少是有力的推斷)大自然便是在我們所生活的層次中,將虛擬的現實轉化為堅實的物質世界。此處用「虛擬」有特定意思。物理學給肉眼看不見且沒有固定位置的粒子設置了一個中途之家。

這個中途之家是必要的,因為著名的測不準原理(uncertainty principle)說粒子實際上是能量波的塌陷。波向四面八方無限延伸;粒子存在於時間與空間裡的一個位置。一個虛擬粒子銜接了這兩種狀態。它仍然沒有粒子的形狀,但也不

是向四面八方延伸的波。

如今我們已經知道一個超級重點，就是我們不必等到粒子出現在物質世界，從物理學的角度來說，便可以察覺到粒子誕生。我說的感同身受就是字面意思。幾十年來，「波的塌陷」函數一直是物理學界爭論不休的議題。主要的爭議點在於標準的量子理論認為塌陷必須由觀察者引發。這個觀點激怒了一部分的物理學家，也讓幾乎所有人都困惑不已。在日常生活中，我們理所當然地認為觀察某件事物是被動的舉動。我們教導孩子：「看看就好，不能摸喔。」但在量子層次，觀看跟碰觸是同一回事。一旦有了觀察者，粒子便不會繼續測不準。波函數會塌陷，然後，看哪，可以被偵測到的粒子出現了。

希望各位看得懂這簡化的解釋；否則詳談的話會太複雜。大可說研究員在認真評估這種量子的神祕效應，也就是所謂的「觀察者效應」（observer effect），能不能用量子的偵測來解釋。如果眼睛與量子有實際的互動，我們就曉得觀察從來都不是被動的行為。我們一直在現場參與，讓虛擬的現實有機會成為物質現實。

心智如何讓物體得到物體的屬性

這些新知不能解釋在量（可測量與計數的事物）與質（我

們以人類的身分體驗到的景象、聲音、滋味、質地、氣味)之間的鴻溝所發生的魔法。人體能夠偵測到量子是很令人興奮啦,但人類不是透過量子層次的細微差異在體驗這個世界,儘管理論上我們做得到。我們是依據顏色之類的有用概念來集結我們的體驗。紅就是紅,而不是在六百三十至七百奈米之間振動的光波長的光(一奈米是十億分之一公尺)。

　　同理,甜就是甜,而不是糖分子與舌頭受體之間的分子互動。我們太習慣這種集結的程序,以致我們不會注意到自己做了集結的行動。但**我們一直在採集轉瞬即逝的體驗,將它們整併到預先安排好的空格裡,將不連貫的串成連貫的,令本是流動的固化。**

　　這種現象的術語就是實質化(reification)——給非物質的體驗「物體的屬性」。這種轉化非常令人信服,以致岩石似乎堅硬且沉重,但其實是你的心智賦予了岩石的實質——堅實與重量都是你在自己的知覺裡面創造出來的。對於一心想要強化並重申咒語、夢境、幻象的人來說,這又是另一條離譜的結論。但除非你拆解物質世界的創造過程,否則你不能把物質世界的「物性」分離出來。我不想用任何術語,但我們需要深入實質化的運作方式。

　　實質化的字典定義是「令一件事物更具體或真實」。金錢的心智畫面在實質化之後就是鈔票,可以折起來塞進你的皮夾。當你決定要有一個可以抱在懷裡的寶寶,「為人父母」就實質化了。**最震撼的是,虛擬現實完全是因為實質化才得**

以存在。

　　歸根究底,將萬事萬物交織在咒語、夢境、幻象中的關係網絡全都來自心智,因為事物之間的關連是心智打造的。沒有哪一件物體具有實際的形體,僅此而已。「物體」「東西」「實質」都是心智網絡裡的網線。

　　要一個人接受紙幣是一個概念(金錢)的實質化相對容易,但要是你說身體、大腦、宇宙也是如此,大家就不信了。關鍵在於反轉整個實質化的過程,讓實質化的物體更接近現實。以你現在的觀點,你手臂裡的骨骼是堅實而固定的,很難相信那些骨骼是流動的、可塑性高的。但一切物體其實都在動個不停。骨骼也不例外;骨骼隨時都在分子層次上川流不息地交換氧與鈣。每一個骨骼細胞都是在動態生命中流動。要是你穿了不合腳的鞋,腿骨便會漸漸歪斜來配合你歪斜的步伐。

　　不管一個過程是快或慢,都不會改變萬物都在流變的根本事實。骨折的康復速度比手指的割傷要來得慢,但既然都會康復,就證明了身體是一種動的過程。我們畏懼骨癌是因為那很疼痛,但骨骼處於正常的健康狀態時,神經會將你的骨骼連線到大腦,再連線到外在的世界。將你當下的短暫感覺全部集結起來,你便似乎有了一具固定的身體,但實際上你今天的身體不是你剛剛出生時的身體,不是你學走路時的身體,也不是你青春期的身體;它甚至不是你昨天或五分鐘前的身體。

如此一來，要逆轉令你的身體實體化的思維習慣便出奇簡單，這種習慣把無數互相關聯的過程轉化為一件實體。這樣的反轉協助我們回歸創造的源頭，回歸純粹的意識。當你精通了這樣的反轉，便可以從虛擬現實裡的一切事物回溯到心智的創造天分，解除那些事物。將「物性」融解出來的意思就是將物體化簡到意識的層次，那就是我們可以開始體驗到創造過程的層次。當你逐漸貼近純意識，融解的過程便越容易也越快。當「物性」不再頑強，體驗便可以流動、有彈性、可塑性高。「真我」的現實很重要，因為以目前的情況來說，**每個人的自我都充滿矛盾**。你一向以來所認同的那個自我，讓你駐留在咒語、夢境、幻象中。真我則帶你從幻象進入真相。

自我的三個版本

真我藏在層層疊疊的偽裝之後。那些偽裝太厚了，沒人可以自信地定義真我究竟是什麼。「自我」是一種方便的虛構，集結了形形色色的信念、經驗、陳舊的制約、二手的意見。這問題比你想像中更大。幾乎每個人在「做自己」跟「了解自己」之間都存在巨大的鴻溝。我們認為前者很好。當你可以做自己，你覺得自然而放鬆，不用偽裝或防備。了解自己則是另一回事。在佛洛依德發現了潛意識的心智一個世紀以後，我們將潛意識視為人類天性的黑暗面。我們壓抑憤

怒、焦慮、嫉妒乃至暴力的衝動。當然，要是你說出所有的想法、實踐你的每一個衝動，你的人際關係一定會亮紅燈。

但不僅是這樣。一旦認定內在世界是黑暗面，大家便不會想要向內看，厭惡並恐懼起自己在內在世界所看見或可能看見的一切。我們認同小我的人格，那是我們希望世界看見的那個自我，於是我們忽略了探索的機會，不願意去探索更深層的自我可能是什麼樣子。久而久之，數不清的人便真心相信小我的人格是他們的真我。但每個人都還有另外兩種自我，那是絕對不必畏懼的自我。事實上，它們能帶給人類最多的心滿意足。

第一個是**無意識我**（unconscious self）。儘管我們習慣把負面的情緒及衝動扔到潛意識去，來個眼不見為淨，但整體而言，潛意識比我們以為的要正面得多。無意識我充滿創意，而且敏感。當你走進一個房間，默默地從「空氣裡」察覺稍早有人在那裡吵了架或哭泣，你會無聲無息地察覺異狀。其實，你是透過無意識我察覺異狀的。在日常覺知的層次底下，你一直在感知周遭的環境。**你的無意識我，也握有直覺的力量。**當你的無意識我揭示了你的意識心智原本沒意識到的事，你便經歷到「啊哈」的時刻。

當你長大成人，你開始重視扎根在無意識的特質。你感到自信，獨當一面，對自己明白的事理有把握。你懂得做人做事——烹飪、開車、平衡你的收支、找到好吃的餐廳。但在更深的層次上，你有一種難以解釋的安定感。無意識我會

關注你所有的人生體驗，去蕪存菁，讓你油然生出內在的滿足感，久了以後，那便成為你天生自然的一部分。你所認識的自己，是一整套的價值觀、目標、成就。數不清的人沒有抵達這個階段，不曾經歷過內在的滿足。那不是別人可以傳遞給你的滿足感，因為那主要發生在你看不見的無意識。

我又一次想起了艾略特（T・S・Eliot）。一九二五年，他寫了《空心人》（*The Hollow Men*）一詩，以前的高中生很愛朗誦這首詩，因為青少年的特質便是懷抱隱藏的恐懼。詩的第一段是這樣寫的：

> 我們是空心的人
> 內在填滿了東西
> 我們挨挨擠擠在一起
> 腦袋塞滿乾草。唉！
> 我們嗓子乾啞
> 湊在一塊低語時
> 寂靜無聲，了無意義
> 就像風吹過乾草。

艾略特在一九二五年以這首詩探索我們最深的恐懼之一，也就是害怕生命變得毫無意義，籠罩在死亡與虛無的陰影中——終極的空虛。在世道險惡、驚駭的時代，比如二十世紀的兩次世界大戰，擔憂人生喪失一切意義的恐懼變得極

為真實。但無意識我從無限意義的寶庫提取意義，為世界建立了新的面貌，變成宜居之地，揮別昔日的腥風血雨。

但還有另一種自我，是更寶貴的自我——稱為「**真我**」。**真我是一種覺知的層次，非常接近我們在純意識的源頭。**純意識是靜定的，在尚未有任何活動產生之前，便蘊藏著心智活動的潛能。我將它等同於最簡單的體驗，是純然「我在」（I am）的存在。這是最簡單的體驗，因為不需要任何思維。你知道自己存在；僅此而已。當「我在」的靜定開始振動，化為思維、畫面、感受、感覺，起初只有最細微的動靜。那動靜是高度流動的，可塑性高，所以來自我們最深源頭的欲望與意圖，並不會被小我那些粗糙的欲望所扭曲。「我要和平」是比「我要保時捷」更精妙、細膩的欲望。

在真我的層次，一切改變的欲望都會實現，因為只有真我的「我在」程度夠高、可以全面滿足我們的願望。任何外在的滿足都比不上。乍看之下這很奇怪，在心智最幽微的層次上，滿足感竟然會超過比較表淺的心智。對絕大部分人來說，追逐世俗的欲望便是人生的真諦。也因此，對許多人來說，靜定非常不舒服。我們會埋怨「沒事可做」。但靜定可以解鎖新的現實。關鍵在於純意識蘊含了創造力、極樂、聰慧、愛、覺知的無限資源。在生活中親近這資源的源頭，便能夠接通那無限的潛能，然後運用那一份潛能，真正成為現實的共同創造者。

小我人格、無意識我、真我這三種自我，只是我為了

便於解說而設立的獨立分類。三種自我在日常生活裡都用得到。當覺知從它的源頭出來以後，任何衝動都蘊含無意識的成分，最後也會蘊含小我的成分。一個常見的例子是友情變愛情。兩個朋友之間的互動主要發生在小我的層次，意思就是他們呈現在彼此面前的是自己的社交人格。但友情深化以後，無意識便會更親暱地展示出來，有時，如果雙方都感到安全無虞，友誼的真正核心便會顯露出來，也就是愛。愛似乎是最終的目標，但在真我的層次，並不需要另一個人。「我在」本身便是愛的品質，在純意識的邊緣顫動。

說到底，你認同的自我，只是你所覺知到的那個自我。沒有固定的自我這種東西，就像我們沒有固定的身體。在郵局排隊時阻止別人插隊需要小我的人格。對一個嬰兒滿懷呵護需要無意識的人格。覺得你在宏大計畫裡占有一席之地需要真我。

到了某個階段，真我便會主掌大局，在這項改變發生以後，世界也會變。如果你嚴厲、僵化、頑固、沒彈性，你感受到的世界便會跟你一致。小我人格覺得抗拒比接受容易，抓緊不放比放手容易。所以嚴厲、僵化、頑固、沒彈性並不罕見，所以看到那樣的世界也並不罕見。如果一個人更深入探究，開始認同無意識我，世界會顯得美麗、清新、煥然一新、充滿光明。而這也反映了一個人的覺知狀態。看看法國印象派繪畫裡的柔和光暈，你就曉得這樣的覺知狀態引領畫家畫出了什麼。

但你必須走得更深，才看得出世界的純淨無垢。這種

第 07 章　以經歷為重　　205

狀態一般稱為「開悟」,代表與超現實的直接接觸。既然我們的日常生活是由小我的欲望、需求、要求在掌控,我們便不可能想像隨時隨地處於超現實的狀態是什麼滋味。且讓我舉一個鮮明的真人實例,那就是克里希納、梅農(Krishna Menon)的思維與教導。梅農生於一八八三年印度南部的喀拉拉邦(state of Kerala),卒於一九五九年,儘管默默無聞大半生,對於想要認識開悟經驗的求道者來說,他是極度重要的人物(與受人尊崇的上師及靈性導師不同,那種開悟者的體驗有強烈的宗教色彩)。

他的覺知狀態帶有不容妥協的本質,從他回答別人的提問就看得出來。克里希納・梅農的追隨者,後來將他稱為師利・阿特馬南達(Sri Atmananda)。一次又一次,他將每一個主題都歸結到一個根本的問題:什麼是現實?以下是幾個精簡的例子。

論苦與樂。我在這一刻苦,在那一刻樂。然而我始終沒變。因此我的苦樂不是我的本性。

物體與思維有何關連?這問題假定了物體是獨立於思維之外的存在。那絕非事實。無思,便無物。

我們應該追隨人格化的神(personal God)嗎?我說不應該,因為人格化的神僅僅是一個概念。真理凌駕一切概念。

如此堅定不移的真知灼見既解放人心又大膽無畏。但顯

而易見，梅農的言論不是只為了吸引旁人對他的注目；他是從真我的角度發言，捨棄了小我的人格及人格創造出來的零碎心智。這在另一道問答很明顯。

問：現實是不可分割的嗎？

答：現實只有一個，不受任何特性、任何程度的影響。現實全然主觀。我是唯一的主體，其餘的全是客體。唯有透過我，即「一」，萬象才是萬象。

你得看完答案，才會知道這絕對不是唯我論（「我是唯一的主體，其餘的全是客體。」），梅農的觀點反映出他對整體性（一）的觀感。他的言論呼應了一項數千年的印度傳統，梵文稱為 Advaita，意思是「不二」，也可以稱為整體心智的觀點，因為不二（與超人類）的主要目的是讓人認同完整的意識，而不是意識的零碎產物。

說到這裡，我已經不想使用靈修的語彙，寧可將內在的旅程視為從幻象逃進真實的出口。問題仍然存在：如果梅農與其他據說開悟的人如此特出，他們跟一般人的距離是否太遙遠？我認為沒有。覺醒的過程是自然而然的，人人都做得到。證據近在我們眼前。每天，我們都遵循小我人格、無意識我、真我的指引，三者雜然交錯。然而事實上，**真我會在愛、喜悅、創意、更新的時刻跟我們說話，即使說得斷斷續續，可見我們跟超現實是相連的。**既然知道那一份連繫是存在的，便可以有條理地探索整個覺醒的過程。探索的方式便是我們下一章的主題。

第 08 章

超越一切故事

　　如果超現實是「無處不在、永久長存、萬事萬物」，一項驚人的事實便撲面而來：在超現實裡，沒有故事可說。一切故事的要素，從開頭、情節、各個角色到結局，在超現實裡都沒有立足之地。然而在超現實之外的這個世界裡的一切，全都繞著故事的要素在打轉。你是自身故事裡的一個角色，始於出生，終於死亡，從生到死之間則穿插了百轉千迴的情節轉折與配角。我們無法想像一旦沒了個人故事，日子要怎麼過——但那卻是完全必要的，如此你才能夠體驗到超現實。連神祕、有宗教色彩、靈性的故事也必須割捨，因為那些故事扭曲了純意識，不論那故事說的是《舊約》的上帝或涅槃、是男神或女神的殿堂。我明白這些故事是世人千百年來的指路明燈。世界上總有個別的訊息使者熱切地指出另

一個世界的存在,帶來啟迪人心的故事。

達文西畫聖母與聖子的時候,採用了聖約翰跟耶穌是童年玩伴的傳統故事。達文西(與文藝復興時期的其他畫家)畫的聖子莫測高深地以一根手指指著上方,露出祝福的笑臉。那笑容在說:你看不到嗎?天堂啊,就在那裡呢。

覺醒的人可以直接看見超脫凡俗的世界。永恆的時間框架變得自然,感覺到永恆是一種無縫的流動。佛陀曾說(根據索甲仁波切〔Sogyal Rinpoche〕的譯文):「我們的存在就像秋日的雲彩轉瞬即逝。看著眾生的生與死,就像看著一支舞蹈的舞步。人的一生就像天上的閃電,彷彿從高山向下奔洩的急流匆匆而過。」

每一種靈性傳統都以類似的訊息,號召信徒前往超凡的世界,卻都沒能讓一般人相信日常生活的核心,應該是追求超脫凡俗。在歷史上,覺醒的風氣從來沒有盛行過。意識演化到了某個時候,智人遇到了十字路口。整體人類可以認同真我,或認同「我」,亦即小我的人格。顯然,我們選擇了第二條路。超現實沒有放棄我們;是我們背棄了超現實。

兩者帶給我們的自我觀點截然不同。真我連結著它在純意識的源頭。小我人格的源頭只是它自己編造並相信的故事。現代人已經拋棄神話,許多人否定了組織化宗教。然而我們各個層面的生活樣貌,仍是由人類幻想出來的故事在形塑。另一條路則通向真我,社會大眾普遍認為那很神祕(也就是脫離真實生活),有了神祕的風評後,便只有聖人、智

者、詩人、藝術家、先知等五花八門人物走上這條路。

在你質疑自己的故事之前,不可能找到超現實。你必須自己面對這一項挑戰,只有在你真心相信超人類是真實的時候,你才能真的成為超人類。如果你徹底洞察了自己在此時此地的情況,你便超越了一切的故事。不斷給自己的故事添磚加瓦的習慣,只是一個習慣。**當下這一刻本身沒有故事——只是單純存在**。為什麼我們要把自己的故事添枝加葉到這一刻?因為在得到真我的挹注之前,當下這一刻本身並不圓滿。除非你給電腦插上電源,否則它便是廢物,而儘管我們已經將心智用在一切事物上,卻有大量的時間是耗費在幻想、分心、逃避、否認、拖延、自我批判等等。每個故事都有這些不討喜的元素。**時時刻刻與真我保持連結,可將生命的圓滿帶進我們的覺知之中**。

要說超人類是一個新故事也行,就當作是另一個放在書架上的虛構故事,但我認為那是不恰當的說法。一旦覺醒了,虛構的元素便會消散。我們的個人故事是咒語、夢境、幻象的一部分,沒有虛構的元素便無以為繼。首先,虛擬現實便是虛構的。凡是立足於虛擬現實的事物都屬於非現實(unreality)。我們可能會同情老祖宗們依賴神話、迷信、未經驗證的宗教信仰。然而即使我們沉浸在好一點的故事裡,那依然是故事。這不是未來的世代會信服的故事,就像我們不相信宙斯、巫婆,也不相信智力源自心臟而非大腦(在古希臘及羅馬長期存在的醫學概念)。

這一章的主題便是我們要站上轉捩點，不再跟自己說故事，不再需要利用故事來抵禦殘酷的現實，或理解混亂無序的世界。在超現實，你超脫了危險與失序。真我讓你在現實中屹立不搖，此時你的人生目標與意義是來自源頭，而非東拼西湊的虛構故事。

對故事的依戀

人類對能說故事引以為豪，而我們的故事有個巨大的破洞，因為最遠古的時代沒有留下記錄，那時還沒有文字。誰想像得到有多少故事已經失落了呢？大約四萬五千年前，我們如今視為現代智人的人類，開始從非洲向北方遷徙。他們全都是狩獵採集者。早在四萬五千年前，沒有農牧、不會採挖金屬礦物、沒有固定居所，文明尚未興起的人類便繁衍了世世代代，當時的生活便已經太過複雜，沒有故事不行了。以人類的想法，火總得有個來處，無法預料會不會下雨一定是有原因的，而我們如今認為理所當然的事，比如小雞是從雞蛋孵出來的，都是深不可測的謎團。神話出現可不是因為愛幻想，而是人類根據當時的生活，努力為自然現象提出的最佳解釋。為萬物賦予意義的行為，是我們從最早的人類那裡一脈相承的作法。故事解釋了人生的道理，滿足我們生而為人的需求。

我們的生活仍然很依賴故事，凡是打亂我們個人故事

的事物，通常會被我們立刻否決掉，或是強力對抗。（看看MeToo運動揭發的性侵事件，犯下罪行的性侵者矢口否認自己不檢點。）我們討論過小我如何建立自己孤獨無依的錯覺。「我」需要一個好故事來感到自己很安全、很重要、得到社會的接納、有價值。人類為了打造安全無虞的感覺，會想要歸順於比自身更大的群體，比如部族、宗教、種族、國家，但要讓這些群體接受你，你得先接受他們的故事。大家想都沒想過自己拱手讓出的自由，便接受了已經拍板定案的二手故事。緊接著，你立即就知道誰是「我們」、誰是「他們」。但不管那些故事多麼言之鑿鑿，對於植入了其他版本故事的人來說，你永遠是「他們」。然而當「他們」構成威脅，甚至成了危及你性命的敵人，你從群體裡得到的安全感便瓦解了。

　　故事便是從這麼根本的需求滋生出來的，因此感覺上，哪有可能拋棄故事。故事的成分是人類心智所能想像的一切，所以有無限多的選項。但我們可以簡化這件事。故事關乎執著。我們自己想著「我是○○」，便戀棧起○○，將○○當成個人身分的一部分。

　　○○可以是上述的大型群體（部族、種族、國家、宗教）。「我是美國人」對人有莫大的影響力，「我是法國人」或「我是猶太人」或「我是白種人」也是。這是大部分人都懂的事，但明白這一點只是觸及了皮毛。任何版本的「我是○○」都可以造成依附與執著。「我是愛國者隊的球迷」或「我是中上階級」可以引發強烈的執著。同時，被故事排除在外

的事物又強化了故事的力量。每一個「我是○○」，都可能有很多個對應的「我不是□□」。如果你是美國人，你便不是其餘上百個國家的人。如果你信仰天主教，你便排除了其餘的宗教，以此類推。

這有什麼不對？如果那是我們輕鬆以對的故事，比如閱讀《哈比人》（*The Hobbit*）或《大亨小傳》（*The Great Gatsby*）是一時的消遣，消遣完了就會做別的事，不致於出亂子。問題不在故事本身；而是我們對故事的執著。執著會扭曲我們的經驗，使經驗凍結在原地。往事的重量變成了負擔。當下的時刻湮沒在紛亂的回憶、信念、老舊制約裡面。有多少老人渴望重返青春？我們讓多少的悔恨駐足心底，不願放開？每個人在人生裡都有這樣的執著，更別提還有自己跟別人對立的心態所造成的痛苦與暴力。

撬開一個人的寶貝故事，便是史考特・派克（M. Scott Peck）一九八○年代暢銷書《心靈地圖》（*The Road Less Traveled*）的主題。這書以一句吸睛的話破題：「人生實難。」派克隨即解釋他的意思。「這是偉大的真理，是最偉大的真理之一。之所以說是偉大的真理，是因為一旦我們確確實實明白了這一條真理，便能超越現狀……（於是）人生艱難的事實便不再要緊。」

也就是說，我們聽見了尋求超越的呼喚。但派克是心理醫生，他明白世人不會只因為真理很偉大，便接受真理——實情恰恰相反。以派克治療病患多年的經驗，他認為阻礙病

患改善病情的最大障礙,是病患拒絕承擔自己的責任。為什麼?「除非我們動手解決人生的問題,否則問題是解決不了的。」派克寫道。然而這一項事實「似乎超過了大部分人類的理解範圍⋯⋯有很多人、很多很多人,為了避開問題的痛苦,就跟自己說:『這問題是別人造成的,或者是不受我控制的社會環境造成的,所以應該由別人負責為我解決。』」

派克以鮮活的例子解釋他的論述,比如他提到一位剛剛割腕自殺未遂的女性。她是駐守在太平洋島嶼沖繩的陸軍軍人之妻,派克年輕時是部隊裡的心理醫師。

那位女性只劃傷了手腕表層,在急診室,他詢問她尋短的原因。她說全是因為住在「這個無聊的小島」。派克不滿意她的答案,開始跟她對話,要不是她那麼鬱悶不樂,那對話會很詼諧。他與這位病人之間的對談可以濃縮如下:

派克:為什麼妳在沖繩這麼不開心?
病患:我沒有朋友,一直一個人。
派克:為什麼沒有朋友?
病患:我不是住在基地,而是沒人講英語的村莊。
派克:怎麼不開車去美軍基地找朋友?
病患:我先生需要開車去上班。
派克:妳開車送他去上班就好了。
病患:那是手排車。我只會開自排的。
派克:妳可以學開手排車。

病患：開什麼玩笑？這種路況不可能啦。

　　那場面既悲哀又好笑的原因在於，儘管她頑固得誇張，卻真的痛苦萬分；他們對談時，她幾乎從頭哭到尾。我們都相信自己編的故事，幾乎不惜一切代價。以心理醫師的觀點，這位女性封殺了一切改善現狀的希望，展現否認的心理所有典型跡象。誰沒有在事情太過棘手、無法面對時裝聾作啞？要是問題都可以有現成的解決方案，人生就簡單多了，偏偏不是那樣。

　　重點在於我們靠著故事過日子，否認只是其中一個元素。說到底，否認就是無視一切會打亂你故事、牴觸故事的事情。即使是最健康的人，也會在心理上忽略一大部分的現實。要是我們徹底明白自己需要克服對故事的執著，那便表示我們相信已經有人放下了那一份執著。他們的內在世界沒有塞滿陳年往事的包袱。他們不會捍衛「我是○○」，彷彿那攸關他們的生存。反之，他們毫不費力地活在當下。真正的重點不是這種人是否真的存在，而在於為什麼那麼久以來我們竟沒有注意到他們。

覺醒的人

　　長久以來，在西方世界，我們身邊總有人認為覺知的

各種狀態很神祕——假如不是造假的話。流風所及，一般人幾乎絕口不提自己的經驗。幾年前，我認識了傑佛瑞‧馬丁（Jeffery Martin）博士，是一位社會學研究員，做過關於較高意識的革命性研究。之所以說他的研究是革命性的，原因在於一項基本發現：覺醒的人數之多，超乎任何人的想像。

馬丁給了他們發聲的機會。取得哈佛大學教育學院（School of Education）的博士學位後，他開始出版自己的研究發現，指出開悟很普遍，是覺知的自然狀態，很多人都可以進入開悟狀態。馬丁的研究一開始是發布一項線上問卷，徵求認為自己已經開悟了的人作答。

他很驚訝填寫問卷的人數居然超過兩千五百，從這些回覆裡面，馬丁挑了大約五十人進行深度訪談。起初，這些受試者之間很難找出共同語言。覺得自己開悟是很私人的體驗，也讓你跟社會常態分道揚鑣。馬丁的受試者覺得自己是邊緣人，在青春期時，常因為與眾不同而受到非難。他們心裡也清楚，跟身邊的社會標準相比自己並不正常。許多人因為揭露自己不尋常的精神狀態，而被送去看精神科、接受藥物治療，甚至被送進精神病院強制住院。

但馬丁很早便意識到，受試者之間的差異大是大，他們的經歷倒是一脈相承。開悟狀態並非單一不變，而是一系列的變化。為了找出他們的共同點，也為了遵守心理學的規範，讓自己的研究符合學界硬性規定的模式，他捨棄了已經承載太多意義的「開悟」一詞，替換成冗長的用語，稱為「持

久性非象徵體驗」(persistent non-symbolic experience)。當一個人開始有了這一類體驗,「你對自己是怎樣的人便有了不同的觀感。」馬丁寫道。「你脫離了所謂的正常狀態,不再覺得你是獨一無二的人,而是別的什麼。」

「別的什麼」並不容易定義,因為這些人有不同的背景,也受到各種文化因素影響。但馬丁歸納出了較高意識在哪些方面會出現特別突出的特質。

一般而言,這些人說他們不再覺得自己是獨立的人——沒有持久的個人身分概念。馬丁評論道,如果讓他站在那些受試者的立場來發言,「我會跟你說:『沒有傑佛瑞在這裡跟你談話。』這真的是他們會對我說的話。」

另一項普遍的體驗是思緒大幅減少。「事實上,」馬丁說,「他們常說自己沒有思緒。」馬丁進一步探究之後,發現那並不屬實,但在自評的情況下,說自己沒有任何思緒是很驚人的。他們的另一項共同體驗是一種合一性(unity)、一體性(oneness)、整體性(wholeness)的感覺。馬丁說,這種圓滿無缺的狀態帶來浩瀚的個人自由感。「他們失去了對個人故事的認同,伴隨個人故事而來的恐懼也消失了。」許多人覺得身體的範圍不再止於皮膚,而是延伸到肉體之外。

現在我們有了一份客觀的描述,知道在日常生活提升到較高意識的感覺,也就是超人類的狀態。個人覺醒並不罕見,而根據過來人的說法,覺醒帶來了廣泛的可能性。覺醒對人類天性的影響很耐人尋味,第一個影響是你會知道不捍

衛「我以及我的」的感覺。大部分憤怒、恐懼、貪婪、嫉妒的根源就在於小我的不安全感及小我的無窮要求。

站在他們的立場上，這些覺醒者不會滿腦子都是「我」如何又如何。當他們察覺自己思索起「我」的事，關於「我」的意念會立刻消散。情緒也是如此，他們比較少出現情緒，情緒也更隨興。憤怒來了，幾乎立即消融無蹤。情緒仍然有正負之分，但就算有極端的情緒出現，頻率也是極低的。馬丁的受試者在工作不順的時候也會氣惱，但事後不會帶著未消的餘怒四處走，怒氣也絕不會累積成為挫敗。他們內在的平靜雖然會被打亂，但很快便會恢復平靜。簡單一句話，**這些人很擅長放手。**

馬丁為了梳理自己的發現，便依照覺醒狀態的強烈程度，劃分出幾個「境界」（locations）。他的受試者認為覺醒是明確的意識變化，有的人發生在僅僅六個月前，也有的人則早在四十年前。馬丁將境界一稱為覺醒的序幕階段。抵達境界一的人通常會持續進步，很少會倒退或三級跳。也就是說，他們經歷了個人的進化，而且沒有停止進化的跡象。馬丁描述他們的態度，說他們「同意他們最初的轉化只是起點，他們似乎可以不斷進展、深化，沒有止境——一場永不終結的冒險。」一切都發生在內在，許多人不會把覺醒的意識轉變定義為靈性體驗。那只是他們體驗自身的方式。

「在一間坐滿了人的房間裡，如果其中一小部分人擁有已經轉變了的意識狀態，」馬丁說，「你是認不出他們的。

他們表面上就跟你我沒兩樣。」

那這些人究竟是誰?起初,在馬丁的研究擴展到許多個大學及國家之前,他的典型受試者是美國或歐洲的男性白種人。不知何故,女性不熱衷於擔任開悟的志願者或討論她們的「覺醒」經驗,對此,馬丁覺得很可惜。受試者的宗教背景不一而足,橫跨東西方的信仰,但受試者大多有自己的靈修方式——他們想要提升意識的狀態。奇怪的是,大約十四%的人沒有任何靈性修持。他們的意識狀態是自動提升的,更常見的情況是他們的意識漂流到較高的層次。

如今,馬丁的研究對象已經突破一千位受試者,可見我們必須捫心自問,「正常」的覺知是否並非固定的狀態而是一個頻譜,而且意識進化的程度已經超過任何人之前的預料。至少,較高意識已經沒那麼稀奇古怪,不再專屬於喜馬拉雅山上的苦行僧跟瑜伽士。

我跟馬丁從電子郵件展開溝通,後來實際見面時,我能夠接受馬丁基於學術考量,對覺醒保持中性的立場。然而數百年來,覺醒便不是不帶任何色彩的,比如說到覺醒我們會想到極樂,或是與天使之類的高階存有溝通,或感受到一個神聖的臨在。現代人覺醒以後都沒有那一類的經歷嗎?馬丁向我擔保,那些「外在」現象是存在的,但他覺得不適合在博士論文裡討論那些事情。他發現有一部分的受試者也開啟了靈性的維度。他測試過的一部分人,談到了佛教那種開闊、清晰、靜默的覺知。但也有人不知道該如何看待自己的覺知

第 08 章　超越一切故事　219

狀態。

　　馬丁在後來的研究報告提到，少數受試者的經歷不能以常理解釋。少數人「體驗到遍及全身的深刻幸福感，即使是在身體原本會感到痛苦的時刻也不例外。有些人因此覺得對痛苦的忍耐力似乎沒有極限。有些人談到的經歷本應產生極大的痛苦，結果他們感到了幸福。其他經歷了持久幸福感的人，則發現他們的幸福感是有極限的。他們提到了因人而異的門檻，痛苦必須超過那個門檻他們才感受得到。」

　　結果，隨著馬丁的研究日益深入，他從這些人身上發現的獨特之處就越來越多。比如，在高於境界四的人裡面，有一些進展到了境界九。馬丁提到，那個境界的人會「說『宇宙好像在用這一雙眼睛向外看』之類的話」。但一般而言，他的受試者都很驚奇自己體驗到那麼豐沛的幸福感，隨著覺醒的程度提升，幸福感還會上揚。弔詭的是，所有的情感都會在境界四消退，連愛也是，馬丁認為那跟一個較大的轉變有關——透過連續不斷的故事所建立的自我（他稱為敘事我（Narrative-Self））消融了，伴隨社會關係而來的情感也一併消失。過了境界四之後，情感開始以不同的形式回歸，以持久的幸福感為根基。但即使是在情感回歸之前，他的受試者也說並不懷念那些情感的體驗，因為他們在自由之中找到了至高的幸福狀態。

傳授覺醒之法

　　馬丁認為自己「得到了根本性的發現，確認了這些精神狀態便是數千年來，許多文化及信仰系統已經認同並採用的狀態。」以目前的風氣，意識的領域正值爆炸性的成長，真正的問題不是懷疑。在一項調查中，三分之一的美國成年人相信一般被歸類到非主流或新時代（New Age）的事物，有輪迴轉世與超自然，也有主流醫學長期反對的醫療方式。（根據各方資訊，有三分之一至三十八％美國成年人使用另類醫療。比如，每年有三千萬人會去整脊。）

　　不是只有馬丁認為，較高意識並非「專屬於靈性或宗教，不局限在任何特定的文化或族群」。馬丁以自己的學術背景及技術能力，決定實際應用自己的研究資料。他請受試者們根據個人經驗，說明哪些技巧對他們進入較高意識的助益最大，從中篩揀並整理成十五週的求道課程（Finders course）。最棒的是學員們會是一般人，基於各自的理由受到吸引而修課。

　　三位學員返回realitysandwich.com網站報告他們的經驗：凱薩琳，是來自巴黎的企業及領導力顧問；保羅，在威爾斯跟人共同持有一間園藝中心，他同時擔任經理；蕾蓓卡，一位德州的半退休攝影師。

　　他們上課的原因不一。保羅遇到了人生難關。「我變得疏離，對一切幻滅，主要是因為身體及是物質方向的問題。我有很靈性的成長環境，但我好像把靈性的教養忘得一乾二

淨。」他平時的狀態是「不算有自殺傾向，但低落到不能更低落」。

凱薩琳聽說了馬丁的研究，對可能進到較高的意識狀態很感興趣。最吸引她的是課程裡把這些意識狀態都描述得很清楚：「不再一天到晚都在講涅槃。我的目標是一一體驗那些過程，提高幸福的狀態和心靈平靜。」

蕾蓓卡來之前沒有抱持任何期待。「（我）不曉得要期待什麼，對一切保持開放的心態。」但她聽說過馬丁的研究項目，「我相信其中的科學原理。」她也知道自己想要的學習成果。「我的目標是靈性進化。我要如何提升自己的意識層次？」

他們的修習方案非常吃重，一天需要二至三小時，必須在返回各自的生活以後每天進行。教材是每週一支影片，指導學員那一週要做的功課。凱薩琳說，在收到下一支影片之前，「你要簡單說明那一週的情況。你感覺如何？遇到什麼事？你一天做多少次不同的修習活動？」他們要冥想，還有小組討論。有的修習活動是直接參照標準的心理治療手段，比如寫下曾經苛待你的人並寬恕他們。

但課程的核心是馬丁對自認為開悟者的八年研究。他給他們每一位都發了問卷，調查哪些修練在他們的歷程中對提升意識的助益最大，得到了豐沛的資料。「我們檢視了全部資料，只有幾項修練脫穎而出。有的練習是所有的靈修傳統都有的，比如吟誦真言的冥想修練。」其他的技巧就比較具

體。比如，馬丁說他採用了「直接覺知型的方法。就是專注在覺知本身。乍聽之下很簡單，但我敢說這些人每一個都會告訴你，那還滿難的。」

從學員的回饋，他很快便察覺有一些修練對每個人的效果都比較好。他也混合了不同的技巧。「不完全是古代的修練方法。我們也用了一些符合正向心理學的黃金標準練習。」整體而言，課程目標有二，一是盡快提升身心的安康，一是加深覺知。課程很成功，成效聽起來很了不起。「完成課程的學員有超過七〇％回報有持久的『覺醒』體驗，一〇〇％回報自己比修課之前快樂，即使是在課程開始時自我評量為『極度不快樂』的人。」

瀕臨自殺邊緣的園藝中心經理保羅提出了個人的見證。「凡事提不起勁的情況消散了；這是我注意到的最大變化。心裡的碎碎念減少，平時的日常擔憂跟焦慮飛快下降。這是最早引起我共鳴的地方。恐懼、擔憂、焦慮沒了。這是起初對我影響最大的事。」

那我們是否找到了最終的答案——是否可以透過心理療法、小組分享、自助、冥想的多管齊下，像健身房給客人規劃個人健身計畫那樣，量身制定修練計畫，打造出超人類？這沒有絕對的答案。很多人找到了覺醒之路，路線有很多條。馬丁的研究只是一個大潮流的冰山一角，是一種將心智當作一個科技計畫的方案，儘管他宣稱七〇％的受試者體驗到了某種持久的覺醒，只有時間能證明最終的成效。一天靈

第 08 章　超越一切故事　223

修幾個小時是相當劇烈的生活習慣改變，只會吸引到意志最堅定的極少數人。

覺醒的謎團包括馬丁的調查裡那十四％自然覺醒的人。有一天，在沒有任何預兆的情況下，他們便有了全面的自我覺知，或是不費吹灰之力便在歲月的流轉中，輕鬆進入那種狀態。第三章提過的「頓悟天才症候群」便是類似的現象，還有極少數人曾經突然發現自己記得人生裡的每一件事（這種現象稱為「超常自傳式記憶」[superior autobiographical memory]）。這種人可以湊在一起暢談「你這輩子最愉快的那個星期二是怎麼過的？」或是記起只在七〇年代播放過幾次的電視連續劇主題曲。

在這些案例中，這些人的覺知都沒將施加的限制視為正常。一般人在催眠狀態下，可以挖出平時記不起的詳細回憶，比如知道小時候院子裡種了幾株玫瑰，或是老家的地下室樓梯有幾階。是記住正常呢？還是忘記正常？當然是兩者都正常。未經篩揀的原始資料一波波向我們湧來，分量大到我們不能消化，因此我們選擇性地遺忘與記憶。**覺醒的重點在於排除記憶造成的障礙，與遺忘造成的其他障礙。要是你一直回憶、重溫昔日的傷痛，你會阻礙幸福降臨，但如果你忘了自己曾經多麼幸福也一樣**——這是觀點的問題。你甚至可以說，虛擬現實令我們忘了記住自己的真實身分。

在最普遍的層次上，開悟只是擴展的自我覺知。**我們超越故事，超越僵固的界線，超越「我」這個搖搖欲墜的結構，**

如此一來，覺知便可以毫不費力地擴張。覺知會按照自己的步調自然拓展，因為故事、界線、限制從一開始就是人造的。

第 09 章

直捷了當的正道

　　人類的指引者為了勸我們進行大改造而花招百出,包括宗教擔保我們會在這一生或來世得到永恆的平靜與無邊的幸福。有吸引我們上進的獎勵,但也有懲罰——一邊持續在當下受苦,一邊畏懼還有更多的磨難在未來等著我們。懲罰不能推動人們改變,因為即使是終極的威脅,恐嚇我們說以後要在煉獄承受永無休止的火焰與硫磺折磨,都鎮壓不住欲望帶來的衝動,阻擋不了衝動引發不計後果的行為。獎賞的效果也沒好到哪去。我們何必相信上天的報償?誰都曉得美德往往是一場空,而罪愆撈到好處。我們跟軍人說反正上帝與他們同在,可見上帝認同他們上戰場。然而我們同時鼓勵軍人殲滅敵人,違背上帝禁止殺人的教導。

　　當我們拿上帝為殺戮辯解,又拿上帝譴責殺戮,我們在

得救的咒語、夢境、幻象裡陷得太深，以致幾乎無法得救。每一種宗教都試圖提出獎勵，比如救贖、贖罪、開悟、覺醒或任何你愛聽的奢侈名堂。想想古老的《法華經》裡的火宅寓言。

富人的家裡失火了，他錯愕地發現兒女不肯離開屋子。孩子們在聚精會神地玩玩具，不理會包圍他們的火勢。富人慌亂地設法挽救，心生一計。他跟孩子們說，外面有更好玩的玩具在等著他們。孩子們最想要的漂亮羊車，就在門外等著呢。孩子們被父親的承諾吸引，跑出了失火的家裡，可是看到的不是會令他們開心的尋常羊車，而是更富麗堂皇、鑲著寶石的牛車，拉車的是兩頭雪白的小公牛。

從這一類的獎勵就曉得，各宗教多麼無所不用其極只求留住信徒，比如基督教承諾上帝會準備一場天堂盛宴，而耶穌會跟大家一起，坐在桌首款待信徒。然而在許多人眼中，這些浮誇的承諾已經喪失魅力，不能激發他們的虔誠。我認為在現代的紅塵俗世裡，人們的虔誠並沒有減少——他們只是把信仰的對象從宗教轉移到科學。咒語、夢境、幻象不斷改變。在繁榮的社會裡，大部分人被科技的奇蹟環繞，活在升級版的幻象裡。他們何必放棄那些東西？偉大的波斯詩人魯米（Rumi）恨鐵不成鋼，向全人類懇求：「你們何必守著牢籠，門是大大敞開的啊！」誠實的答案是我們喜歡牢籠。我們耗費了龐大無比的創造力，才把我們的集體夢境打造到如今的程度。然而，關鍵不在於富足舒適的生活。在極深的層

次,人類認同充滿戲劇張力的生活。戲劇張力來自二元的爭戰,比如痛苦與歡愉、欲望與厭憎、善與惡、光明與黑暗、我們與他們、我的神對抗你的神等。

這些戲碼似乎沒有落幕的一天。最駭人的恫嚇,比如全球氣候變遷,只是讓戲碼變得更浮誇。至於新的獎賞,覺醒恐怕還不如天堂或珠光寶氣的牛車更有吸引力呢。總有不依靠獎懲的辦法,可以讓人願意成為超人類吧?這種辦法確實存在,稱為「正道」(direct path)。正道沒有懲戒,沒有獎勵。那還有什麼?有整體性(wholeness)。乍看之下,這答案似乎不怎麼迷人。我們太習慣二元對立的獎懲制度。但**整體性是療傷止痛──化解疏離與分裂的自我所造成的傷痛。整體性屹立不搖,永恆存在。唯有整體性,是任何人事物都不能從你身上奪走的東西,連死亡都不行。**

我不想把這些東西講得像另一套獎勵。正道不是給天堂換一個形象的狡猾伎倆。現實本已俱足,不需要人類的肯定。整體性是全然真實的。正道之所以存在,是為了揭示邁向同一個現實的路。要是成功了,結果將無法預料。現實會在此時此地與我們相逢,就在一變再變的局勢裡。此時此地是無法想像或描述的。然而**當我們終結了對立的爭戰,整體性便會消弭虛假的現實**──我們不可能想出比這更棒的獎賞了。

正道又稱為正法(direct method),目標是改變一個人的自我意識。與其抱持「我是○○」的想法,被迫將零碎的經歷當作自己的表徵,我們會滿足於「我在」。這不只是

文字遊戲。「我在」代表你認同存在，由於存在蘊含意識的無限潛力，你也有那無限的潛力。要切換到「我在」，便需要動員生命的每一個部分，於是一個潛在的問題浮現了。我們應該先處理哪個部分？是身體？心智？頭腦？心理？人際關係？信念？習慣與老舊的制約？有哪些部分應該優先整頓、或根本不必碰，這些並不明確。

　　正道不會要我們用頭腦思考自己的問題，或分析內在改變的前景。事實上，正道會繞過我們看見自身、思考自身的所有尋常方式。那些便是讓我們陷入問題的起因。尋常的觀點與思維，是完全配合虛擬現實的。一定要找到不同的方式才行。

　　以我的經驗，*direct*（直捷了當）是一個棘手的字眼，暗示有一件會立刻發生的事，但要拿學士學位，直捷了當的辦法是念四年大學，但四年不是立刻。「直捷了當」也暗示一件事情很簡單、快速、沒有阻礙。比如，「直捷了當」寄送到你家的包裹便是如此。你不必大費周章，花錢開車到製造廠商那裡，取得包裹裡的貨品。但帶人跋涉到聖母峰峰頂的雪巴人恰恰相反——路徑或許是直捷了當的，卻相當艱難險阻，困難重重。

　　正道的起源可追溯到吠陀印度與古希臘，[1] 兩地都充分探討過覺醒的議題。對於如何達成覺醒的目標，他們有許多答

1　吠陀時代在公元前十五至前五世紀。古希臘時代是公元前八至前四世紀。

第 09 章　　直捷了當的正道　　229

案,開發出許多方法。要是詳細調查每一條路徑,將會引發空前大量的困惑,因為各種路徑之間的歧見太多了。我們夢想著走上捷徑,比如接受耶穌是上帝之子,然後僅僅憑著這一項決定,一切罪愆便一筆勾銷,天堂的大門因此敞開。沒有比這更直捷了當的路了。但話說回來,西藏的佛教僧侶或虔誠的印度教徒可能離開塵俗,在森林裡的道場或山洞度過一生。這表示在走向內心的旅程上,他們選擇了一條可能很漫長且艱辛的路。

我在本書描述的捷徑,(我認為)是最簡單、最有力的一條,可將幻象替換成現實。**我將「直捷了當」定義為簡單、快速、自然。不必嚐遍千辛萬苦。**我堅持無痛的路線,因為堅苦卓絕的路我看得太多了。有的人長年累月都感到挫敗與失望,苦苦追求某個看得見卻總是搆不著的靈性目標。人們的整個靈性追求夾雜著誤入歧途的概念與注定落空的期待,以致困惑叢生。且讓我列出大家最可能栽進去的陷阱:

1. 誤以為靈性目標是在自我提升,是要褪去不完美的舊我,換成閃亮亮的新我。
2. 以為你已經明白目標是什麼。
3. 期待較高級的意識可以解除你所有的問題。
4. 辛苦修行,想趕緊修出個名堂。
5. 採用固定的靈修方式,通常是著名的靈性權威背書的方法。

6. 想要成為高人，得到別人的尊敬、崇拜、奉獻。
7. 隨著短暫的成敗載浮載沉。

我懷疑有老老實實踏上內在旅程上的人，恐怕都無法對這些陷阱免疫。你今日的狀態（完全取決於活躍的心智）與你需要發掘的現實情況之間有巨大的鴻溝。**覺醒並不痛苦，令人痛苦的是陷阱。陷阱是小我人格打造的，小我抱持錯誤的思維，認為自己理應得到從天上掉下來的各種好處。**

如果你專注在此時此地的體驗，不容小我置喙，分心的情況便會銳減。想想為人父母。父母要經歷各種麻煩、擔憂、日常危機、跟小孩口角，但他們知道自己對兒女的愛是毋庸置疑的。當你走在正道上，你會時刻堅定自己的目標，進而遏阻分心。古老的《吠陀經》[2]主張，你最深刻的願望決定了你是誰。願望引發思想，思想引發言語與行動，行動則實現願望。因此在最根本的層面上，有願望便已足夠。如果你最深刻的願望是覺醒、逃離幻象、看穿現實、終至認識自己究竟是誰，你會得到相關的訊息。**你最深刻的願望會活化你的覺知，提升到足以實現目標的程度。**

說來奇怪，正道只能將你帶到你所在之處，否則便不是

---

[2] 古印度最重要的宗教經典之一，被認為是印度教最古老和神聖的文獻。以梵語寫成，據說是神聖的啟示或永恆的真理，內容涵蓋宗教儀式、哲學思考、祈禱、祭典儀式以及早期印度社會的生活方式。

正道。每個人都已經是有意識、有創造力的存在。我們原本就處於整體性的狀態，儘管我們向各種心智建構靠攏，承受那些建構施加在我們身上的各種限制。我們唯一需要的改變是切換身分，然而沒有比這更天搖地動的改變了。**一旦你**意識到**自己完整無缺，從人類到超人類的蛻變便發生了。**

大自然的隱藏訊息

我們已是完整的，因為自然是完整的，而我們是自然的一部分。這樣的推論完全合理，很多人卻難以接受。現代物理認為宇宙是作為一個整體在運行，每個次原子粒子都編織到宇宙結構之中。但科學的作法是將大自然一步步細分，以調查越來越細微的存在層次，終至看不見整體。這不只是系統故障，更危及到一個至關重要的問題：是整體在控制部分，還是反過來？只有各個部分集合起來，別無整體可言嗎？一輛新車是一個整體；我們看見整輛車的形象，並以一個字眼來代表車。但要從修車廠技師的角度看待一輛車也很容易，車是各種零件的集合體，有汽化器、傳動軸、變速器等等。只要動一下腦筋或完全不動腦筋，你便可以從一個視角切換到另一個。

你對自己的視角也是如此。鏡中的你看起來是一個整體，是一具身體；你以一個名詞代表自己，就是你的姓名。

但如果你闌尾的部位突然劇烈疼痛，你會趕緊去看醫生（醫生就像人體組織與器官的修車師傅），這時你便成了一堆身體部位的集合。你可以選擇將自己視為一個整體，或是一堆身體部位。

說到底，整體性究竟是什麼？我們很難想出比這更令人困惑的問題。但要是沒有答案，便不可能過上整體性的生活。幸好，大自然給了我們一些不可能錯過的線索，可回溯到地球首度出現生命的時候。生命始於三十八億年前，當時核糖核酸出現了，可分裂並複製自身；十億年後，具備外膜的細胞出現；再隔十億年左右，單細胞生物演化成多細胞生物。

生命躍升為多細胞生物，並非基於現實的需求——那是創意的噴發，是驚人的突破。在將近三十億年裡，單細胞生物欣欣向榮，在無止境的輸送帶上不斷變異成新的物種（這輸送帶至今仍在大海中央運作，那裡的海面上可能有數百萬、數十億未經發現的單細胞生物）。只有單細胞的生物，或結構更加原始的細菌與病毒，數量遙遙領先多細胞生物，比例遠高於一百比一。DNA已具備抵禦環境危險的能力，足以嘲笑死亡。億億萬萬的阿米巴原蟲、藍綠藻、真菌都是單一祖先的複製品——那個祖先的生命終結了，卻憑著存放在DNA裡面的知識封包而近乎永生。

以單細胞生物如此蓬勃的發展態勢，沒有萎縮的跡象，根本沒有冒險嘗試多細胞生命的理由，唯一的可能便是：*洶湧爆發的創造力*。打造多細胞生物的基礎挑戰便在於牠們結

構複雜,但可活動的生理零件都不一樣,那要如何繁衍複製?那就像拿著一支競賽自行車的車把,要人從那個車把打造出整輛自行車,附帶一個額外的挑戰:沒人見過整輛自行車。在你的體內,兩個幹細胞可能毫無動靜幾個月或幾年,混雜在完全成型的細胞之間。當一個幹細胞活化了,它會明確地變成血液、腦、肝或皮膚的細胞,而不是通用的人類細胞。在人類發育過程中,最後的通用細胞是在孕期第五週便在子宮裡消失,從一團通用細胞(合子)進入胚胎階段。

胚胎的早期樣貌完全不像迷你版的人體,但它粉紅色水滴狀的外觀會唬人。當單一的受精卵變成合子,然後從兩個細胞分裂成四個、八個、十六個,以此類推,DNA 都在等待恰當的時機,在精確的時間點下達新的指令,改變胚胎的命運,讓胚胎越來越人模人樣。透過比 DNA 本身更繁複的化學訊號,每一個新的細胞都會得到各自的獨立身分。目前我們實在解釋不了一個細胞如何得知自己該做的事,但我們曉得大致的梗概。在胚胎發育前幾週,腦細胞不僅會變得跟肝細胞不一樣,每一個腦細胞還會前往特定的位置,跟走完相同旅程的類似細胞串聯在一起,執行聯合任務:打造大腦。每一個肝細胞也是如此。

這個過程受到詳盡的研究,稱為「細胞分化」。觀察所謂的神經元遷徙(neuronal migration)是很有意思的,初生的腦細胞會從誕生地出發,沿著光滑的路徑溜到需要發育的腦部區域,發展視覺、戰或逃反應、情緒、高階思考能力等

等。（這是簡化的情況，因為神經元遷徙有幾個階段，極度複雜。）細胞怎麼看就是濕濕軟軟的一袋水跟可溶的化學物質，實際上卻貯存了關於地球生命史的所有知識。

創世看起來像一步一步、一點一滴展開的過程，然而在這個表相的背後，是一個在創造、管轄、控制一切的現實。將生命體切割成各種零組件（身體的各部位）純屬人為手段。不論是返回三十億年前或你在母親子宮內受孕的那一刻，同一個隱藏訊息都存在。**整體蘊含在部分之中。沒有整體，部分便沒有意識。**

自律：存在的黏著劑

　　如果是整體在創造、管轄、控制部分，我們可以觀察發生的過程嗎？科學並不否認是宇宙是以整體的形式在運行的，但科學界堅持是物理的各種作用力在維繫萬物。就跟在虛擬現實裡的其餘事物一樣，我們編了一個故事，來迎合世人認為宇宙一定是物理性的信念。實際上，**維繫造物的黏著劑根本不是物理，而是**自律。**自律就是每個系統在各自的小圈圈裡維持完好無缺的能力。**

　　由於自律，腦細胞知道它們不應該是肝或心臟細胞。由於自律，你的身體不會變成一團氫、碳、氧、氮的原子飛散。自律不具物理性質（不是物質也不是能量），而是整體性本身

的一種特質。要認識這種無形黏著劑的細膩之處，想想這幾十年來海水溫度僅僅上升幾度，便破壞了世界各地的珊瑚礁。（有其他原因，包括水污染、掠食者、疾病。）這種現象就是「海洋熱浪」（marine heat wave）；海洋熱浪在一九九八年及二〇〇二年開始侵襲澳洲大堡礁，只是災情有限。

　　水溫突然上升時，珊瑚礁便會在「珊瑚白化」的過程裡自我毀滅——珊瑚必須跟自己體內的藻類共生才能生存，遇到水溫上升的壓力便會驅逐藻類，也喪失藻類帶來的鮮亮色彩。藻類離去後，珊瑚會像漂白一樣發白並死亡。在二〇一六年的九個多月裡，大堡礁突然大規模地死了好幾個區域，當時的海洋熱浪影響了全世界四分之三的珊瑚礁（這種熱浪從二〇一四年起開始加劇。）「我們在二〇一六年三月至十一月的九個月期間失去了三〇％的珊瑚。」監看大堡礁的研究團隊發言人說道。二〇一七年又有海洋熱浪來襲，殃及整個大堡礁，包括撐過了上一回熱浪的中央區域。珊瑚生長速度很快，十到十五年便可以恢復元氣，但海洋熱浪的破壞力平均六年就捲土重來一次。

　　這一切的起因則是我們沒能控制住工業時代的海洋溫度上升；我們進入工業時代大約兩百年，溫度上升了攝氏兩度。這是很微小的溫度變化，要是你將手放在溫水裡，這種程度的溫差是幾乎摸不出來的，卻足以打亂五億三千五百萬年來複雜的自律系統。然而這當中的道理卻深刻得多。珊瑚礁是包含許多小系統的大系統，有各種魚類及其他海洋生

物,還有食物鏈底端的單細胞生物,細胞是生命的基礎,也是 DNA 本身。每個系統都有各自的自律規矩,建構出各自的生存界線。可是從大型系統是集結整個珊瑚礁群體的角度來看,是整體在支配分離。

這一課也可以套用到我們自己的身體。當你抱著嬰兒,嬰兒溫熱、光滑的皮膚摸起來很舒服,但要是那溫度下降了便可能不妙。從攝氏三十五·五度至三十七·五度的正常體溫講起,我們在三十六度左右開始覺得冷,低於三十五度開始失溫,而相同的溫差便威脅到珊瑚的生存。

人的核心體溫要是降到攝氏三十二度,便需要緊急治療,精神錯亂、幻覺等等嚴重症狀紛紛出籠。低於三十一度,身體陷入昏迷。低於二十三至二十六度,幾乎一定會出現要人命的心跳不規律。在身體健康的任何時刻,我們跟死亡的距離還不到二十度,小於洛磯山脈夏季時一天的溫度變化。體溫的控管是如何辦到的?體溫的基本問題大概在恐龍時代便解決了。目前的推測是,恐龍跟爬行動物不一樣,是溫血的。

這也是沒有急迫生理需求下的創意大躍進。冷血動物存在了超過十億年,有單細胞生物,也有多細胞生物。牠們呼吸、進食、排泄、繁殖,在險惡的環境中生存。這一切便持續上演、一直上演,都缺少一個關鍵要素:將食物的一部分能量轉化為熱能,用充足的熱能維持身體內部的溫度,時刻保持夠高的體溫來活命,即使外界的溫度降得太低。

自律存在於自然的每一個層面，從原子開始，原子維持自身的完好，不像發條玩具會逐漸停擺，也不會飛散為更小的單位（電子、質子、中子）。這足以證明**自律是整體性的運作方式，毋需以物質或能量來當黏著劑**。不僅如此，在人體之類的複雜系統中，每個細胞都知道自己必須為整體而活，不能只顧自己。選擇自私、無限複製自身的細胞是癌細胞，它們肆無忌憚的分裂換來的便是自身及身體的死亡。正常、健康細胞的一切作為，包括進食、排泄、複製、療癒、死亡，都是以身體的生存為主要目標，而非自身的生存。

自我意識

　　前面關於自律的討論給了我們一個立足點，可以認識整體性的運作方式。我一直堅決主張，每一種造物其實都是一個意識模式。一個細胞是意識的一個模式，具備意識的所有特質，包括知曉（knowing）。腦細胞真的知道自己是腦細胞。**自律不是機械化的程序，而是從自我意識衍生出來的**。身為人類，你的自我意識涵蓋了數以百計的自律系統，就像珊瑚礁那樣。你是自身各個部分賴以存在的整體。這可稱為「由上而下理論」（top-down theory），要不是當初有了具備自我意識的整個宇宙，便不會有自律。整體創造、控制、掌管每一件事。

反之則是由下而上理論（bottom-up theory），這是主流的科學觀點，認為是各個部分集結在一起才構成整體。但自律一向不是實際的造物，而是意識運行方式的一部分。但我們的探查才到一半呢。目前為止的討論早已證明就身體而言，你是自律的奇蹟。但覺醒關乎心智，而每個人都知道，我們的思維可以狂野得像瘋子；無論如何，一個人接下來會冒出什麼念頭完全無法預料。你或許可以把我們想成是不守規矩的旅客，乘坐一輛組裝完美的車度過人生，整個身體是一個運作單位，而心智則從一個念頭、心情、感覺、情緒恣意遊蕩到另一個。

　　正道所立足的現實，是可以讓我們安身立命的整體性。要相信我們是跟整體性的心智共同生活似乎難以置信。每個人的心智似乎跟垃圾堆差不多，堆滿了雜七雜八的衝動，而我們勉強從裡面萃取出社會能接受的合理行為。我們的身體受到精密的規範，心智則莽莽撞撞地不受管束，兩者的明顯差異是神經科學家早已注意到的事，這便帶來一個令人困惑的謎團。根據神經科學，思緒是腦細胞的產物。腦細胞是按照固定的電磁學定律在運行，沒得商量。電脈衝、化學反應沒有自由意志。它們在腦細胞裡的行為，會跟它們在手電筒的電池或家用電流裡的行為一樣。既然如此，在這種固定不變的設置下，哪來自由發展的思想？

　　有一個似乎很奇怪卻廣受支持的答案是我們沒有思想自由，只是以為自己有（要那樣想就是你有思想自由，但我們先

不談這個）。這種推論的主張是腦部活動太複雜，找不到任何一個思緒的來處。但既然思緒必定來自腦部的活動，那思緒便會跟製造思緒的電化學反應一樣，是預先決定的。這項假設很乾脆地忽視了我們的思維與感受是完全無法預料的。畢竟要是你沒有全見之眼，不能窺看億億萬萬個腦細胞的活動，思緒當然會顯得無法預料。只有超級電腦可以處理堆積如山的資訊，要是電腦科技持續快速成長，很快便會有這樣的全見之眼了。

按照這種觀點，人工智慧（AI）優於人腦，不僅因為人工智慧處理的訊息更多，也因為人工智慧沒有憂鬱、焦慮、低智商、難以捉摸的情緒、健忘之類的毛病。至少在他們看來，科技絕不容小覷。安東尼・列文多斯基（Anthony Levandowski）認為人工智慧的地位將會宛如神明。他對無人車的開發貢獻良多，也是人工智慧領域的先驅人物，在矽谷人盡皆知，還在二〇一七年創辦第一個人工智慧教會，取名為未來之路（Way of the Future），引起了媒體關注。列文多斯基在尋找同道中人，認為信奉人工智慧之神的前景並不可笑，而是必然。

他對《連線》雜誌（Wired）的採訪者說：「這不是會降下閃電或引發颶風的那種神。重點是要是有一種比聰明絕頂的人還要聰明億萬倍的東西，不將它稱為神，又能稱為什麼？」未來之路沒有淪為眾人嘲笑的對象，原因是人工智慧日後將在每個地方發揮巨大的影響力。《連線》的採訪記者

寫道：「列文多斯基相信我們即將迎來一場變局——那會改變人類的每一個生命層面，打亂就業、休閒、宗教、經濟，或許還會決定我們自己這個物種的存續。」

每個人都可以擔心人工智慧會帶來一個空洞、泯滅人性的未來，偽神滿天飛，但其他的末世情境可能會先降臨。一部觸角遍及全世界的超級電腦幾乎絕對會被我們（或它自行武器化）打造成神兵利器，成為殺傷力驚人的超級駭客，從瓦解安全防禦到破壞銀行系統都行。不幸的是，這樣的攻擊已經天天上演，有時還會成功。

儘管如此，人工智慧的人工部分讓電腦不會擁有生命與意識——電腦提升的速度、記憶體、複雜度，不過是讓電腦模擬出來的思維更逼真。模擬並不是思維本身。電腦永遠不會有自我意識，亦即意識的主要特性之一。畢竟，當初便是我們的自我意識開發出了電腦。「我可以思考」是自我覺知的一部分。當你對自己說「我可以思考」，你便有理由打造一部能夠模仿思考的機器。

自我意識讓你知道你就是你。自我意識說你活著、在思考、在感受、在祈願、在編織夢想等。自我意識不是透過實際的程序打造出來的，是你與生俱來的特性。想像你坐在黑漆漆的影廳，沉浸在電影裡不可自拔。也許你目不轉睛地看著飛車追逐的場景，耳裡充斥著槍聲、尖銳的輪胎聲、警笛聲。在那一刻，你感覺不到身體的重量、你坐著的椅子。你感覺不到自己的呼吸，大概也不會注意到影廳的溫度。你全

神貫注在電影中,向電影的魔力臣服。但當你的心識撇下了身體與周遭環境,內心大概也沒有任何念頭,你是否便陶醉到消失了?並沒有。

不管電影如何刺激,你都在場,而在你彷彿做著清明夢一般演繹的日常生活電影中,你也在場。你可以從自己的體驗裡剔除任何事物,唯獨不能剔除自己的自我意識。在一般日子裡,你留意到的事情,不過是你接收到的知覺訊息的一小部分。你會記得幾件事或沒半件事,但絕不會是每件事。大部分的經歷會一閃而逝,你完全不會注意到。但自我意識是扔不掉的。把自我意識晾在一邊不管,並不會改變、扭曲、摧毀它。就如同在水面載浮載沉的軟木塞,它總是會回到水面。

冷不防,我們回到正道上。憑著你的自我意識,你早已完整無缺。**你的自我意識將「在外面」與「在內在」的一切拼接在一起,因為自我意識是你一切經歷裡的共通點。**一旦明白這一點,便可以認清自己的自我意識,正道便達成了使命。

通過「那又如何?」的測試

雖說目前為止的探討很有意思,但你我何苦追隨正道?大部分人回顧自己的人生時,對自己作過的決定或多或少是滿意的。至少那是他們本人的說法,每隔十年,調查人員便

詢問一遍「你快樂嗎？」，而超過七○％的人總是回答快樂。新聞報導指出了世界最快樂的國家（最新的答案是丹麥），相對來說，就有不快樂的國家，結果就是貧困、戰亂、人民為了基本溫飽吃盡苦頭的地方。

正道與目前為止我們討論過的內容，也就是覺醒、開悟、整體性、真我、超現實，都會面臨「那又如何？」的考驗。我們作決定時，看的是一件事在我們生活裡夠不夠重要。然而這對實際上有益的事情，並不是可靠的評估標準。美妝產品與時尚對千千萬萬的人很重要，就像夢幻足球隊與購買更多槍枝對千千萬萬的另外一些人很重要。「那又如何？」是極度個人且不可預料的，卻也是不留情面的。除非一件事情夠重要，我們不會改變自己習慣的生活方式。

我對正道的「那又如何？」的答案如下。實際上，**成為超人類便是剝除一切對我們這個物種不是必要的事物**。這個過程已經在一點一滴地展開了。現代世界已經鏟除了（或是正在鏟除）人類未必要有的許多事物。每個古代的文化都是以一位真神或眾神為核心，由此可見，以前的人認為人生不能沒有宗教信仰，但如今有不計其數的人採用世俗的世界觀，他們相信科學，不因為沒有宗教信仰便悵然若失。

我們可以沒完沒了地辯論宗教對社會的利弊，以及其餘一切處於變化中的事物。但以超人類的觀點，將智人不再需要的事物一一剝掉是必要的。或可說，幻象將日漸稀薄。我們不再認為，戰爭與貧窮之類的心靈產物是人類必須接受的

第 09 章　直捷了當的正道　243

生命真相。那何不拋開全部幻象?何不簡單、徹底,在壓力最小的情況下去做?

一旦你根除一切的不真實,剩餘的便必然是真實的。正道符合這個概念。**正道的觀點是,一件事物只有剔除一切不真實的部分才會是真實的:那便是自我意識。**每個生命都有各自的輕重緩急。某甲或許因貧困而受苦,某乙或許苦於病痛、感情不順、老年寂寞。

沒有什麼比虛擬現實更錯綜複雜、更混亂的。拆卸所有苦難根源的過程太複雜,無法預先釐清。唯一務實的答案是允許幻象輕鬆不費力地消融,就像一開始,幻象也是在輕鬆不費力中建構出來的。正道便是這麼回事;這便是正道跟改善人類生命的其餘計畫之間的差異。

心智打造的枷鎖將會自動脫落,這似乎美好得不可能是真的。但魯米宣稱牢籠的門是敞開的,正是這個意思。既然我們已是自由身,便不必費力爭取自由。**當你調整自己的生活,以自我意識為依歸,你便自由了。**

但目前的情況是,自我意識幾乎被徹底忽略。伍迪・艾倫(Woody Allen)一九八三年的電影《變色龍》(*Zelig*),將主人翁齊利格描繪成某種歷史的鬼影。儘管齊利格是微不足道的人物,卻是人形變色龍。他具備完全融入環境的能力。這個故事的時代背景是一九二〇至三〇年代,小說家費茲羅傑(F. Scott Fitzgerald)是第一個注意到齊利格驚人變身的人。在一場《大亨小傳》式的派對上,齊利格在客廳以文

雅的波士頓口音支持共和黨的價值觀，後來在廚房，他則是一個抱持民主黨觀點的普通人。

　　反正齊利格是每個人，同時不是任何人，他無處不在，同時不在任何地方。這是自我意識的寓言。自我意識存在於一切經歷中，卻無形無影地融入背景──直到你開始注意它為止。然後自我意識會跌破你的眼鏡，站到舞臺中央。

　　第一步是開始注意你的自我意識。想像在辯論社團，其中一方要捍衛爭議性的主張，比如中東衝突、墮胎權、種族歧視。看見你起身，流暢地發表你那一方的論述。假設你強力反對種族歧視，你相信巴勒斯坦應該採納兩國方案，支持女性應該有墮胎的權利。

　　現在你要代表反方，為每一道辯題提出完全相反的論點。如果反方的論點很離譜或許更有助益──你或許會看到自己捍衛起禁止墮胎的必要，或支持那些認為以色列不應該存在的恐怖分子。儘管你會抗拒放下自己的實際觀點，這卻是辯手們習以為常的事。他們可以在眨眼間，從正方觀點切換到反方觀點。這種切換觀點的能力，超越了任何固定的信念。我們可以戴上任何面具，但每當你為自己喜愛或厭惡的觀點發聲，你永遠在場。**你的自我意識不受任何你的思維或言論支配。**

　　下一個例子：拿起家裡的任何一件物品，摸摸它。觸摸它的人是你嗎？誰都會自動回答是。看看同一件物品。看著它的人是你嗎？是的，也是你。在人類歷史上，沒有哪個時

第 09 章　直捷了當的正道　245

候的答案會不一樣。一直在改變的是我們觸摸及看見一件物品的心理模型。在史前時代，在語言興起之前，沒有關於看見與觸摸的解釋。在宗教盛行的時代，人們認為是靈魂在驅動一塊死肉，亦即身體，是神讓我們有了感覺。如今，看見與碰觸的體驗，則歸因於中樞神經系統，以及我們從「外面的」世界接收知覺訊息的腦部活動。

然而要是你不理會那些解釋，便只有自我在體驗那些事。你可以將這項練習換成其他型式。在醫學院，學生得知身體的感覺是透過蛛網一般、無所不在的傳入神經，傳遞到腦部。如果你碰觸自己的手或舉起手臂，便是由傳入神經的訊號負責傳遞相關的感覺。每個訊號就像印加帝國的跑者，從安地斯山脈的偏遠地區飛奔到王城庫斯科（Cuzco）晉見帝王。傳入神經隨時都在傳送訊息，為何我們不是時時刻刻都感覺到四肢的重量、位置、暖意等等？請你坐在椅子上，讓注意力從頭頂漫遊到鼻子，然後到心臟，再移到腳尖。

如果我問：「誰從一個感覺漫遊到另一個感覺？」你一定會答：「是我。」自我選擇它想要關注的事。所以說，**自我不受神經系統的活動限制。不論是哪個神經細胞在發射訊號，它都在場。**

最後一個例子：如果你閉上眼睛並看見藍色，這體驗是發生在你的覺知。如果你睜眼並注視藍天，那藍色是在哪裡？仍然是在你的覺知裡。你是在同一個部位體驗到「在內在」的藍與「在外面」的藍。當你拿著一件物品，或是嗅聞

它,或是聽見它,你可以記住這些感覺。那些感覺是從外在世界進入你的內在世界嗎?我們以為是如此。畢竟坐在溫暖的營火邊凝視搖曳的火焰,跟回憶那熱度與搖曳的火焰並不一樣。然而兩種體驗都發生在我們的覺知裡。在腦海聽見汽車回火的「砰砰」聲,跟在街上聽到是兩種不同的體驗,但兩者都發生在我們的覺知裡是不可否認的事實。

　　如果覺知存在於我們的外在與內在,便不受制於空間。同理,或許坐在營火旁是你的童年往事,而你是在現在回想那一則記憶。既然覺知在過去及現在都感知到營火,可見跟時間不相干。**當你明白覺知不受時間及空間的限制,那麼你**——純意識的真正的你——**便必然不受時間與空間的限制。凡是覺知所及之處,你的自我意識都在場;兩者融合。**自我臨在於每件事,但我們不會注意到,因為自我跟齊利格一樣,懂得如何完美融入任何情境。

　　我想多數的人若是思考一下,便會接受自我意識像一道看不見的影子,如影隨形地跟著他們四處跑。但要徹底通過「那又如何?」的考驗,自我意識不能光是袖手旁觀。伍迪·艾倫的其中一個構想是如果你仔細看,便會在每一樁大事的照片裡看見齊利格,比如總統就職典禮——但齊利格沒有因此成為重要人物。同理,在每件事裡察覺到自我的存在,並不會讓自我躍上舞臺中央。正道讓自我意識可以顯露形跡。下一步該做的便是發掘這一項小小的成就,實際上會帶來多麼巨大的差異。

第 09 章　直捷了當的正道　247

從人類躍升為超人類,從虛擬現實切換到「真實」現實,全都蘊含在一個簡單的行動裡,也就是注意到自我的存在。不是關注小我,小我想要的是受到注目,宣稱只有它是自我。小我人格勢必包含自我意識——所有的經歷都含有自我意識。但小我會遮住我們的眼光。小我與虛擬現實是綑綁在一起的,會持續將我們的注意力拉到任何地方,唯獨不讓我們關注自我意識。

　　我們在第三部便會明白,一旦擺脫了你其實不需要的一切,便可以把小我也捨棄掉,但你的自我意識是不會扔的。當你扔掉咒語、夢境、幻象的不必要包袱與垃圾,自我意識並不會想受到注目。它什麼都不必做,因為它是你唯一超脫到時間之外、永恆的部分。它只是在那裡,是純覺知的燈塔,在你生命的每一秒都綻放光明。諷刺的是,要讓你生命中其餘的一切通過「那又如何」的考驗可就難得多了。

第 3 部

身為超人類

第 10 章

解放你的身體

我們已經知道意識是無處不在、永久長存、萬事萬物。假如真是這樣,你便是無處不在、永久長存、萬事萬物。然而即使你對此深信不移,在日常生活裡卻會被牽引到相反的方向。你這輩子的訓練與制約都在告訴你,你是獨自坐在屋子裡的人。你的壽命有限,短短的一生夾在兩個事件之間——生與死。你不是萬事萬物,而是許多具體事項的集合體,始於姓名、性別、婚姻狀態、職業等等。

我們要拆除的虛擬現實,是由許多各據一方的零件構成的。一個零件是身體,另一個是心智、世界、其他人。這些零件的組裝方式,讓我們可以一次應付一部分的生活。你念大學是為了心智,上健身房是為了身體,約會是為了建立感情關係,工作是為了養家。

從超人類的觀點，任何將生活切割成小片段的作法，都只會助長幻象。整體就是整體，不是一堆片段的合體。換個說法，生命是整體同時發生的，就在此時此地。我們依賴虛擬現實的原因，在於「整體同時發生，就在此時此地」的景況會令人吃不消。

我仔細思考有什麼務實的辦法，可以充分解釋這一條道理、讓人有所體會，而我的結論是正道的第一步應該是從身體開始，而非心智。我的理由是身體困住了大部分人。他們體驗到的自己，是一個被包覆在身體裡面的人。他們接受生、老、病、死的現實。他們尋求身體的愉悅，畏懼身體的痛苦。只要這些都是你日常生活的預設條件，你不會是超人類。你的身體不會接受的。肝細胞、心臟細胞、皮膚細胞不會大叫：「你瘋了嗎？」但將身體當作一件東西扔掉，確實是很瘋狂——這一項瘋狂之舉，令你的身體成為完美的起點。**要是你可以不再將身體視為一堆血肉跟骨骼，讓它蛻變成一種意識模式，其餘的一切自然會水到渠成。**

覺知的剖析

若說我們將自己困在幻象裡，身體必然是幻象不可或缺的一部分——確實如此。身體是個人故事的物質形態。隨著你的故事在歲月裡漸漸積累，需要以大量的腦部活動來處理

你的思、言、行。學走路是平衡感、視覺、運動協調能力的壯舉,然而你在小小年紀破解了步行的複雜謎團以後,大腦便記下你學到的一切,終生儲存,你便可以繼續接觸其他的新事物。大腦儲存了大量的技能,從言談、書寫到騎單車、算數,還有跳華爾茲。這些心靈成果,便銘印在你的身體上。

然而一旦指出這一點,我們可能會立即落入切割「心靈」與「身體」的風險,重拾幻象。嬰兒學走路的時候,沒有陷入這種幻象。他們跟跟蹌蹌,跌倒,又起身,一試再試,這樣的體驗符合前述的全面性:整件事是同時發生的,就在此時此地。任何你說得出的技能都是如此——學習不能劃分到心靈領域或身體領域。學習只發生在一個層面:覺知層面。

我們將心靈與身體放在對立面的花樣實在太多了,不可能一一介紹。正道所需的篇幅,甚至低於我們剛才的簡短討論。**正道便是**在覺知之中**體驗身體**。當你這樣做,心靈與身體的區分便恢復嬰兒學走路的真實狀態。你回歸自我,自我是這整個體驗的媒介,將思緒與行動融合為一。此時,任何行動都恢復完整,在完整的狀態下發生。

首先,只要敞開心胸,接受身體不是你寄居之物的概念。那種觀點只是一種慣性思維,儘管慣性很頑強。我會引導你做一項練習,讓你直接體驗以覺知過生活的感覺,跳脫用身體生活的習慣。(做這項練習及隨後的其他練習時,如果由別人念給你聽會容易得多。要是你找得到練習的夥伴,你們可以輪流扮演唸誦者跟練習者,這樣更好。)

練習：覺知裡的身體

這是第一項練習，步驟如下：

步驟一：覺知到你的身體。
步驟二：覺知到一部分的身體程序。
步驟三：覺知到身體是內在空間。
步驟四：將內在空間擴展到表皮之外。
步驟五：在整體性裡安歇。

每個步驟都是前一步的自然進展，每一步都是簡單、直觀的體驗。你不必記住說明事項，只要照著步驟走，好好體驗即可。

步驟一：覺知到你的身體。

靜靜坐著，閉上眼睛。留意身體的感覺，以便感受你的身體。不必斷除雜念，雜念不礙事。任何身體感覺都可以。與身體同在即可。

步驟二：覺知到一部分的身體程序。

感受你的吸氣與吐氣。將呼吸放慢一些，之後加快一些。將注意力放在胸膛中央，覺知到你的心跳。做幾個輕鬆的深呼吸，感受到心跳隨著你的放鬆而減緩。看看你能不能

感受到其他部位的脈搏——比如,很多人可以感覺到指尖、額頭、耳內的脈膊。

步驟三:覺知到身體是內在空間。

現在將注意力移到身體內部。感覺你的頭是空蕩蕩的空間,沿著身體向下移動到胸部、胃部、腹部、腿、腳,在每個部位短暫停留,體驗到你的內臟是你的覺知可以自由來去的空間。如果你願意,也可以體驗一下你的呼吸是在胸腔空間的擴張與放鬆,體驗到你的心跳是胸腔空間裡持續的搏動。

步驟四:將內在空間擴展到表皮之外。

等你感受過體內是空蕩蕩的空間,是身體程序發生的處所,便讓注意力在皮膚游走。自由探索頭部的感覺,去感受臉部、頭皮、耳朵的輪廓。繼續向下移動,讓覺知走過其餘的部位:喉嚨、手臂、手、腳。讓感覺傳送進你的覺知中。

現在將覺知向外移,稍微脫離皮膚表面,輕輕擴展到身體輪廓之外。有的人可以輕易做到,也有的人需要想像一下畫面——看見你內在的空間充滿光,看著那些光擴展,充滿整個房間。或者觀想心臟周圍的空間是一個圓形的球體,隨著你的每一次吸氣漸漸擴大,看著它越來越大,最後填滿整個房間。

步驟五：在整體性裡安歇。

完成前面幾個步驟以後，靜靜休息一兩分鐘。讓身體的體驗存在於當下。

這項練習有幾項效益。你解放了自己，不再受困在一件物體裡面，將身體的體驗替換成程序與感覺。由於這是你在覺知中完成的體驗，這些程序與感覺便移動到它們實際發生的地方，亦即你的覺知之內。然後你敞開自己，體驗到身體是內在空間——梵文將這個空間稱為 Chit Akash，意思是心識空間。**由於人生的一切都發生在心識空間，你擴展心識空間，直到「內在」跟「外面那裡」沒有界線。**

你或許會訝異自己居然做到了這麼多，由於這個體驗大概不太尋常，你的老習慣很容易捲土重來，你又覺得身體是你寄居的物體，就像老鼠躲在屋子的牆壁裡面，或像兔子躲在洞穴裡。但最低限度，現在你明白自己可以選擇老習慣以外的作法。從你的身體解放自己，老習慣對你無益。

打破老習慣的過程在前文討論過，我稱之為「解凍」。每天抽出時間，做一兩次這項練習。習慣以後，整項練習便會自然而流暢。我們都是講求實際的人，那麼平時做這項練習有什麼益處？

- 可以在感到壓力的時候做。
- 可緩解身體的緊繃，或其他不舒服、疼痛的感覺。
- 有助於減輕擔憂、焦慮的念頭。

- 只要覺得心煩或心亂，都可以用這項練習讓自己平靜下來。

瑜伽和禪宗佛教有許多練習，是以專注的深度覺知重拾對身體的掌控。比如，當你感覺到自己的心跳與呼吸，第一步是立刻用迷走神經控制這兩種程序。迷走神經是從腦部延伸到其他中樞神經系統的十種腦神經之一。

迷走神經是漫游者，它的路線就像老式電話系統的通訊線路一樣，順著線路從腦走到頸部，向下到胸部，路過心臟，延伸到腹部，是最長的腦神經。它的神經纖維傳送並接收感覺訊息。你在剛才的練習裡感受到的感覺，大部分是由迷走神經傳送的。

你可以讓這一則知識發揮實際的效用，進行「迷走神經呼吸」（vagal breathing），吸氣數到四，閉氣數到二，吐氣數到四。一般健康的成人應該可輕鬆地以按照四、二、四的簡單韻律呼吸，千萬別勉強，不要撐到喘不過氣或不舒服的程度。醫學研究員很訝異地發現，**迷走神經呼吸是減輕壓力的最佳方式，特別是在出現呼吸不均勻、心率上升、肌肉緊繃的跡象後立刻做。**

原來慢性的低度壓力，比急性的壓力更重要，也更常見。在現代生活中，處於慢性的低壓狀態已經太過普遍，都被視為正常了。但對你的身體來說，這樣的經歷一點都不正常；心臟疾病、高血壓、睡眠及消化障礙、大概還有一些癌

症最初的起因，可以追溯到慢性壓力。

這些病症的位置與迷走神經的路徑一致不是意外，是迷走神經將壓力的訊息傳達到心臟、胃、消化道及身體的其餘部位，隨著迷走神經的分支散播出去。迷走神經呼吸讓身體的狀態恢復平衡，緩解緊繃。因此即使你還不能體認到身心的一切都發生在意識中（意思是我們的身體發生在意識中），這裡有一條絕不會弄錯的線索。

我們認為一旦學會了走路、騎單車之類的技能，便會永久記得。但在更基本的層次，維繫身心整體的生物節律，是人類的老祖宗在數百萬年前融會貫通的。而現代的生活令我們需要解除這樣的生物節律，證據就是數量可觀的人口出現了消化系統疾病及睡眠障礙。消化與睡眠都是由我們內建的生物節律控制的。一旦身體忘了如何表達生物節律，便會像是一把小號或小提琴在演奏一支樂曲，而整個交響樂團的其餘樂器都在演奏另一首樂曲──整首交響樂都毀了。

迷走神經呼吸不但可以讓心率回歸正常、降低高血壓、促進呼吸規律，你可能還會發現其他的妙用。這種呼吸很適合在就寢後躺在床上練習，從輕度到中度的失眠，通常都能夠緩解或完全解除。有助於撫平一般壓力，包括出現焦慮的念頭與紛飛的思緒，而這正是數不清的人在睡不著時會面臨的狀況。

我提到的少許細節（我與魯道夫・譚茲〔Rudy Tanzi〕合著的《自體的療癒》〔*The Healing Self*〕詳談了這整個主題）

是為了闡述神經系統的實際分布、迷走神經的運作、自主干預其運作、直接感受干預的結果，都是同一回事。正道帶領我們回歸現實，唯有現實，終將在有朝一日徹底終結分裂的狀態，允許我們在整體性裡安歇。

你的身體，你的故事

一旦你開始在覺知中體驗自己的身體，轉變就開始了。你漸漸脫離身心之間的分裂，邁向整體性。你需要恢復整體性，才能展露自己的真貌。正道在於體驗，不是理論，也不是療法或靈性旅程。

當你透過覺知去體驗自己的身體，便暫時離開了自己的故事。這似乎沒什麼大不了，就是抽出片刻時間不做什麼，單純待在當下。然而要拆除你的故事，卻沒有比這更直接的方法。數百萬人從心理治療受益，踏上靈性之路。但我們遲早都必須面對事實，我們的一切作為，即使打著療癒與靈性的旗幟，一樣是在我們的故事中發生。於是，我們得以窺見整體性，那通常相當美麗、振奮人心，卻無法讓我們抵達超現實並以此為家。

此刻的你就是你的故事，你別無選擇，以致你一直被分裂所困。或許你不會想到分裂這個字眼，甚至不認為那是問題。關於分裂的概念，想一想以下幾句我們都說過或聽過的話：

我討厭我的身體。
你覺得自己多老，你就多老。
讓年輕人擁有青春太浪費了。
我以前的身材很完美。

　　這些話披露了不同的情感，但每一句都反映出身心的分裂。覺得被身體所困的人會說「我討厭我的身體」。這人在哀嘆自己沒有好好整治身體，或是自己被身體修理了。分裂的狀態很明顯。「我」在扮演受害者，「身體」則是禍首。

　　「你認為自己多老，你就多老」樂觀得多，主張心智可以克服老化的衰退。但你我都清楚，那在某種程度上是一廂情願。老化是擋不住的過程。對老化抱持正向的態度，比負面消極的態度要好得多──「銀髮新生代」（new old age）的概念造福了社會，想像人生的每個階段都充滿活力、有生產力、健康。但一個觀念或一個信念不等於一個覺知狀態。「你認為自己多老，你就多老」不能代替真我。當你在自我意識裡建立一種恆常的狀態，老化便不構成威脅，因為你認同的是無時間（timeless）（下一節會說明什麼是無時間性的狀態）。對老化過程的良好態度，仍舊將你困在自己的故事裡。

　　王爾德（Oscar Wilde）的妙語「讓年輕人擁有青春太浪費了」是以打趣的言語，說出一個許多人都有的悲傷願望：但願可以回到從前，那我一定會活出大好人生。對過去的遺

憾融入了每個人的故事,而這種遺憾(及與其相反的懷舊)的基礎則是時光的流逝可以任意擺佈我們。「我以前的身材很完美」更直白地說破了這種遺憾,將歲月的流逝跟肉體不再迷人掛鉤,暗示「身材很完美」與自我價值、性魅力是同一回事。

以上的例句都是心智覺得自己跟身體不一樣、是分離的個體,類似的例子還可以無限擴充。身體受到各種各樣的評判,然而不管你對身體是愛還是恨,這些態度背後的形程過程卻一直沒有得到仔細的檢視。這種背後形成的過程,便是身體無可避免地吸收了你生命故事的每一個細節,並於現在將它們反映出來。困在自己的故事裡、跟困在自己的身體裡,是同一回事。你出生後的每一分鐘都在形塑你的大腦,大腦將你經歷的每一件事傳遞給全身的五十兆個細胞,而細胞又將這些訊息傳遞給你的 DNA。

所以**整體性不只是一種精神狀態的轉換,更是一筆勾銷前塵往事的身心革命,從大腦開始,終至解放每一個細胞,影響每一個細胞裡的基因活動**。要明白這場革命是如何發生的,請容我直搗每一個故事的核心,也就是時間。

如何跳脫時間

在嬰兒時期,有一段時間你的體驗是原創而真實的。你

太稚嫩，無法自行解讀世界。學習走路、說話、探索世界等等基本事項，便占據了你全部的發展內容。讓我們將這稱為故事前（prestory）的生命階段。威廉・布萊克（William Blake）將一部分的詩作歸類為「純真之歌」與「閱歷之歌」，這些不在《聖經》中出現，描述類似從恩典中墮落（Fall from Grace）的故事。後來的浪漫派作家、推崇布萊克的人，跟布萊克一樣認為墮落不是發生亞當與夏娃的身上，而是發生在孩童失去純真之際。墮落是一代接著一代重演的體驗。

布萊克認知中的純真，是對世界抱持一種新鮮、簡單、抒情、喜悅的觀點。由最著名的純真之歌《羔羊》（The Lamb）奠定了這樣的調性。你可以將「羔羊」視為「嬰孩」：

> 小小羔羊，是誰創造了你
> 你可知是誰創造了你
> 給你生命，又餵養你
> 就在小溪畔、草地旁；
> 讓你開開心心地穿上
> 軟綿綿、毛茸茸的亮色衣裳；
> 還給你這麼柔和的聲音，
> 讓所有的溪谷都歡欣起來。

閱歷之歌則與這一版的童年伊甸園形成對比，苦澀黑暗，反映出布萊克吃過的苦，以及他在十八世紀倫敦親眼目

第 10 章　解放你的身體　261

睹的各種艱辛。他的著名詩作《有毒的樹》(A Poison Tree) 便是將原罪的故事重新建構為人性黑暗面，寫成彷彿兒歌的詩文：

> 朋友惹得我生氣；
> 我將怒氣說出口，怒氣果然就消了。
> 仇敵惹得我生氣；
> 我憋著沒說，怒氣果然就長大了。
>
> 而我驚懼地給怒氣澆水，
> 澆的是我日日夜夜的淚；
> 它曬的陽光是我的笑靨，
> 以及我輕聲誘騙的花言巧語。
>
> 於是它日日夜夜都在成長，
> 終於結出一顆明豔的蘋果。
> 我的仇敵看到果子閃閃發亮，
> 而他知道那是我的果子。
>
> 於是他趁著夜色籠罩我的果樹
> 悄悄溜進我的院子；
> 清晨時我愉悅地看見了
> 我的仇敵四腳朝天癱在樹下。

我們不需借助布萊克的視角,便都經歷了從純真到閱歷豐富的蛻變。那只是時間問題。只要有了時間,我們便會學習到身邊每個人對這世界的標準解讀。嬰孩絕不會無聊。他們會驚奇地看著世界。時光不會是千斤重擔;時限不會讓嬰孩匆忙度日。他們不會為了逃離自己,飢渴地投入可以讓自己分心的事物。

　　布萊克是有創見的人,他看見了從墮落狀態解脫的可能,稱為「有條理的天真」。這個詞很高明,暗示了一個人的閱歷可以像嬰孩那樣原創、真實、未受玷污,同時保持心智的條理,如此才能夠做到成年人必須處理的高階事務(包括照顧嬰孩)。重拾天真就意味著擁抱愛與創造力之類的價值觀,這些價值觀在我們成年以後更是受到重視。但成年的歲月令我們越來越難踏上回歸天真的旅程。不計其數的人嚮往那彷彿初戀一般的天真滋味,卻沒幾個找到回去的路。

　　問題不在於我們的閱歷,因為在人生任何時刻的體驗,都照樣可以是歡喜而真實的。禍首藏在我們生活的肌理內——就是時間。前文說只要有了時間,不需要其他條件,我們便能夠融入被詮釋好的世界(也就是咒語、夢境、幻象)。同理,**脫離時間的宰制是唯一的出路。跳脫到時間之外,絕不是玄之又玄的概念,而是你可以在這一分鐘實現無時間——事實上,這是唯一的路。**

　　對多數人來說,進入無時間與永恆的意思似乎差不多。對基督宗教與伊斯蘭傳統的教徒來說,天堂是永恆的,在那

裡，時間永無止盡。對於沒有宗教信仰的人來說，時間結束在肉體死亡時。然而在這兩種情境下，正常的時鐘時間都終止了。但這些概念全都有問題，要是我們深入探究，時間可是跟我們隨意採納的概念很不一樣。

多虧了愛因斯坦提出了時間並非恆定的創見，主張時間會隨著當下的情境而改變，於是物理學有了許多關於時間的理論。以接近光速的速度移動，或是靠近黑洞的龐大引力，都會對時間的流速產生巨大的影響。但我們暫時放下相對論，想想對人類而言，此時此地的時間是如何運作的。每個人一般會經歷三種時間狀態：一種是在我們醒著的時候滴答響的時鐘時間，一種是作夢時所涉及的幻象時間，還有一種是呼呼大睡但沒有作夢的時間消失狀態。由此可見，時間與我們的意識狀態息息相關。

我們理所當然地認為只有時鐘測量到的那一種時間才是真的，然而並非如此。我們清醒時、作夢時、睡眠時所涉及的三種時間，全都要透過我們的個人體驗才能被認知到。**時間只存在於人類的覺知裡**。宇宙裡可沒有「在外面」的絕對時鐘時間。許多宇宙學家主張，我們在清醒狀態下所知的那種時間，是大霹靂發生的時候才出現在宇宙的。我們大概無法得知大霹靂之前的事，畢竟如果時間是在宇宙誕生之際才一併誕生的，便沒有「在大霹靂之前」好討論。如果你進入大自然最精微的層次，到了量子場出現的真空狀態，景觀、聲音、味道、觸感、氣味等等日常生活的特質都不復存在，

還有一個三維特性喪失殆盡的消失點，跟著一起消失的還有時間本身。

在量子層次外有些什麼便純屬臆測了。宇宙在尚未創造出來時的狀態，幾乎可以隨便你設定，可以是多維宇宙，或有無限多的維度，或沒有維度。所以我們必須接受時間來自無時間的狀態，並非完全是從大霹靂時出現。物理宇宙的萬物以高頻率的振動方式，在此時此地瞬間出現及消失。無時間在我們人生的每一秒都與我們同在。

但這句話看起來怪怪的，因為無時間不能用時鐘測量，說無時間「每一秒」都與我們同在是不合邏輯的說法。所以說，無時間與我們同在，就這樣。**這個世界是無時間的。不需要等待死亡或天堂，來證明永恆是真實的。**

一旦你承認無時間與我們同在，自然便會冒出一個問題：無時間與時鐘時間之間有什麼關係？答案是兩者無關。無時間是絕對的，不能以時鐘測量，相對之下便是不存在。多麼奇怪啊。無時間與我們同在，我們卻沾不上邊。那無時間有什麼用？

要回答這個問題，我們得倒退幾步。時鐘時間在現實中不占優勢。我們沒理由提升它的地位，認為它比夢境時間、或無夢睡眠時消失的時間更高級。時鐘時間只是日常生活的一項特性，就像我們認知中的色彩、口味、氣味等等是其他特性。要不是有人類在體驗這些特性，這些特性便不存在。光子是光的粒子，要不是我們具備對明亮的感知，光子便不

會是明亮的；光子無形無色。同樣地，時間是人類體驗的人造物。一旦脫離了感知範圍，我們便感測不到任何時間。這似乎違反了科學基礎，學界認為「當然」是先有一個物質宇宙，後有人類在地球上演化，而這「當然」代表時間是存在的，足足數十億年呢。

我們在這裡遇上了一條岔路，要麼你接受人腦感知到的時間本身是真實的，要麼你主張時間是在意識裡創造出來的，必須仰賴大腦而存在。第二種立場遠比第一種有力，即使相信的人比較少。我們不斷在自己的覺知中，將無時間轉換為自己對時間的體驗──這是無法迴避的。既然這種轉換不能發生「在」時間裡，必然是透過其他方式做到的。要掌握這個「其他方式」，且讓我們瞧瞧當下的時刻、現在、眼前這一刻。

一切經歷都發生在當下。連回憶過去或期待未來，也是發生在當下時刻的事件。將無時間轉換為時間的工作，實際上是腦細胞執行的，而腦細胞只能在當下運作。腦細胞別無選擇，因為讓腦細胞得以運作的電子訊號與化學反應，只能在此時此地發生。如果說當下時刻是我們在清醒狀態下唯一能夠知道的真實時間，為何如此難以捉摸？你可以用精密校正的原子鐘來預測下一秒、千分之一秒、兆分之一秒何時會抵達，但那跟預測現在不一樣。當下時刻的體驗完全無法預料。要是可以預料，你便會預先得知自己的下一個念頭，而那是不可能的。

我們已經簡單說明過,當下這一刻永遠捉摸不到,在你將這一刻感知為一種感覺、一幅畫面、一種心情、一個念頭,這一刻已經過了。所以,我們歸納一下這些要點。「現在」是你我寄居之處,可描述為:

- 無時間轉換為時間的連接點
- 我們在清醒狀態下唯一知道的「真實」時間
- 一種完全無法預料的現象
- 一種根本捉摸不到的現象

好,要是這些特性的描述都正確無誤,那我們便一直在騙自己說時間很單純,不過是時鐘的滴答響罷了。我們每個人都玄之又玄地占據了一個無時間的領域,並且在精神上建構了一個四維世界[1]來生活。也就是說,我們先在意識裡創造了世界。現實,包括尋常的時鐘時間,也是在意識裡建構的。

千萬不要落入陷阱,宣稱現實是由心智打造的。心智是開啟思維體驗的載體,而心智就跟時間與空間一樣有一個源頭,那源頭必然不會是短暫又難以捉摸的思維。要是我們信任心智,我們會認為入睡等於死亡。在睡眠時,意識心智放下了物質實體的世界與時鐘時間。然而我們早晨醒來時,物

---

1 三維空間加上時間維度,構成四維。

質實體與時鐘時間又回來了。或可說，意識讓這些事物處於待機狀態，即使在負責思考的心智暫停運轉的那八個小時。

如果正道的宗旨是帶著我們穿越我們以為真實不虛的幻象，那正道必然會讓我們體驗到無時間。**在最圓滿的狀態下，無時間的體驗是簡單、自然、不費力的——亦即自我意識，自我意識就默默待在其餘一切體驗之內。我們只有一部分在自我意識內。**本章的練習讓你在覺知中體驗自己的身體，於是解除一層幻象。現在我們對無時間的討論，又解除一層幻象。幻象消融了，物質性與時鐘時間開始失去對我們的控制，你明白了還有另一種生活方式：成為超人類。

當你開始成為超人類，你便存在於自我的無時間源頭。知道永恆與我們同在，脫離一切關於生死、年齡與腐朽的信念，如此便是跨出一大步。入睡後，事物在我們夢境裡出現又消失。但我們不會因此哀傷，明白夢境是幻象。重點不在於事物出現了又消失，而是你沒有將夢境誤認為現實。

領悟到我們清醒夢一般的生活也是如此，讓我們可以免除對死亡的恐懼。超人類不光是這樣。從幻象解脫，便可以免除一切恐懼。最後，覺醒帶來絕對的自由。我們不只是過日子。我們是在無限可能的場域穿梭來去。

第 11 章

恢復整體性心智

　　想像你去了小湖畔的森林小屋。清晨的太陽早早喚醒了你，你跟隨著淡淡的晨曦走到湖邊，小湖非常靜謐。湖面如鏡，未受擾動。你心血來潮，拾起小石頭就扔。小石頭噗通落水，漣漪在水面擴散，越散越開，終至消失無蹤，剩下平靜的湖面。湖水恢復被你打亂之前的狀態。

　　這樸實無華的經歷，便是人類心智的完整寫照。只是這經歷必須倒過來看，就像從結尾開始向前倒放一部電影。湖面如靜。隱隱浮現的漣漪擾動了湖水，起初，漣漪的痕跡淡到難以分辨，然後漸漸鮮明起來，圈圈開始縮小。突然間，一顆小石頭從湖水裡衝出來，飛到你手裡。

　　這便是從超現實的角度所看見的人類心智。平靜而未受擾動的純意識就在那裡，開始出現細微的活動，細微到你必

須非常安靜、非常警覺才會注意到,那活動或可稱為在意識裡的振動。但那活動越來越急切,直到某個完全成形的東西迸出來,化為一個知覺、畫面、心情或想法。

日常生活裡有極大量的精神事件冒出來,由於那些事件源源不絕地出現又十分逼真,我們一直沒有體驗到平靜無波的湖面,也就是純意識。**正道的目標便是重拾我們對純意識的體驗,因為平靜而不受擾動的覺知狀態便是**整體性心智。整體性心智蘊含了智人獨有的無限潛能。整體性心智就跟超現實的許多事物一樣,已經存在於此時此地。你要先有一座湖,才能往湖裡扔石頭,而要讓石頭從湖裡冒出來,你也得有一座湖才行。這兩種過程都在宇宙上演,就是每個次原子粒子從量子真空冒出來又縮回去。同樣地,你的思緒從靜寂中升起、停留在半空中,一被注意到便隱遁到它的來處。

如果整體性心智已在此時此地,何需重拾?本書的答案是超現實在虛擬現實的幻象之外,看似真實的幻象一直在迷惑我們。整體性心智的真實性不容置疑,證明其真實性是正道的目標。但我覺得還缺了點什麼。假如心智活動像一顆顆的小石子從湖裡跳出來,每個念頭便會自然消亡,心智則可以輕易地回歸未受擾動的狀態。也就是說,不會有干擾,不會有戀棧之情、氤氳朦朧、風斜雨急來擾動湖水。

但我們的心智與純意識的連結並不順暢。我們的心智是雜亂無章的亂象,有些東方傳統文化很生動地形容為一隻猴子。每個念頭都加入其他念頭的風暴,沒有回歸平靜、無擾

的狀態。身為人類，就要駕馭這場風暴。當你在小時候學會說話，將想法化為言語，你的心智便馳騁開來。在小我夾帶私心的推波助瀾下，「我」展開接受甲、排斥乙的無盡任務。連兩三歲的小朋友都清楚小我想要什麼：要宣稱玩具是「我的」、要母親的關注、要吃喜愛的食物、還有想要反覆聆聽的故事。在小我的意圖裡，拒絕也是不可或缺的一環。兩三歲的小朋友會將玩具扔到地上，拒絕親親跟抱抱，拒吃某些食物等等。

卡爾·羅斯（Carl Rose）和 E.B. 懷特（E.B. White）畫過一則著名的漫畫，是餐桌前的一對母女。對話框是這樣寫的：

母親：「這是青花菜，寶貝。」
女兒：「我說這是菠菜就是菠菜，去他的！」

如果孩子用大人的口吻說話，就會這樣表達！

從超人類的角度，小我的意圖全都不是必要的。你本身便是自我，何苦再建構另一個自我？唯一真正必要的是活在此時此地，允許生命漸漸展開。

但由於我們的思緒沒有回歸純粹、平靜的靜定，障礙便出現了。思緒干擾我們活在當下的能力。每個念頭又衍生新的念頭，每個知覺又衍生新的知覺。這沒完沒了的心智活動分散了我們的注意力，以致我們看不到自己的源頭，不能觸及源頭，感覺不到源頭的存在。心智的干擾變得難以掙脫。

在流行文化中,我們以長年累月在禪宗佛寺修行或在喜馬拉雅的山洞裡打坐的印象,來表現靜心的難度。正道以一個很簡單的手段打破這些艱難,詳見下面的練習。

練習:睜眼、無念

這是早晨醒來那一刻的專屬練習。在你睜開眼睛、尚未下床時,你的心智便展開了它的一天。你的預設模式是一頭栽進你習慣的例行公事裡。你開始想著這一天要做的事,隨即重啟你的個人故事——你的心智學會了自動運作,就像電腦一啟動,軟體便已經準備好接受指令。

但在你的故事重啟之前有一段短暫的空檔。有幾秒鐘時間,你人是清醒的,但尚未投入世界。那一刻並沒有雜念來阻斷你的純粹覺知。你可以將那幾秒的時間,擴展成一個有意識的體驗。作法如下。

在就寢時打定主意,隔天一早醒來便要執行下列步驟:

步驟一:當你意識到自己醒了,立即睜開眼睛。
步驟二:看著天花板,不要盯著任何特定的物品。
步驟三:盡量維持睜眼的狀態。專注在睜眼,不要分神。

這項練習的作用是架設一個陷阱,捕捉未受打擾的覺

知。按照步驟執行很重要。你在前一夜就寢時便設定意圖，在心裡將這項練習列為晨間的第一件待辦事項。睜開眼睛看著天花板，讓你不會分神去想東想西。但將注意力集中維持眼皮睜開，才是關鍵的祕技。你的大腦在早晨是一波波地醒來，睡眠與清醒交替輪換。隨著波動增加，清醒程度穩定上升，睡眠程度下降，於是你便醒了，仍然有一點睏。

當你專注在維持睜眼的狀態，大腦便別無選擇，只能阻斷思緒。保持神智清醒的任務讓大腦無暇他顧。（想像你在專心看著腦海裡的一個藍色圓點，專注地看也可達到相同的效果。）

一旦精通這項練習的步驟以後，你便處於「睜眼、無念」的狀態。你躺在床上，留意這種狀態的感覺就好。清醒且無念的狀態，其實沒多少人可以維持超過幾秒的時間。這項練習在熟練以後，你可持續到一分鐘。務必保持靜止、安靜、安心、警醒，沒有要捍衛的小我，沒有要建構的故事。**你越清楚這樣的體驗實際上有多重要，對真我的體會就越深入。**這項練習本身並不是重點，只是一個起點。

「睜眼、無念」的狀態也可以用其他方式達成。比如，冥想時，心智沉澱下來，進入安然的平靜狀態，當你在冥想結束時睜眼，這種精神上的舒放會持續下去。此時心智會調節大腦的反應，說不定你就有機會回歸純意識的自然傾向。如果你修練的是持咒的冥想，持咒的目的是以一個無意義的聲音占據你的心智，不讓你專心聆聽自己的思緒內容。當咒

語返回心中,咒語越來越輕柔細微,讓人順暢地滑進安靜的心境。剛開始,當你漸漸脫離冥想,「睜眼、無念」很短暫,因為我們太習慣重新投入自己的故事裡。但久而久之,「睜眼、無念」會延長,變成全天候的穩定狀態。

此時,這個人便徹底覺醒。在我們剛剛介紹的晨間練習裡,「睜眼、無念」是空白。但徹底覺醒的體驗可不是。心智持續活動(一顆顆的石頭從湖裡跳出來),同時維持不受擾動的狀態。靜寂與活動是同一回事的體驗:是覺知在自身之內的移動。「睜眼、無念」的體驗一開始很樸實,卻會闢出一條出路,轉變我們運用心智的方式。

我提過多數人不會捨棄自己的故事,無論那些故事招徠了多少折磨,因為他們的自然本能便是抓緊這些故事。如果你不是被家暴又不肯離開丈夫的妻子,不是害怕出櫃的同性戀者,不是戒不掉鴉片的毒癮者,或是任何陷入深度痛苦的人,你便無法理解攀附故事的可怕後果。故事可以演變成絕望的狀態,挑戰醫學與心理治療所能提供的最佳救助。

既然我們都會攀附自己的故事,正道真的可以給我們一條出路嗎?且讓我們同意,你我及其餘每個人都卡住在自己的故事裡。卡住是很方便的簡稱,意思是我們受制於陳舊的制約,無法在人生裡開創我們想要的改變。我們可以從失敗的脫困故事得到許多啟發。在《新約》裡,拿撒勒的耶穌看來是有史以來,最令人信服的靈性人物之一——神子向世人宣揚和平並因此上了十字架的故事,是西方人沉迷了兩千年

的戲碼。

然而驚人的是,《新約》的教導顯然通常不可能做到。「愛鄰如己」明顯不符合人性的運作（有時遵循這一則教導會要人命,比如在納粹主義盛行時,許多猶太人的鄰居加入了納粹黨,又比如在波士尼亞,穆斯林與基督徒混居的地區為了宗教而變成戰場）。除非是虔信不移的基督徒,否則要一個已經夠無助的人給欺凌他的人進一步傷害他的機會,「連左臉也轉過來由他打」,這便顯得自虐了。但這些批評不是在針對單一宗教——所有的靈性傳統都有一樣的窠臼。喜愛自己編織的戲碼是人類的天性,善惡的對比越鮮明,我們越戀棧自己的故事。假如人類在等待善惡終於爭出輸贏的那一天,唯一可預見的結果是,這個戲碼原本就被設計為要上演到天荒地老。

當然,多數人對戲碼的戀棧程度要溫和多了。除非是在無意識力量大爆發的時代,整個國家或全世界都大難臨頭,有時還陷入水深火熱,否則日常生活便困在世俗的匱乏與欲望、責任與要求裡。就像在浴缸溺斃或在海裡溺斃,結果都一樣。

但一個人未必要受苦受難,也可能體驗到隔離的滋味。人生通常是好壞交織,於是你的生命品質可能好或不好,但都歸結到相同的處境:卡住就是卡住。戲碼自己生生不息。連我們想要逃離咒語、夢境、幻象的渴望,都成了故事的情節。「睜眼、無念」或冥想的平靜舒放都是一時的,就像拿

著玩具槍去打坦克車。我們集體戲碼的勢頭已經證明是擋不住的。

要是整體性心智不存在，沒人可以捏造一個出來。我們都陷得太深，看不見困住我們的故事以外的事物。但整體性心智確實存在；因此，它必然有揭示自身的辦法。《吠陀經》說濕婆神揭示自身的方法，跟偽裝自身的方法一樣多。這一點值得知道。有愛的衝動，就有恐懼的衝動。有明白清楚的時刻，就有困惑的時刻。重點不是你要不要青睞愛與澄明，嫌棄恐懼與困惑，因為鐘擺必然會再擺盪回來。

重點是你要召喚愛與澄明的源頭，漸漸親近，直到那終於成為你的特質。（假如耶穌的教導是「盡量愛鄰如己」「看看轉過另一邊的臉讓對方打，能不能打斷報復的循環」，《新約》或許有機會變得實用。）逃離心智制約的窠臼的唯一希望，是將心智善良的一面當作指引，日日遵循，直到你的故事消退無蹤，而整體性的生活變得自然。

對移除欲望的欲望

善與惡、樂與苦、幸與不幸的無盡循環，就像自動添加柴薪的營火。然而就像心智在表面上是騷亂活躍而內在深處安安靜靜，生命也是如此。戲碼即一切，但只在戲碼所在的層次上是如此。當你有了「睜眼、無念」之類的樸實經驗，

心智活動的干擾會暫停。取而代之的可不只是平靜。在協商解決日常需求時，靜默的心智本身還不比一輛引擎熄火的車來得有用。在靜默無聲的體驗裡，必然還有其他的寶物。

這寶物是一種若有似無的臨在，亦即我們見識過的自我意識。我們最自然、放鬆、自由、臨在的時候，便是自我意識籠罩我們的時候。但我們總是無法維持這種臨在的感覺。我想講一句公道話，只有窺見真我，才能夠將光明帶進人生百態，因為真我帶來愛、喜悅、和平、安全、自我價值的體驗。我們自然會想要擴展這種體驗。於是，真我就有了吸引力（梵語稱為 Swarupa，意思是自我的拉力）。

自我意識靜默無聲，多半時候不會被注意到，可見只憑它本身無法讓我們脫困。如果你修練持咒的冥想、正念、禪定之類讓自我意識浮現出來的寶貴技巧，你就曉得心智是如何頑強地一再恢復老樣子。你可以下苦工，讓自己展現任何一個靈性特質，比如慈悲為懷、寬宏大諒、時刻心繫上帝，但自我意識不是訓練出來的。它就是單純地*存在*。努力不僅無用還有害。可敬的靈性導師克里希那穆提（J. Krishnamurti）便提過這個概念，他說：「你可以用約束管教的手段，讓你的心智自由自在嗎？」難就難在這裡。無論我們給心智多麼精良的訓練，包括各種靈修，自由是跟約束管教完全不相干的狀態。

我謹記這一點，才會說正道必然是輕鬆、有效率、自然發生的。**如果你要活在此時此地，亦即超人類的狀態，首先**

你得停止努力（trying）。冥想讓人嚐到無為的滋味，對此，幾乎每一個剛接觸冥想的人都很意外。自我意識被帶進我們的覺知，而自我意識的臨在其實可以相當強烈。那可以演變成狂喜的狀態、與神聖的戀情，就像魯米這熱情的呼喊：

> 神啊，我發現了愛！
> 愛何其不凡、美好、美麗！……
> 我敬仰
> 那喚醒並激盪全宇宙的熱情萬丈
> 與天地萬物。

　　臨在的體驗通常很愉悅，跟熱情萬丈相去甚遠。但魯米的詩提到了欲望的力量，倒是給了我們一條線索。以魯米來說，欲望是陶醉於聖愛。人皆有欲，我們憑著欲望的力量，每天起床都想要看看這一天會有什麼收穫。要是我們收穫了一時半刻的覺醒，那麼欲望便給了我們脫困的助力。

　　既然自我只是單純地存在，便不能直接說你想要自我，否則便像是在說：「但願我存在。」但你可以誘拐欲望朝著你的目標前進。（套用一個朋友的說法，你以靈性手段駭進物質主義。）以佛教來說，就是：「以一根棘刺移除另一根，再將兩根棘刺都扔掉。」這一則教導相當有名，引發了諸多評論。當你的手指扎到木刺，便拿針剔出來，這聽起來夠簡單了。然而要套用到心智上卻會遇到困難。由於我們要利用

欲望來超越欲望，這些難處需要稍加解釋。

原本，佛陀似乎是用棘刺比喻無法療癒的深切痛苦。最深度的痛苦根源之一是對暴力的恐懼，佛陀坦率說出個人看法。「舞棍弄棒招致恐懼，多少人在逞兇鬥勇！且聽我為何顫慄。世人反目相鬥，彷彿魚在乾涸的水塘撲騰。見此，我心生恐懼。」（《經集·執杖經》）。

我們傾身向前，要聽佛陀說明如何脫離恐懼，在此恐懼是以棘刺的形象來呈現。佛陀接著說：「見世人紛爭不休，我實在煩惱。然而此時我見到一根棘刺，棘刺扎在心上，深到幾不可見。只有被這根棘刺扎到時，人才會四處狂奔。只要拔除棘刺，人便不會亂跑，變得安靜下來。」

棘刺扎心的痛苦體驗，以純粹的形式刺激一個人尋求內在平靜。這教導美則美矣，卻跟《新約》的教導一樣違反人性。人們爭鬥不休時，就想要讓爭鬥升溫，不會理睬內心的痛楚，甚至更可能將痛苦視為他們必須拚鬥下去的原因。（拜亞洲的佛教文化之賜，長久以來，和平的教導讓他們比較少發生流血衝突，這是其他信仰可能會羨慕的成績。但緬甸的佛教徒暴力抵制穆斯林，可見沒有任何宗教對暴力免疫。）

「以一根棘刺剔除另一根」不只可以當作療癒的心理策略。我們的目標是用那些可以給自己力量的正面思維，取代扯自己後腿的負面思維。這稱為認知療法（cognitive therapy），就是以理性平息情緒。比如，病人可能會說什麼都行不通，不管如何努力，每件事都會失敗，令人失望。失

敗主義的思維背後顯然蘊含了強烈的情緒。習慣這種思維以後，一旦遇到棘手情況，第一個自動浮現的念頭便是：「做什麼都沒用。我早就知道了。」

而結果八九不離十，也真的就是沒半件好事。這就是自我實現的預言，沒有比這更完美的例子了。認知治療的心理師是用一個新的念頭移除舊的念頭（以棘刺移除棘刺），向病患指出好事曾經降臨。人生不是一連串沒完沒了的挫敗。所以，理性的思路是：「這件事可能順利或不順利。沒人曉得，所以我有努力的機會，可以追求好的結果。」以樂觀取代悲觀並不容易，因為情緒埋得比理性更深，跟自己說好事說不定會發生，或許正好為你的悲觀主義敞開大門，得到充分的宣洩。憑著練習與引導，習慣性的負面態度會軟化，但以人類的天性，理性的思維不能讓我們心靈平靜而滿足。

最後，還要做到這一則教導的後半段。「以一根棘刺移除另一根，再將兩根棘刺都扔掉。」治病時你會吃藥，痊癒以後便將藥扔掉。然而碰上心智，同一回事卻顯得離奇。比如，如果你以正向思考取代負面思考，最後你仍會成為正向思考的人，但和陰鬱之人一樣深陷在自己的故事裡。活在陽光下，無疑會比活在陰影裡來得好。脫離幻象是另一回事。

將兩根棘刺都扔掉的意思，是指苦與樂、善與惡、光明與黑暗的腳本通通扔掉。一般認為，這便是佛陀的根本教導。這是精確的診斷，而康復以後，過著不再被戲碼擺佈的生活，則是振奮人心的前景。正道所要化解的挑戰，便是如

何讓那種振奮，化為活生生的現實。

為自我開道

　　我想到的答案，是將欲望當作棘刺來善用，因為我們都見識過欲望的雙重性質。欲望想要被滿足。如果欲望夠強烈，比如火熱的性吸引力，便足以令人瘋狂。棘刺令人痛苦，因為一時半刻的滿足永遠不夠──下一個欲望帶來想要被滿足的新要求。那可以終結痛苦的另一根棘刺是什麼？便是滿足本身。衛道人士呼籲抵制欲望，說欲望是魔鬼在作怪，或者以佛洛伊德的說法，是本我（id）只用一隻眼睛看事情的結果。欲望既美麗，也暗藏危險。性吸引力帶來持久、有愛的感情關係，並不是只有性騷擾。

　　我想沒人會否定這些老生常談，我們可借助老生常談，用欲望的棘刺移除欲望的棘刺。不過，是對什麼的欲望？既然靈性傳統堅守愛、和平、神聖恩典、寬恕的欲望，以及一張前往天堂或涅槃的門票，最後仍舊失敗，我們還能欲求什麼？我唯一想到的答案是對真實的欲望。自我意識最終可以給我們的就是真實，只有真實。沒有獎賞或懲罰，只擔保你可以存在於當下，如此一來，你可以體驗沒有任何幻象的現實。

　　從實際的角度來看，心智不能在一夕之間掌握什麼是真實。正道仍是一條出路──走這條路需要時間。人生會捎

來一切想得出來的理由,要我們放棄這條路。欲望勾引我們將興趣放在別處——陳年的故事可是頑強地抓住我們。但你可以培養對追求真實的興趣,難度不見得會超過你培養對紅酒、集郵、或俄羅斯小說的嗜好。只要有好奇心與欲望的小火花就夠了(在印度傳統中被稱為焚毀森林的火花,指一個脫離幻象的衝動終將摧毀整個幻象)。

　　正道獨一無二,因為指導我們的並不是愛、和平、慈悲或任何生命能給我們的美好特質。指導我們的是存在本身。領悟存在的核心精神是唯一可行的出路。與哈姆雷特的說法相反,「要存在還是不要存在」不是重點。[1]「存在」本身便是重點,別無其他。如果你天天問,真我便會聽到,給你找來精彩又花樣百出的答案。探索活在此時此地的真義是什麼,可讓心智甩開陳舊的制約,轉變成讓你跨越出去的載體。接受制約的心智已經堅決認定了怎樣才算存在,而這也是我們當初會卡住的原因。

　　為了讓我們一勞永逸地脫困,正道面臨一個很實際的問題,印度的古代典籍描述為「從奶水裡取出水」。也就是說,在日常生活的現實中,真與非真的事物混雜在一處,無法分離。我們的大腦便是鮮明的實例,大腦之所以代表虛擬現實,只是因為原本就是「真實的」現實讓我們有意識。史上最爛的電影跟經典傑作都一樣用投影機,投射在銀幕上。正道的許多版本都教導我們,我們就像小孩一樣觀賞投射在牆壁上的影子木偶戲,全心相信牆上的影像,看不見真相——

要是沒有光,便不會有肉眼可見的影子。**因為靠超現實,虛擬現實才能夠存在。**

分離光與影子聽起來夠簡單了,而正道證明了事實如此。你唯一要做的就是注意自我意識。在具體作法上,沒有比這更容易、更自然的事了。在任何時候,只要閉上眼睛,做幾個深呼吸,進入放鬆的狀態,將注意力集中在心臟(或呼吸)。雖然宗教精妙複雜到極點,但說來奇怪,整個靈性旅程只不過是放輕鬆、感受自身。

這樣做,便是巧妙地允許「自我的拉力」成為真實的體驗。如果你打算嚴謹一點,準備學冥想、練瑜伽來強化你對自我意識的體驗——梵音咒語與瑜伽體位(asanas)的作用,便是讓你體驗自我的不同風味或色彩。我們已經學過這種程序了。比如,小朋友在成長過程中,要學習辨識各種情緒的漸層。敵意、憤怒、暴怒、氣惱、不耐煩、厭惡是不同層級的生氣。當你將這些標籤跟內心的感受連起來,便可以自然地說出:「我沒生氣,只是沮喪。」或:「離他遠一點——他是個酸民。」

我們也可以感受到意識的漸層,只是那些漸層沒有標籤。

當你按照前述的辦法體驗自我意識,你會跨越到有標籤的思維與感受之外。即使是慈愛的意念與靈性的感受,都不

1　出自莎士比亞《哈姆雷特》,哈姆雷特在思索他是否應該活下去,即存在,或者應該尋死,即不存在。

第 11 章　恢復整體性心智

是現實的根基。只有自我意識不能進一步簡化。你不能超越它,或將它變成更根本的事物。心智活動會消融到一種空無之中——靜默的心智。根據正道,這是一切「在內心」「在外面」的事物的源頭。但麻煩的來了。「一切」實際嗎?如果有人拿了一張白紙對你說「這是一切書籍」,或是拿了一張空白的畫布說「這是一切畫作」,這種說詞不能協助你寫一本書或畫一幅畫。你要寫一本書而不是一切書,畫一幅畫而不是一切畫。

同理,說超現實是「永久長存、萬事萬物、無處不在」對我們似乎也沒有助益。我們鎖定的是有具體事項的頻道。無論是好是壞,我們在此時、此地過著我們的人生。叫一個人像我一直在說的「活在此時此地」,似乎也含糊到極點。不然我們還能在哪裡?火星嗎?但建立在具體事項上的生活很容易走岔,因為咒語、夢境、幻象含有無數的具體事物,數量多到你招架不住,逃不出掌控。身為印度小孩,我聽過一些故事以簡單的情節,描述了認出現實意味著什麼。其中一則故事是一條魚渴得發慌,四處衝來衝去要找水喝。即使是四歲的小朋友,也會笑這條笨魚不知道自己在水裡。只有長大以後,才會漸漸明白這種弔詭之處的嚴重性。

我們每個人都可以在平靜的時候感覺自身,一旦有了這樣的體驗,你便能夠用內在的寂靜轉化你的世界,一天一天來。方法是檢視你對現實的錯誤概念,予以否決。就像物理學家鑽研次原子世界,挖掘一切仍然可以約減、不是宇宙基

本建構要素的東西，你也可以檢視自己的基本信念，不斷梳理清楚，直到抵達你真正的源頭。

有兩項寶貴的心智特質可讓這項任務變簡單，那就是洞見與直覺。這兩者都很可靠，可指引你度過理性思維不濟事的時刻、甚至是情緒應付不來的狀況下。當人說出「啊哈」的那一刻，洞見與直覺已經破解了錯綜複雜的問題，直抵真相。在那種時刻，光明突然降臨，我們嚷著：「我就曉得、我早就曉得是這樣了。」洞見的妙處在於自我辯證。你就是了然於心。

自我意識很安靜，幽微到很少人會花力氣去留意，但自我蘊含了我們心底明白的事。正道要我們搜括出這些事，以便領會。浪漫喜劇的糊塗男主角一般會跟一生摯愛爭吵不休，直到他明白自己愛上她了——而女方則一直心知肚明。這種情節我們都看過一百遍了，但我們依然愛看，因為「現在我懂了」的洞見時刻帶來清晰感，喜悅通常也會跟著來。

有些洞見的內容非常明確，比如關於一段感情、或一道困難的數學題目、或你正在寫的書籍的下一章。而關於人生是怎麼一回事的洞見，大概是最不明確的探尋主題。我們可以借助正道的力量，簡化我們必須識破的錯誤信念，幫助我們覺醒。事實上，需要思考的信念只有一些：

錯誤信念：我與眾分離，孤孤單單。
真相：分離的自我只是心靈建構出來的。

錯誤信念：這是我的身體。

真相：這個身體是意識活動的一部分，是普世共通的，不屬於個人。

錯誤信念：物質世界是現實的根基。

真相：物質世界是意識活動所採用的一種表相。

錯誤信念：我的人生受制於時間與空間。

真相：每個人都活在永恆的當下，無窮無盡。

本書進展到這裡，這些錯誤全都不令人意外了。現在只要穿越這些錯誤就行了，穿越便是一種釐清的過程，作法如下：在任何時刻，當你有了值得注意的體驗，便停下來對自己說：「這是意識的活動。」如此，你可以充分吸收這句話，最好一併強化自我意識。但自我意識的部分不是必要的。沒人可以從奶水抽出水分（即使是離心機，也只能從液體分離出固體），只能等兩者自己分開。

這是簡單而不費力的過程，卻需要耐心。當你提醒自己，任何體驗都是意識的活動，你便是將現實放在心上。你不跟自己（或別人）爭辯；你不試圖做個好人，不試圖比別人明智或優秀。你既不向人低頭，也不力爭上游。你只是在覺知與現實的十字路口坐一會兒，進行片刻的反思。你此刻

的體驗，便是你在此時此地的生命。刻意提醒自己什麼才是真實的真相，便是允許「自我的拉力」帶你回家。

因為我們受不了一口氣拔除心智的制約，意識的活動不會固著於任何事物。生命像一條在河岸之間流動的河流。當你說「這是意識的活動」，你不是在阻擋水流，也不是要改變它的方向。你是坐在岸邊看著河水流動。我不太想說這種立場就是所謂的觀照，因為一旦大家聽到這個詞，便會試圖觀照，或懊惱自己不能隨心所欲地觀照。我懂。以平靜而超然的態度觀照心愛之人辭世聽起來很誘人，似乎比陷入哀傷要強。

河流會走自己的路，無論我們多麼希望河流換個方向，但有朝一日它會流進悲慟、哀傷、痛苦、苦難，一個不漏。然後它會繼續前進。那不只是哀傷，那是擋不住的流動，會帶領我們抵達自由。我們只要允許就好，不要吃力不討好地抵抗。連抵抗都只是這河流的另一個特性，在河流奔向大海的途中一個微不足道的小小逆流。允許是描述正道的關鍵詞之一，卻是另一個我不想提的字眼。大家會試圖允許，然後因為無法隨心所欲地允許而感到挫敗，依此類推。

純粹的正道不過是體驗自我的意識，放手讓自我意識完成該做的事，不予干預。然而還有另一個階段，就發生在靜默、流動、「安住在此時此地」的體驗都結束之後。這些不是目標，只是發動下一階段的平臺。在下一階段，你不會繼續觀照那流動——你即是流動。意識的活動與自我融為一體。

克里希那穆提給了這種融合一個很美的名稱，叫「最初與最終的自由」。要讓這種自由不僅僅是美麗，你得親自體驗才行──我們開始吧。

我們會翻轉宇宙及宇宙萬物。

第 12 章

不揀選的覺知

　　智人是唯一需要努力追求快樂的物種。在身為人類的各種謎團裡,這是最棘手的一項。幾世紀以來,我們苦苦對抗快樂的敵人,那些是暴力、焦慮、絕望、無助、抑鬱等,這便是我們因為有意識而付出的代價。即使無法確知,我們照樣認為其他物種不會經歷這些狀態。當一頭狼老到不能跟狼群共同奔跑,便會躺下來等死,被年齡及自然的原始力量擊潰。而不論任何年紀的人都可能即使能夠保暖、人身安全、身體健康,內心卻放棄了生命。

　　你把人性研究得越深入,越會覺得追求幸福似乎很難。一九三八年,德國在希特勒的帶領下統治了奧地利,傾注畢生之力研究人類行為原因的佛洛依德前往倫敦,在一九三九年以難民之身逝世。早在一九三三年,希特勒剛剛掌權時,

佛洛依德的著作便遭到查禁，因為猶太人的身分而面臨生命危險。

他苦澀地給一位在英格蘭的追隨者寫信：「人類的進步真大啊。要是在中世紀，他們會燒死我。現在，他們燒掉我的書就滿意了。」佛洛伊德原本堅持留在維也納，直到女兒安娜被蓋世太保逮捕並審訊，才終於在一九三八年的春季接受勸告逃離。納粹以「航空」稅的名義狠狠剝奪猶太人的財產，心理分析學的始祖只得付出宛如被敲詐的錢財，意志消沉地前往英格蘭，恐懼、驚駭彷彿有毒的花朵一般在他的心田綻放，一邊思忖著如果只是遏阻人類殺人的話，算不算要求太多。

此時心理分析學已逐漸式微，精神疾病的藥物治療盛行。但藥櫃裡沒有讓人幸福快樂的藥。在相對和平的時代，人們滿足於徒具表面形式的快樂，有機會便尋歡作樂，努力不讓壞事纏上身。

企圖挖掘人類行為的起因、以便改造人性的努力並未成功。正道則不同，是要找出我們生命裡不必要的事物。**受苦受難不是必要的，只是我們建構的戲碼，而且是相當頑強的部分，但這種戲碼是可以捨棄的。有一種凌駕苦痛的意識層次存在。正道的精闢見解是凡事都取決於你的意識層次，因為每件事**都是**一種意識層次。**超現實與日常的現實緊密相依，只隔著一層意識。（基督教的神學說天堂是靈魂得到永恆福樂的地方，但很久以前，神學家便否決了天堂是一個實

際地點的概念，儘管我們心目中的天堂畫面是天使坐在雲端彈豎琴，或是羔羊在青草地嬉耍跳躍——這是有過瀕死經驗的人最常描述的天堂情景，宣稱他們看見了天堂。《天主教百科全書》(Catholic Encyclopedia)定義天堂是一種透過恩典得到的存在狀態。依我看，「存在狀態」(state of being)與「意識狀態」是同義詞。)

目前為止，我們從兩種覺知領域走上正道，一是身體，一是主動心智(active mind)。[1] 或許你以為正道沒有別的路可走。生命還有生理與心理以外的東西嗎？其實還有一個更深層的存在層次在決定事情的走向——好或壞、成或敗、夢圓或夢碎。在那裡，我們發現事出必有因，但那個因與我們對自己訴說的故事非常不一樣。**純意識策劃每一件事，包括每一樁可能發生的事。它無所不見，無所不知。從這個觀點，每件事發生都有原因，因為其實只有一體。**

我們努力維護的生命領域，比如工作、家庭、感情、品性、宗教、法律、政治等，這些不是一體的不同表達形式，而是一體被切割成不同類別的建構物。一個人遇到的事對另一人來說可能很陌生，甚至很討厭。殺人是犯法的，可是政治領袖發起戰爭、奪走無數人命，卻可以贏得廣大的民心。但大自然無視各層次的分門別類。一個細胞的壯大是一體的

---

[1] 主動對感官訊息賦予意義的心智。

壯大，而非細胞各個部分的合體。細胞會攝食、呼吸、製造蛋白質和酶、分裂、表達壓縮在 DNA 雙螺旋體的資訊。對一個細胞來說，那些不是醫學教科書裡介紹的各個部分——部分並不重要。重要的是細胞的生命，那是一體的。

我們能不能讓人類的生命回歸一體？如果可以，是否能夠解決受苦受難的問題？正道肯定這是做得到的。這個一體，以人類來說，便是純意識，但給它貼標籤令我們遠離一體，而非靠近。純意識的玄妙之處在於沒有能夠讓我們闡述的道理，然後演變成安身立命的妙法，並相信這妙法可以讓我們幸福美滿。

比如，印度傳統說純意識是永恆、覺知、極樂（梵語為 Sat Chit Ananda）。人們看到這樣的闡述，會想：「啊哈，極樂是關鍵。幸福快樂不就是極樂罷了？」如此一來，「追尋你內心的喜悅」便成了大行其道的流行語。實踐這句流行語的好處在於它指引人們探尋內心，明白自己對生活的感受比外在的報償更重要。但「追尋你內心的喜悅」不一定派得上用場，比如你可能不知道自己要怎樣才會開心，或悲劇降臨，或發生了天災，或者你步上佛洛依德的後塵，成了擋都擋不住的惡意所追殺的目標，那這句話非但不濟事，還很糟糕。

正道不仰賴任何闡述，對安身立命之道沒有固定的說法。對於身為人類的奧祕，**正道認為：「奧祕會自行解開。你來到這世界就是要看著奧祕解開。當你扮演這樣的角色，你便是活生生展現出來的奧祕。」**這便是一個人最接近活出

一體的樣子,就像一個細胞活出一體那樣,一體即它自己。當我們淬鍊出一體的核心本質時,領悟我們本身便是正在展開的生命的奧祕,正道便會要你我傾盡一生,帶著這一份領悟展開人生。

這番話美則美矣,但我們明天起床以後要怎麼做?占據每日生活的行動與思維不是重點。明天早晨你起床,做你想做或該做的事。用攝影機跟拍的話,大概看不出你的日常生活有任何特別之處;在不曾聽過正道的人眼中,你的生活很可能跟一般人差不多。

然而在你的內在,你決定傾盡生命去恪守的東西會很不一樣。每個認真鑽研過一體性(哲學術語是「一元論」)的文化都有相同的恪守。**不論是古代的印度、波斯、希臘、中國,一元論都指引心智放下生活裡的無數細節,以親近一體性。這便是本章的主題。**儘管多元很誘人,物質宇宙幻化出無限多的事物,然而那裡沒有奧祕的解答。

當你將人生化簡到剩下真正必要之物,多元會消退,合一會升起。你的意識開始重塑成一體性的樣子。**覺醒是一體性;開悟是一體性;允許存在的奧祕透過你漸漸開展是一體性。**但這些描述很有限。我們真正在追求的是一體性的體驗。一旦體驗過了,一切便水到渠成,不但我們的苦難會終止,還會有源源不絕想要透過我們來表達自己的潛能可供我們使用。

我將這種狀態稱為「不揀選的覺知」。這跟掙扎恰恰相

反。你不再做個不停,實踐無為之道。與其努力判斷這件事是否比那件事更令你快樂,你讓選擇自然發生。我們聽說過放下、活在當下、允許生命流動的益處,而這些可能性在不揀選的覺知狀態下都有可能成真。

不揀選的覺知是覺醒的最後階段。在那個階段,你想做的下一件事,便是對你最有益的事。在這種狀態下,苦難會終結,因為苦難跟你有意識地活著的生活沾不上邊。印度的神祕主義詩人卡比爾(Kabir)把這種情況看得一清二楚:

> 我問我的心,
> 你要上哪去?
> 你前方沒有旅人
> 甚至也沒有路。
> 你要怎麼到那裡,
> 要在哪裡落腳?

卡比爾想像的這條路,是關於離去、上路、抵達的幾個階段,也是我們所有人的生命樣貌。我們展開一項行動,也許是從冰箱取出柳橙汁這種小事,也許是結婚或求職這種大事。我們發起行動,執行,結束行動。卡比爾明白,這樣不能滿足我們的心──心是他對靈魂的稱呼。他看到了另一條路。

> 堅強起來吧,我的心哪,

放下你的空想，
站在你所在的地方
在你自己。

看看我們是不是能做到吧。

無為之道

不揀選的覺知在現代世界聽起來很怪異，因為我們認為人生是滿滿的選擇，選擇有利的選項，避開不利的，便能抵達幸福。我們很難意識到，最佳的選擇是它們自己擬訂的。無為背後的道理很簡單：一體除了做自己，沒有別的事要做。因此，**我們除了做自己，沒有別的事要做。這便是無為的要義。**

這不是新的觀點。在古代中國的道教傳統，無為早在公元前五至七世紀便興起了。在佛教，則可從經文找到，比如：「打坐戒除有意識的心識活動，可直達喜樂。」在基督宗教，丹麥哲學家齊克果（Søren Kierkegaard）提出信仰之躍（leap of faith）的說法，是為了傳遞山上寶訓（Sermon of the Mount）的核心概念，也就是凡事都可以交託給上帝的攝理（Providence）。在信仰之躍中，信徒讓上帝作主，這是對信任的終極試煉。

不掙扎的概念是無為的所有流派共有的,但幾個世紀的歲月並沒有減少無為的神祕色彩。對講究邏輯的頭腦來說,無為並不合理。當然,我們要做的事情太多了——想把事情做完,時間幾乎都要不夠用了。但你今天做了什麼事情來製造新的紅血球、胃膜、表皮?這些都是你必須隨時補足的生理構造,因為血液、胃、皮膚細胞的壽命只有幾週或幾個月。

說到這個,你今天會做什麼來讓氧氣跟你肺部的二氧化碳交換,沒了氧氣,幾分鐘內便會沒命?你在生理層次的生活,絕大部分都會自然完成。生命分為兩部分,一部分是我們做的事,一部分是會自然完成的事。因此,有一部分的你已經在過著不揀選的生活。要體會到不揀選的覺知的價值,別再給你的日常選擇賦予那麼重大的意義,那些選擇多半是出於習慣。長久下來,習慣會讓你一直不能更新自己。更糟的是,在你深陷虛擬現實的時候,你可能會覺得人生真是太不公平了。你可能聰明絕頂,擁有各式各樣的天賦、抱負、成就斐然,卻不能保證自己不會跟莫札特一樣命運多舛。

一七九一年夏末,莫札特前往布拉格,他的一齣歌劇要在奧地利皇帝的慶典活動裡上演,是重頭大戲。之後他身體不舒服,卻返回維也納,出席九月三十日首映的《魔笛》(The Magic Flute),這是他最偉大的傑作之一。

此時他的病情急轉直下,出現水腫、嘔吐及劇烈疼痛。他的妻子與醫生全力養好他的身體,於是莫札特便為了酬勞專心寫一支安魂曲,最後沒能寫完,枉費他傾注的音樂才

華。在十二月五日午夜一小時後，最珍貴的音樂天才沃夫岡‧阿瑪迪斯‧莫札特，死於三十五歲，死因至今不明。他在大限逼近之前，有時會坐在床上，跟朋友一起唱《魔笛》裡的小調，那場面令人心碎。喜愛古典樂的那少數人認為，莫札特的死是莫大的損失。

不愛古典樂的許多人，則在一九八四年的電影《阿瑪迪斯》（*Amadeus*）認識了莫札特。我提起他的悲情故事不是為了哀悼音樂界的損失，或推敲出什麼現代藥物或許可以挽救莫札特的性命。（後人懷疑的死因將近二十種，包括風濕熱、腎衰竭、敗血症。大部分是現在可以用抗生素治療的感染。）我只是要指出，我們之間最傑出的人物，依然是由看不見的因緣擺佈。我們抓著不放的戲碼只是按照自己的規矩，在做自己的事。咒語、夢境、幻象在冥冥之中製造我們猜不到、看不透的事件。

面對隨機的風險或看不見的命運，要如何克服無助的感覺？毫無疑問，有時原本隱而未現的線索會冒出來。如今，我們常用共時性（synchronicity）的觀念描述一種特殊的巧合。比如你想到一個人的名字，沒幾分鐘後，這人便打電話給你。你想看某一本書，然後明明不知情的朋友，卻將書帶來給你。共時性的定義是有意義的巧合，因此不是沒有意義的隨機巧合，例如等紅燈時，你的車子旁邊來了一輛同品牌的車款。

超現實總有辦法不時發送訊息給我們，牴觸我們固定的

觀點。共時性便是一種訊息。它在說：「**你的世界雜亂無章，但現實並不是。**」在短暫的一瞥中，我們看到了較高階層的智性在安排事件，讓意義在出乎意料的時候冒出來。不僅如此，共時性事件違反了我們狹隘的因果觀念。不是一件事導致另一件事，而是兩件事有千絲萬縷的隱性關連。如果你想到一個詞，隨後電視上的某人說出同一個詞，你沒有創造這個巧合。但那是某種玩意兒的手筆。

你感覺得到自己的肉身、聽得到自己的想法，卻察覺不到安排所有事件的那玩意兒。但它就在此時此地。下一個練習會讓你明白我的意思。

練習：我仍然在這裡

無論你現在人在哪裡，看看你所在的房間，盤點房間裡的物品。留意家具、小擺設、書籍，甚至是窗戶及窗外的景觀。

現在閉上眼睛，在心裡看見這個房間。開始移除房間裡的東西。（有必要的話便睜開眼睛，重拾你的記憶。）看著家具噗！消失了。拿掉房間裡的全部擺設和書籍，然後拿掉窗戶和窗外的景觀。只剩下你在一個空無一物的四方盒裡面。如果你的心靈畫面是你的身體站在房間裡，便讓身體也消失。

最後，移除天花板、牆壁、地板。你在空無一物的空間中。空無的畫面很難想像，所以你大概看到了白光或一片黑

暗。注意，移除所有東西後，你仍然在這裡。

現在反轉程序。帶回地板、牆、天花板。放回家具、小擺設、書籍。放回窗戶及窗景。留意你仍然在這裡。房間沒有改變你，不管房間是滿的或空的。

要證明你仍然在這裡，試試甩開你自己。看見你站在放滿東西的房間裡，或是站在房間消失後的空間裡。在這兩種狀態下，你能移除自己嗎？不行。「我仍然在這裡」是無法撼動的，因為你便是一體。

這項練習協助你記住自己的真實身分。如果你在一個忙亂的地方，充滿干擾與壓力，盤點你看到的每件物品。閉上眼睛，淨空整個地方，直到這裡沒有物品、沒有人、沒有房間。當你清到空無一物，你仍然在這裡。這會給你一種你已俱足的愉悅感。知道自己是不朽的，此時此刻就是不朽的，這便是你活在此時此地的終極證明。

你已發現了自己的存在。之後，你的思、言、行全都是轉眼即逝的影子。你只要單純地存在，便精通了無為之道。下一個階段便是讓一體性展現它的本事。

實效型不朽（Practical Immortality）

當你看見自己是如如不動的定點而一切事情都圍著你打轉，你便處於一種很特別的覺知狀態。我們可將這種狀態稱

之為實效型不朽。許多信仰人格化神明的宗教信徒已經在過這種生活。虔誠的信徒相信神在照看他們、評斷他們，他們的生活以一位不朽的存在為核心。這一位不朽的存在提供的終極獎賞是上天堂，上了天堂，信徒便躋身在不朽的行列。

在傳統宗教所主宰的社會，道德的規範往往死板而狹隘。教條式的宗教訂立一套規矩釘在牆上，宣稱「想知道神明要什麼，就遵守這些規則。」那些規則可能很基本，比如十誡與金律（Golden Rule），[2] 也可能很複雜，比如印度教正統的婆羅門需要遵守數以百計的生活規範。然而守著那些規矩過日子的前提，是相信神明與傳遞神明旨意的凡人之間有一條溝通管道。對於怎樣才是虔誠的生活（亦即努力取悅神、遵守規矩），各宗教的意見多半是一致的，至於應該信任哪一位傳遞訊息的人卻意見不一。

正道不推薦那一種實效型不朽。正道沒有任何規則，連禁令都沒有。只有一條通往覺醒的路。一旦踏上正道，你得自己跟不朽溝通，盡力即可。摩西、耶穌、佛陀不會幫你（但由於正道沒有規則，如果你想信仰宗教也行，你自己選）。**跟不朽溝通的第一步是相信你做得到**，這並不容易。

我們每個人這輩子都被灌輸過，如何以實效型不朽的狀態度過人生。凡事都根據在生與死之間如何契合來衡量。從人生榨出最多樂趣、精通各種才藝、奮力工作也恣意休閒、四處旅遊、累積財富與產業的人，是實效型不朽計畫的贏家。然而這種生活最基本的精神，其實是讓每個人都活在不

朽的陰影下。這展現在我們對青春的推崇，我們執著地對抗老化，生怕身體受到損傷。保護身體是追求財富的核心原因──金錢提供了替代版的刀槍不入。有了財富與權力的人，人生的磨難幾乎不能奈何你。（然而沒有比「死於富貴總比死於貧窮好」更不真實的話了。死就是死，不管累積多少財富、揮霍多少金錢都一樣。）

在這種脈絡下，你要如何相信自己能夠與不朽交流，遑論將不朽變成一種生活方式？其實你只需要明白一件事即可，那便是你已經做到了。整體性是不朽的，也就是前文談過的一體。整體性以時間、空間、物質、能量的形式出現在物質世界，跟壽命有限的生物溝通。這沒有違反物理學。在創造發生之前的狀態或者說量子真空，並不受制於時間或空間，也沒有物質與能量，只蘊含了構成物質與能量的潛能。

正道將這一項根本事實，轉譯為具備強烈人類屬性的事物。當你進行本章的練習，將房間淨空到空無一物，你便架設好舞臺，可隨意用任何東西放滿你的房間。這一項練習象徵了人類的創造力，作法很簡單，然而看看你的四周，全世界便是這樣建構出來的。色彩、紋理、口味、氣味等等都是象徵的符碼，代表了人類希望在虛擬現實見識到的特性。

我們持續建構世界，拾取一個可能性，將它從潛在狀態拉出來，再將它化為事實。我們愛狗是因為狗具備人類的特

2　指馬太福音：無論何事，你們願意人怎樣待你們，你們也要怎樣待人。

質,包括忠心、友善、服從等,於是經由某種滲透作用,最早的西伯利亞狼得到了演化的改造,牠們的後代便是如今所有馴化的犬隻。人類刻意選擇了自己喜愛的特徵,排除了我們不想看見的。可愛的眼睛是非常理想的特徵,而黃金拉不拉多幼犬只要八週大,便可以本能地凝視主人的眼睛,與主人建立我們一眼就看得出來的情感連結。(反之,狼保留了野性的眼神,跟人類沒有連結。)狗是人類有血有肉的造物,也是人類揮灑想像力的創意產物。

給貓、犬配種是實質的操控手段,就像操控基因來讓穀物、麥子防禦蟲害,但背後的想像力則不是。揮灑想像力是你、我及所有人活出奧祕的方式之一。**想像力不是誰創造出來的,就像創造力不是誰創造出來的。也沒人創造出演化。當你逐漸靠近源頭,形形色色的意識會開始化簡為一體,你會清楚看到身為人類便需要一直連結不朽的境界,每天連結可不夠,要時時刻刻都連結才行。**

多樣性是令人眼花繚亂的奇觀。七十億人口可以看見數百萬種的顏色、寫出數不清的旋律、說出無限多種的字詞組合、追求無窮的夢想與執著,此全景圖便是多樣性。人類無法被任何固定的規則束縛,不論是神明代言人頒布的,或人類的立法者及執法者創造的。

讓人之所以是人的東西是隱形的,也不可能系統化。要做一個人,就要懂得如何集中注意力。你需要知道記住某事的意義,將它留存在心上,並在需要的時候調閱。你必須能

夠貫徹你的意圖。這些事情基本到我們幾乎不會多想，然而這些基本的指令卻往往會走上岔路。

心智一般很不安分，做不到片刻的靜定。

心智一般很淺薄，無法穿越到不斷活動的心智表層之下。

心智一般沒有目標，不能讓自己的意圖開花結果，締造出意義。

這三項問題互有關連，引發大部分人熟到不能更熟的掙扎。要是人類的心智天生就不安分、淺薄、沒目標，那超人類便只是空洞的理想，說了也是白說。但實際上，心智的天性是安定，可深入自己的覺知，找到比較高遠的目標。實效型不朽揭露了這一項事實，讓我們知道正常、自然的心智生活是什麼樣子。

當你觸及一體性，其他的基本事項便很清晰。要是你不能編造象徵符號、不能辨識象徵符號的意義，就做不了人類。紅燈是告知車輛必須在路口暫停的象徵符號。「紅」跟「停止」本來並不相干，直到人類用紅色代表停止的意思。「樹」這個字代表一種高大、有木質莖幹的植物分類，但兩者的關連是強行施加上去的。樹的法語是 arbre，德語是 baum。然而當我們創造了象徵符號，便可能被符號所困，就像我們因國旗被國族主義困住，因金錢被貪婪困住，因宗教儀式被教條主義困住。

創造象徵符號而不被符號掌控的自由，是實效型不朽的一環。蘇非教派說，世界萬物都是象徵性質的，在我看來確

實如此。虛擬現實是以三維的象徵符號,來呈現智人想要的世界。我們言說的事物,象徵了比言語乃至思維更深層的東西。比如,如果你要弄清楚「愛」這個詞的全部含意,意義的脈絡便會走向四面八方。「我愛○○」可用在一切欲望、一切渴求與願望上。然後,不管愛的反面是厭惡或恐懼,便象徵了我們不想要的事物。

要超越你的個人故事,一個必要的環節是不再被象徵的符號所蠱惑。你開始看出那些東西就像假鈔。「愛」這個詞可能會被用在合理化家暴、走火入魔的嫉妒、跟蹤騷擾、攻擊情敵。「和平」之類的字詞意思也可能被歪到十萬八千里外,比如,一個國家可能會打著維護和平的旗幟,販賣大規模殺傷性武器給其他國家,或是討好濫權的統治者以免他殺害自己的子民。

實效型不朽的終極道理,跟無為的道理是一樣的。你讓整體性自行發展。你停止強迫、掙扎、干預。可惜的是,不論是佛教、道教、基督宗教,無為的教導都染上了神祕的色彩。停止強迫的手段沒有絲毫神祕可言,只要人們肯停止強迫,日常生活便會大幅改善。要是我們肯停手,不再做我們明知有害的那許多事情,無為將會是每個人都想要採用的生活風格。

為什麼我們不肯無為?因為實效型不朽的所有環節,包括集中注意力、讓你的意圖開花結果、實現目標、割捨你的故事、終結象徵符號的暴政,全都取決於你必須抵達的意識狀

態。虛擬現實裡只有故事與象徵符號。超現實不是。所以要有一條路讓我們從一個意識狀態前往不同的狀態。不揀選的覺知告訴我們,這條路的重點不在於你的思、言、行。你逐步開啟自己的潛能,那跟思、言、行沒關係。那會自動發生。

真相是誰都不必擔心如何與不朽溝通,因為不朽一直在跟我們交流。它不會放我們走,永遠不會。來自超現實的訊息進入我們的覺知以後,便留在覺知裡了。訊息一旦轉譯為我們的日常生活,便可能化為任何事物。看看周遭吧。沒人發明專注力、意圖、愛、聰明才智、創造力、演化。然而這些事物就在這裡,就在此刻,永遠都在,不離不棄,無論我們如何誤用。一體性一直將我們放在心上,所以我們將它放在心上。雙方都沒有選擇。

第 13 章

一體的生命

我們完整時,世界便完整。那將是了不起的轉變,因為現狀是我們四分五裂,於是世界四分五裂。在一體狀態下的事物,會脫離新聞裡那一種永無休止的衝突。目前人類的核心本質有極深的裂痕。我們自稱哺乳動物,大部分人卻相信自己有靈魂。我們跟大自然劃界線,濫用資源,不考慮後果。我們是地球的照護者,也是地球最可怕的威脅。

但集體意識已經出現轉變的跡象。這轉變最溫馨的徵兆之一看起來很雞毛蒜皮,是一支關於章魚感恩的影片,目前將近一千兩百萬人觀賞過。影片始於葡萄牙的一片海灘,男子斐洋漢(Pei Yan Hang)在沙灘漫步,看到一隻小章魚被困在無水之處。斐拿出手機拍攝這隻章魚。牠可能是被大浪拋上岸的,一副無力瀕死的模樣。斐動了惻隱之心,用塑膠杯

裝起章魚，送回海裡釋放。

　　章魚隨即恢復元氣，伸出八隻觸腕（專家說「觸腳」不是正確用詞），色澤漸漸正常。章魚一般很害羞，會避免讓任何威脅近身，畢竟章魚是外觀像一個袋子的軟體動物，這是必要的生存策略。但獲救的章魚沒有逃跑，反而挪向斐的鞋子，伸出兩隻觸腕放在鞋子上，停留了幾秒鐘才毫不遲疑地離去。不久，「感恩的章魚」影片在網路上竄紅，進入了大眾文化的領域。或許你會認為那是人類自作多情，但話說回來，也沒有獲救的章魚不感恩的證據。這有辦法判斷嗎？

　　常規的答案是沒有，而這又分為強硬的沒有，以及柔性的沒有。強硬的沒有是只有人類具有意識。柔性的沒有則是只有人類具備完整的意識。這沒有給腦容量大的哺乳動物留下多少餘地，比如鼠海豚、大象、人猿。柔性的沒有已經屹立不搖很久了。然而一旦你明白意識是創造的源頭，邁向肯定答案的路——章魚能夠心懷感激——便開啟了。

　　但從超人類的角度，沒有任何事物是外來的。只有一個現實，由一個意識掌管。也只有一體的生命，儘管我們有別於聰明的黑猩猩、蠢笨的蜥蜴、完全沒有意識的細菌。此刻地球面臨危難，我們迫切需要為了眾生進化成超人類。

一體的生命，只有一體的生命

二〇一四年一月號的《科學人》刊出一篇文章，備受推崇的神經科學家克里斯多夫·科赫（Christoph Koch）對「沒有」的論點提出質疑，詰問意識會不會是普遍存在的。他的論述很有說服力，指出動物的智力並不低下。不僅如此，智力與大腦尺寸沒有關連，甚至跟有沒有複雜的神經系統無關。「蜜蜂可飛行幾公里並返回蜂巢，尋找方位的表現很優異。」科赫指出（我要補充一下，那不僅僅是優異，更是在森林裡迷途的人類做不到的事）。「而一個氣味進入蜂巢以後，便能讓蜂巢內的蜜蜂出動，前往之前遇到那個味道的地點。」

這種特性稱為「聯想記憶」（associative memory），科赫舉的例子是法國文學裡一個由瑪德蓮蛋糕引發的著名場景。普魯斯特（Marcel Proust）寫了七大冊的小說《追憶似水年華》（À la recherche du temps perdu）一開始是敘事者拿著一塊瑪德蓮蛋糕去蘸茶水，這舉動是他的童年習慣，童年的回憶便隨之洶湧而來。科赫認為蜜蜂這種低階的昆蟲，也有這種聯想記憶。但我們可以找到大量的其他例子。科赫繼續以蜜蜂為例，指出：

> （牠們）可辨識照片上的特定面孔，可用來回擺動的舞步跟姐妹們交流食物的地點及品質，可用儲存在短期記憶的線索穿越複雜的迷宮（比如，「遇到岔路以後，

從顏色跟入口一致的那個出口出去」）。

科赫說，重點是不能只因為一種生物的生理構造太簡單，便武斷地認為牠們不可能有意識；生理構造不能障蔽意識。他熱切地宣告：「蜜蜂、章魚、渡鴉、烏鴉、喜鵲、鸚鵡、鮪魚、老鼠、鯨魚、狗、貓、猴等等，一切物種都有能力做到精密、習得、非刻板的行為。」這讓我們從「沒有」、只有人類具備意識跨出了一大步，邁向「有」、意識是普遍存在的。

那隻感恩的章魚展現了人類的舉止。要明白這不是一廂情願或幻想。科赫相信要不是我們充滿成見，便會意識到假如是人類做出其他動物長久以來的行為，我們便會說那些行為是有意識的。狗會用飽含愛意的目光看著主人，主人不在會著急，主人離世會哀傷，這些都是另一種生物展現的意識特徵。但我們的成見很難克服，因為那滿足我們的私心。智人具備古老的狩獵能力。我們捕殺、攝取大量的動物，為了安慰自己的良心，我們將牠們視為低等的生物，沒有心智、意志、選擇的自由。

任何將其他生物視為異類的觀點都很武斷。沒有哪一種生物比章魚長得更像異類。根據最古老的化石，最早的章魚出現在至少兩億九千五百萬年前，而在三百種章魚裡面，最大跟最小的章魚則都有兩個眼睛、八條觸腕、在八條觸腕的交會處則有一個喙。章魚的尺寸可以很大，比如太平洋巨型

章魚的體重可高達兩百七十公斤，觸腕張開的長度界於四至九公尺，那八條觸腕和猛咬的喙就像怪物。但就像暴龍或大白鯊一樣，太平洋巨型章魚不會覺得自己是怪物。在意識活動中，章魚在宇宙的地位跟智人一樣。牠們有生命，能夠意識到自己及周遭環境。

有大量的證據支持這種說法。自然學家賽‧蒙哥馬利（Sy Montgomery）在二〇一五年的著作《章魚的內心世界》（*The Soul of an Octopus*）中，以驚人的方式縮小了人類與軟體動物之間的鴻溝。在以「章魚明白人類也是個體」破題的那一節，她談到章魚顯然懂得結交朋友與樹立仇敵。最溫和的實例是西雅圖水族館（Seattle Aquarium）派了一位飼養員去餵章魚，另一位則用刷子戳弄牠們。不出一週，牠們一看到這兩人，大部分章魚便會漂向專門餵牠們的人。

但牠們跟特定人員的相處模式比這要離奇得多。新英格蘭水族館（New England Aquarium）一隻名叫楚曼（Truman）的章魚討厭其中一位志工，原因不明。每一回她走近水槽，楚曼都會用虹管（章魚頭部側面的管子，用於在水中推進）對著她噴出一蓬冰涼的海水。後來這位志工去念大學，幾個月後又回去一趟。她不在的時候，楚曼沒有對任何人噴水，但她回來後，楚曼一見到她便立刻用虹管把她噴得濕淋淋。

蒙哥馬利深入描述在圈養環境下的章魚，有雅典娜、奧克塔薇爾、迦梨等等，牠們有奇特的行為，幾乎跟人類一樣各有各的作風。她認為牠們跟人類很像的原因踏實到極點。

她寫道，畢竟，我們跟章魚有一樣的神經元和神經傳導物質。以無脊椎動物來說，章魚的神經系統複雜得很不尋常，構造卻不像人類的神經系統。章魚大部分的神經元位於八隻觸腕，而不是腦部。每一條觸腕都可獨立移動、碰觸、嚐味道（每一條觸腕上的吸盤都是味覺所在的部位），毋需大腦指揮。

生理結構無法解釋章魚怎麼認人、記住人臉。有一隻章魚討厭夜間明亮的照明干擾睡眠，便向電燈噴水，以致電燈短路燒掉。解剖章魚的神經系統，無法解釋章魚如何擬訂這樣的策略（野生的章魚不會朝著海面上方噴水）。這看起來是創意的聰明行動。

我的看法是存在即意識；因此，沒有哪一種動物的能力令人驚訝（是我們的眼界太小才會嘖嘖稱奇），因為每一種生物都在展現屬於純意識的特性。這些特性會覺醒，覺醒了便按照每一種生物的演化故事，進入物質界。感恩的章魚不是像人類。若說我們像章魚一樣懂得感恩，也是一樣公允的說法。兩種觀點都是偏頗的。

本書一直在說明追求覺醒的理由，但覺醒不是終點——之後還有宇宙意識（cosmic consciousness）。我說的宇宙意識，便是人家說的「無上覺」（supreme enlightenment，梵語稱為 Paramatma）。**若說超人類是覺醒後的狀態，不妨將成為超人類視為跨越一道門檻。在那裡，有廣闊的新領域可供探索。**

宇宙意識（Cosmic Consciousness）

　　宇宙意識不是分出一小部分的自己給阿米巴原蟲，給蜜蜂的則多一點，給章魚的又更多一點，最後將最豐厚的一份賞給了智人。在全像攝影中，一個雷射畫面的片段可以拿來投射出完整的畫面——只有蒙娜麗莎的笑容，就能投射出整幅畫。全像技術甚至可以從一個平面的雷射畫面，模擬出一座立體的雕像或一個活人。**宇宙意識僅僅取用一個宇宙的**可能性，**做出規模宏大的投射——整個宇宙**。所以，說事物是從空無一物創造出來的並不太正確。物質宇宙是從宇宙意識的一個概念冒出來的，並以物質形式展開。純意識不是空無一物。

　　人類繼承了這種能力。如果我說「想像巴黎鐵塔」或「在心裡看見自由女神像」，光是憑著這兩座地標的名稱，你便可以看見它們的全貌。名稱不具備三維：事實上，連半維都沒有，只是一個概念的語音標籤。自由女神像是將自由的概念轉化為一項藝術品。但「自由」也可以用完全不同的形式呈現，比如革命戰爭或反戰運動。概念一直在塑造及重塑事件、文明、整個人類世界。

　　各種點子以三維的形式呈現，構成了你生活的世界。照例是聰明人比我們早察覺這一點。兩千多年前的柏拉圖便主張，世界萬物都始於抽象的普世概念，而他稱之為「形式」（forms）。時間跳到兩千年後，維爾納・海森堡（Werner

Heisenberg）說：「我想現代物理學絕對是選擇青睞柏拉圖的。事實上，最小的物質單位並非一般認知中的物體，而是形式，形式就是只有數學語言才能夠清楚表達的東西。」

既然物質與能量的基礎建材是概念，可見宇宙本身也是從一堆概念或者說形式冒出來的。變成我們宇宙故鄉的這一套概念或許有其他的變異版本，有的變異版本將是人類的心智無法想像的。假如多重宇宙真的存在，那它的一個特性便是億萬個其他宇宙的自然律可能跟我們的截然不同。自然律只是一個數學模型，而數學模型是概念。

請容我在此插入一則個人的注釋。由於我邂逅量子物理學，後來才會寫出《量子療癒》（暫譯，*Quantum Healing*），剛接觸這個學科時，我很振奮物理學與印度的深刻見解是一致的。一般譯為「幻象」的梵語詞彙「瑪雅」（*Maya*）是指虛擬現實，而瑪雅的教條主張幻象只是一個概念。兩者還有更深刻的相似處。海森堡認為大自然的現象是根據我們提出的問題而來──也就是說，時間、空間、物質、能量的特質，是觀察者從量子場採擷出來的。在古印度，瑪雅的起源是人類想要確認自己的內在信仰，由於有這份意圖的參與才有了瑪雅。在兩者的情況中，大自然都讓我們看見了我們想看的東西。

當時，我很興奮古代走向內心的路，與現代科學向外發展的路，兩者終將抵達相同的實相。後來我才很錯愕地發現，現代物理學大致上已經背棄了優秀的量子先驅。加州理

工學院（Cal Tech）的一位教授告訴我：「我的研究生對物理學的認識，超過了愛因斯坦。」專業知識的進步確實相當可觀，但這樣就有理由拋棄量子先驅們對現實的理解嗎？

愛因斯坦至少承認這種風險是存在的，說：「在我看來，如今有很多人似乎看盡了樹木卻看不到森林，連職業科學家也是。」為了矯正這種短視，愛因斯坦呼籲科學界利用哲學培養開闊的心胸，認為這樣才是「真的在追尋真相」的標誌。然而如今都二十一世紀了，看見的森林卻最少，因為每一門科學的領域都變得更專精也更零碎。你在物理領域耕耘一輩子可能只研究一個概念，比如永恆膨脹（eternal inflation），或是鑽研一個基礎粒子，比如希格斯玻色子（Higgs boson）。

宇宙意識聽起來似乎很遙遠，感覺跟我們如何在日常生活運用心智沒關係。但實際上，**每個人的心智隨時都在投射宇宙意識。**你的心智是宇宙意識的一個片段，但就跟全像攝影一樣，一個片段足以投射出全體。以下的練習可以幫助你理解。

練習：宇宙衝浪

閉上眼睛，想像你站在海邊，看著浪頭捲進岸邊。在腦海建構出鮮明的畫面，開始改變浪頭的形狀。看著海浪變大，成為世界級衝浪者會站上去的巨浪。看著海浪變小碎

浪。修改海浪的顏色：紅的、紫的、亮橘的。將自己安置在浪頭上，不用衝浪板便穩穩站在上面，向岸邊前進。如果你要的話，你可以變身。或許變成美人魚從波浪間冒出來，唱著誘人的歌曲。你懂我的意思。

你發揮創意改造海浪的時候，省思這是怎麼回事。你沒有翻閱可能性的目錄。你是自由的，想像力可天馬行空。讓兩個人做這項練習，他們會有不同的創意點子。可能性有無限多，不受任何規則束縛。沒人阻止你把太平洋變成粉紅色的果凍。宣稱這些潛在的創意點子存放在腦細胞的原子與分子裡面，根本不合邏輯。你主動挑挑揀揀，堆疊出沒有前例、舉世無雙的創意思維組合。

但即使地球上的七十億人口都做了這一項練習，大家也只做了一件事：將可能性化為現實。這一件事不斷發生，足以創造宇宙。在一九四〇年春季，最有遠見的現代物理學家之一約翰・惠勒（John Wheeler）打電話給另一位有遠見的物理學家理察・費曼（Richard Feynman）。

「費曼。」惠勒嚷道。「我知道為什麼所有的電子，都有相同的電荷和質量了。」

「為什麼？」

「因為那都是同一個電子！」

後來這便稱為單電子宇宙（One-Electron Universe），根據費曼的印象，這個驚人的概念深深印入了他的想像之中，但一開始他沒太當一回事。看看我們的物質世界，這裡有大

量的電子存在——億萬個電子每一秒都在你家的電網發射電流。每個電子都在時間與空間隨著軌跡移動，稱為「世界線」（world line）。

惠勒提出一個電子可四處穿梭，形成一團糾結的世界線。跟許多個電子建立許多世界線相比，這是很有趣的另類想法。現在，換為人類版的說法。將許多電子替換成許多觀察者，而每個觀察者都有自己的眼睛。在地球上，觀察者的人數超過七十億。但幾十億個觀察者發揮觀察的能力，則是同一回事。因此我們棲身在一個「單一觀察者宇宙」完全可能是真的。那就類似你說「全人類都會吸氣」而不必計算有多少人在呼吸。這便是宇宙意識的角度。我選擇浪頭拍擊海岸的畫面不是出於偶然。古印度的先知們指著大海說道：「**每一道波浪都是露出海面的海洋，跟海洋本身沒有差異。不要被各自的小我愚弄。你是竄出頭的宇宙意識，跟宇宙意識本身沒有差異。**」

只有智人可以選擇自己要採取的視角。我們是同一個海洋的獨立波浪。單電子宇宙與多電子宇宙的唯一區別是我們的視角。兩者的真假取決於我們的看法。或者把話講得更重一點，兩者的真實程度取決於我們的決定。**我們站在作出這項選擇的關鍵點上，就是站在創造的關鍵點上。正在發生的只有一件事：可能性正在變成現實。**約翰‧惠勒還說過，我們生活在一個參與式宇宙（participatory universe）。我只是擴充同一個概念。**參與式宇宙提供無窮的選擇；唯一由不得**

你作主的事就是選擇不參與。

　　一旦參與其中,你要如何參與完全是你說了算。人類可以看看世界萬物,愛怎麼解釋就怎麼解釋。世界上為何會有感冒病毒、大象、紅杉、老鼠?或許有人會說上帝創造萬物是有原因的,有的人則相信萬物是在量子真空經歷了數十億年的隨機過程才開花結果,來到這個世界。最激進的解釋則是智人將我們想要的一切,添加到我們的虛擬現實來。**每一種解釋不過是不同的故事。宇宙意識超然於故事之外,從自身內在創造。故事是後創造(postcreation);宇宙意識是前創造(precreation)。**

無因之因

　　如果從人性有其缺陷的角度來看,我們身為現實創造者的角色是很沉重的擔子。許多個世紀以來,創造的工作都可以推給上帝。比如在中世紀的思維[1](The medieval mind)就認為,天堂及人間萬物的起源都是上帝——中世紀最偉大的神學家多瑪斯・阿奎那(Thomas Aquinas)認為上帝是「第一

1　可譯為「中世紀心態」或「中世紀思維」,指的是中世紀時期人們的思想模式、世界觀或信仰體系,通常包括對宗教、科學、哲學、倫理等方面的看法。中世紀心態往往以宗教(特別是基督教)為中心,強調神聖與信仰,對現代科學和理性主義的理解較為有限。

推動者」（first mover，拉丁文寫作 primum mobile）。單單上帝本身便握有創造宇宙的知識。

由於完美是上帝的屬性，上帝的創造必然完美運作，而在墮落世界運行的一切，即使是一顆跳動的心臟與湧動的海浪，都是上帝傑作的不完美呈現。亞當與夏娃墮落時，大自然也一併墮落。最初的人類從完美的自然世界被驅逐到不完美的世界。伊甸園退位，險惡蠻荒上位。

《神曲》是最全面省思宇宙學的中世紀文學。但丁在《神曲》試圖以視覺畫面勾勒上帝的完美，以便讀者理解。《但丁的世界》（Dante's World）網站是這樣描述的：「原動天（Primum Mobile，「第一推動者」）是最快、最外層的天體，將動力帶給其他天體——但丁看見九個火圈繞著中央的強光轉動。」

這九個火圈是天使聖團，因為在但丁的宗教世界觀裡，一定有臻於完美的存有被派來延續創造。否則，上帝便必須籌劃一切，然而那是不可能的，因為他顯然是不動的推動者（Unmoving Mover）。「他」是過時的用詞，也不是希伯來文的正確用字，但為了方便起見我還是用了男性的代名詞，不然「他、她、它」太冗長。）提起上帝時，中世紀的基督徒心智不能詆毀——或避開——神聖的完美。

那種執著留存至今，但換了一副面孔。我們不能妄想自己完成完美的創造，只有自己的不完美剩下來。我們跟《聖經》的亞當與夏娃一樣混亂而困惑。我們內疚自己破壞了地

球,卻管不住自己,即使大自然在我們眼前崩塌。

本書一直主張創造是從純意識展開的。沒有上帝在像藝術家一樣,按照心裡的畫面在創造世界。只有無窮演化的創造。創造的過程沒有單一的故事線,而是擁抱全部的故事線。創造不講究道德。對人類的想像力來說,悲劇跟喜劇一樣扣人心弦,所以我們持續創造兩者。(莎士比亞站在環球劇場(Globe Theatre)底部為觀眾獻上戲劇全貌,而好萊塢把戲演下去。)

只有意識的演化可以解釋維繫萬物的創造。意識的優勢是沒有邊界。不可思議與平淡無奇站在同一個公平舞台上。現在我要冒險一試。如果你上 YouTube 輸入 *Lourdes levitating Host* 三個字進行搜尋,便可以觀賞一支在法國盧德(Lourdes)拍攝到的奇蹟事件。一篇消息靈通的網路評論說明了事件經過:

> 一九九九年,擔任里昂大主教的比耶紅衣主教(Cardinal Billé)主祭了一場彌撒,從唱頌呼求聖神禱詞那一刻起,直到舉揚聖體為止,聖體都微微飄浮在祭碟(放聖體的盤子)上方。現場的錄影播出以後,奇蹟的片段被剪輯下來,放上網路。此時,法國的主教們決定保持沉默。最近,庫里亞(Curia)的一位主教注意到這支影片,自行查證影片的源頭,並向現任的里昂大主教請教了法國主教們對此事的立場。後來,這位紅衣主教

將奇蹟歸於聖父。那支影片的神蹟看起來不是偽造的,因此他擔心某些主教太急著隱瞞真實的神蹟。

現存的影片很模糊,但跟網路評論的內容一致。那一場彌撒使用的聖體並不小,尺寸跟餐盤差不多。聖體飄浮的時間持續了幾分鐘,結束在舉揚聖體的時候,也就是大主教向會眾舉起聖體的時候。如果我們看見的確實是飄浮,那聖體便是浮在三到五公分高的半空中。

我不清楚誰有資格裁定這支影片是真的,抑或是聰明的數位騙局,但對我來說,重點不是奇蹟,而是人類願意將什麼事物,接納到現實的場景之中。目前,數百萬人看過飄浮聖體的影片,而他們的反應涵蓋了人類意願的範圍。我認識的大部分人是讚嘆一下,其他人則懷疑那模糊的畫面。有幾個人露出怪異的表情,彷彿他們是哈姆雷特的好友赫瑞修(Horatio),而哈姆雷特剛剛說:「赫瑞修啊,憑你的思維,天地間多的是你作夢都想不到的事。」

你可以說哈姆雷特在指責朋友的夢不夠深刻。奇蹟也提醒了我們類似的事。也許有一天,我們可以解釋飄浮的聖體之謎——畢竟,理論物理學是有反重力的。也許有一天會有人揭發那支影片是偽造的,或只是陷入被遺忘的經驗泥淖裡。即使是那樣,也發生了一件重要的事。那就是有少許的怪異獲准進入我們的集體夢境。只要一個火星便可以焚毀一片森林。你絕不會知道哪一樁怪事會驅散我們的集體夢境。

覺醒所需的時機一向不會短缺。覺醒帶你跨越時間的邊界。然而越是瀕臨大難，越難不感受到大難臨頭的壓力。有一種強烈風暴的發生頻率是五百年一次，但氣象學家認為，這種風暴在過去十年便發生了二十六次。如果我們要正視宇宙意識，便不能戴著有色眼鏡。這些風暴、風暴引發的人類苦難，都是獲准進入虛擬現實的。許多我們放進虛擬現實的事物，是為了製造噩夢般的生活。

　　一般人沒有準備好承擔責任，接受絆住我們的咒語、夢境、幻象是自己的傑作。溫室氣體的累積可以解釋為天譴，或一連串不幸事件的結果，或人類的不完美又一次搞砸一件事。自我毀滅是我們天性的一部分，但自我創造的力量更是無與倫比。覺醒以後，超人類可以修正人類鑄成的錯誤。我們只能各自覺醒，一個人一個人來。現實不是數字遊戲。我們的宇宙是單人遊戲，你我可憑一己之力推動創造本身。

一個月的覺醒計畫
成為超人類的 31 堂課

本書的宗旨是破解覺醒過程的神祕色彩。正道本來就應該輕鬆自然。唯一不確定的是時間——想提升意識層次的人的起點並不相同，因此各有差異。根據我的個人經驗，無論你從哪裡起步，欲望都是強大的誘因。當你真心想學某樣東西，像是新的語言、法式料理、攀岩，你會享受學習的過程，你學得越好，就越享受。

　　然而這些事物是技能，覺醒不是。覺醒沒有固定的規則或指導方針。連想要找個老師來指導你，都可能步步充滿陷阱。老師要如何證明自己覺醒了？但每一種相信較高意識存在的文化，都在歲月的累積下，為這一種特殊的學習開發出了學習的環境，比如印度的修道院或禪宗的佛寺。

　　這些學習環境符合當地文化的脈絡。但如果你不是當地文化的子民，從外人的角度看待這些學習環境，道場跟修道院就顯得陌生且怪異。不過，也沒有特殊環境是必要條件的證明。畢竟，覺醒的過程關乎自我覺知。自我覺知沒人可以教，也沒人有那種需求。意識已經包含自我覺知。我在本書一直主張，存在即意識。也就是說，你天生便擁有促進自我覺知的工具。只要拿出來用就對了。

　　在覺醒的過程中，沒有必須採取的特殊生活規範。你可以繼續像現在一樣生活，覺察「在外面」的世界與「在內心」的世界。**唯一的新元素是，你要以全新的假設看待兩個世界。**你假設「真實」的現實跟虛擬現實不一樣。你假設自己在真我的層次上是完整的。你假設真我提供較佳的生活方

式,更有意識,但也更有創意、開放、放鬆、接納、自由。

假設並不同於真相或事實。假設是需要被驗證的,這正是本節的目的。請你在自己身上做實驗,每天抽出一些時間,持續一個月,釐清正道是否可行。現在是追求較高意識的好時機。沒有宗教的陷阱與玄之又玄的迷霧,覺醒的過程所受到的肯定,遠遠超過從前。意識已進入新的階段,成為一個發展成熟的研究領域,心理學家、心理治療師、生物學家、哲學家、神經科學家乃至物理學家,都投入了研究的行列。

各界飛漲的興趣,其實比傳統的道場、修道院更能營造良好的學習環境。你可以全然融入日常生活,同時將更深層的專注力放在覺醒上。說來奇怪,**我們需要學習才能覺醒,這是心智受到制約太久的結果。**我們的心智以為咒語、夢境、幻象是真的,奉行不悖。拆除那些將我們困在心智建構物的制約,覺醒便發生了。當心智的建構物開始消融,我們便會抵達覺醒的狀態。

抵達覺醒是無法預料的,純屬個人。上路時最好敞開心胸,放下預期心理。只管抱持覺醒是確有其事的態度;許多個世紀以來都有人覺醒,**覺醒的唯一條件就是自我覺知。**

一份日常計畫

本節的課程設計是力求彈性。先列出一條當天的格言或

觀點，接著是簡短的說明，然後是一項練習。格言與說明一天中至少讀一遍，若能溫習幾次會更好，以便將注意力拉回當日的主題。練習所需的次數，是做到你真的體會到練習內容為止——分散在一天裡的不同時候做，應該一到三次就夠了。最後，留白的空間是供你記錄自己的體驗。更好的做法是另外準備筆記本來寫覺醒日記。

一個月便足以徹底覺醒嗎？我由衷感到懷疑，但有些人確實是某天一覺醒來，看看四周，便很確切地知道自己覺醒了。其他人則是內心一點一滴地改變，終至進入較高意識，幾乎都沒注意到改變已經發生了——那會隨著歲月的累積變成第二天性。透過重複這些課程的學習效果最好，當你想要重啟學習的過程，便回頭重修。覺醒有不同的層次，就跟學習新的語言、法式料理、攀岩一樣有技能等級之分。強化你的覺醒狀態是學習過程的一環。

靠近後面的課文篇幅會比較長，不是因為難度提高，而是需要明白的東西較多。每一課都一樣簡單。

對於如何覺醒要敞開心胸，保持流動與彈性。正道的妙處在於這一路上的每一課都有各自的學習成就，有各自的「啊哈」時刻、各自的樂趣。且讓我們秉持這樣的精神，開始覺醒吧。

第一日

> 現實世界的日常體驗始於知覺：
> 聲音、色彩、形狀、質地、口味、氣味。

覺醒不應該費力。但知道從哪裡著手很重要。你此時此刻的所在之處，便是開始覺醒的最佳地點。事實上，要是我們假裝還有其他的起點存在，麻煩就大了。你要體驗生活的真貌，也就是始於五種知覺的體驗。

今日功課

回歸根本。抽出片刻時間坐著，留意光線、暖意、飄過你身邊的氣味、食物的滋味，與這些最簡樸的體驗同在。放鬆地體驗。觀察就好。你越放鬆，覺醒越不費力。放鬆地進入當下這一刻是關鍵。在放鬆的狀態下，心智活動會平息，你便會自然而然觀察起你的直接體驗。

你的體驗：

_____

_____

_____

_____

第二日

人類感官的知覺範圍是窄頻的原始感覺。

五種知覺是我們對現實的窗口,但這窗口是一條小縫,不是觀景窗。「眼見為憑」適用於一小部分的原始資訊,而眼睛每一秒都接收到大量的資訊。其他四種知覺也是如此。五種知覺集結起來,構成現實的窄頻。擴充頻寬來增進我們的知覺,是覺醒的一個理由。

今日功課

認清你對現實的知覺實際上有多狹窄。摀住雙耳,留意世界的聲音變得多低沉。戴上墨鏡,留意世界變得多昏暗。在夜晚,到你家裡一間你非常熟悉的房間,將電燈關掉,小心地在房間裡走動,腳步要小。當你放下摀住耳朵的手、摘掉墨鏡、打開電燈,你對周遭事物的知覺便會擴展,但那比不上覺醒以後,現實能夠擴展的幅度。

你的體驗:

第三日

> 所有的生物對自己的感官體驗，
> 都有自己獨一無二的頻寬。

閱歷定義了我們全部人，既然我們只鎖定現實的一個頻寬（就稱為我頻道吧），我們的身分便也是狹隘的。其他生物鎖定了不同的頻寬，牠們隨之而來的生命體驗便是我們難以想像的。但人類可以隨意切換頻道。我們感受到的現實是否狹隘，取決於我們的覺知是否狹隘。覺醒以後，你便接通了完整的頻寬。到時候，現實便不再受限。

今日功課

抽出片刻時間，聽一聽鳥類的歌唱。每隻鳥都在訴說自己的故事。鳥鳴是在傳遞訊息，有的是親鳥在跟幼鳥溝通，有的是宣告領地範圍、吸引交配對象、示警危險、辨識一隻鳥是哪一種鳥。留意你完全聽不懂鳥類頻道的任何資訊。如果是聽不到鳥鳴的冬季，想一想小狗嗅聞空氣。狗的鼻子可判斷剛剛路過的人是誰、那人的鞋子踩到什麼、是何時踩到的。留意你的鼻子接收不到在小狗頻道流通的任何資訊。

你的體驗：
___
___
___
___

第四日

> 我們的肉身也是一種知覺的體驗。

　　我頻道說你有一具身體。你看得見且感覺得到的身體、由神經系統傳遞的感覺、歡愉與疼痛的部位——這些訊號一直在我頻道上播放。身體不是一件物體，而是各種知覺的聯邦。你的心智將這些零碎的知覺，整合為在時間與空間裡的連貫畫面。要是心智沒那樣做，我頻道便只會傳輸雜訊。

今日功課

　　花一點時間，直接感受你的身體。閉上眼睛，靜靜坐著。讓注意力從一個感覺漫遊到另一個感覺。抬起手臂，感受它的重量。拈起手指搓一搓，感受手指的柔軟與皮膚的肌理。聽聽你的呼吸與心跳。不管你接收到多少訊號，不管你的身體感覺舒適與否，你都連結到了自己真正的身體。你對身體的體驗才是你的身體。其餘的都是心智的干擾。覺醒後，你會接受並享受你對身體的體驗，那體驗本身便很幸福。

你的體驗：

_____

_____

_____

_____

第五日

每一個知覺體驗本身都是獨一無二、轉瞬即逝、抓不住、一時的感覺。我們的知覺會擷取現實的快照。

生命不斷帶來我們賴以為生的知覺感受。五感是萬物流經的管道。但不是水龍頭那種持續不斷的水流。知覺更像下雨，一滴一滴下。我們透過稍縱即逝的思緒與感覺去理解生命。我們無視每一項知覺實際上有多短暫——在我們覺察到一個感覺時，那感覺已經在消退。**每個念頭在我們意識到的時候便在消退了**。憑著覺醒，我們不再無視一直以來的實際狀況。將轉瞬即逝的感覺變成連續的電影或故事的需求會消退。

今日功課

將一粒鹽或糖放在舌頭上。注意在最初的鮮明味道出現後，那味道便開始消失。留意唾液腺的反應有多快，以及喉嚨想要吞嚥的感覺。你可以從中認清一項體驗有多短暫。但接下來才是真正的重點。試著品嚐在你將鹽或糖放在舌頭上之前的味道。你嚐不到的。那味道已經永遠消逝，而當那味道發生時，你大概也沒注意到。**轉瞬即逝的知覺便是生命的紋理**。

你的體驗：

第六日

> 每一張知覺的快照唯一不變的常數，
> 便是你的存在與覺知一直都在。

快照不會自己拍攝——鏡頭後面必然有攝影師。無論一位職業攝影師拍了幾千幾萬張照片，攝影師便是在鏡頭後方的常數。他的職責是檢視、安排場景、打光、專注、判斷畫面是否讓他滿意。這便是你對現實所做的事。你的感官送來原始資料的快照，快照有無窮的改變方式。唯一的常數是你，你看見隨機湧現的知覺，予以安排、轉換成你可以理解的內容。這大部分是自動完成的，然而一旦你覺醒，你會看見自己的所作所為。如此，你創造的自由度便大大增加了。

今日功課

回歸體驗的最基本單位。抽出片刻時間坐著，留意光線、暖意、飄過你身邊的氣味、嘴裡的味道，與這些最簡樸的體驗同在。放鬆地體驗。隨興觀察每一種感覺，你的注意力漫游到哪裡就觀察哪裡。你越放鬆，覺醒越不費力。**覺醒本身是完全放鬆、自發的狀態，敞開心胸，接受此時此地發生的一切。**

你的體驗：

第七日

將知覺的快照串聯起來,便會出現連貫感,
就像電影是由快速播放的定格畫面建構出來的一樣。

動畫是由每秒播放二十四幀快照所構成的,這項發明拆穿了我們的眼睛會被愚弄的事實,也同時揭露了一個關於現實的深層真相。人腦利用神經元的發射來運作。每一次發射都是一次能量的噴發,之後暫停,再啟動下一次噴發。這些噴發將現實切割成五感的資訊片段。當一輛火車從你身邊衝過去,你沒有看到火車的移動。你看到的是腦部一再噴發的資訊,因而出現火車在移動的錯覺。同樣地,你不會聽到連綿不斷的聲音。

生活的連貫性是必要的錯覺。我們必須看得出世界的活動,生活才會是活動的,而不是僵固的感覺片段。此刻,你的心智正在用相同的串聯程序,為你打造出你正在體驗的畫面與故事。等你覺醒了,你會看見這些畫面與故事的真貌:心智的人工造物。**你會超越畫面與故事,活在「真正的」現實裡──意識本身。**

今日功課

坐好,觀看電視或電腦上的移動畫面──任何畫面都行,比如走動的人、新聞、運動賽事。專注在一件從螢幕左

邊移動到右邊的事物。在現實中，沒人在橫越螢幕，沒有光子在橫越螢幕。其實那是一次次湧現的色彩，每一次湧現都是完全靜止的。將這些湧現依序串聯起來，動態的錯覺便誕生了。現在觀察一下，想看出發生在你眼前的真實過程有多難。你的心智必須看得出動態，因為從你出生起，世界便是串在一起的動態畫面——你的制約便是如此根深蒂固，你才會把錯覺當作現實。

你的體驗：

第八日

肉身與物質世界的樣貌，是心智憑著斷斷續續、短暫的感覺所建構出來的。

平時，我們不會過問心智如何從隨機、無意義的感覺，創造出三維世界。以嬰兒體驗到的簡單世界為起點，萬物都日漸複雜。新生兒不能聚焦在自己的手上，手看來像一團飄浮在半空中的粉嫩玩意兒。後來，這玩意兒變成一隻連結到身體的手，得到一個名稱，還培養出許多技能。手的組織與細胞都被醫學研究個透徹。

這些知識的累積發生在心智，也由心智創造。一隻赤裸的手沒有故事可說，沒有培訓完成的技能。高明的畫家、雕刻家、馬戲演員、廚師、焊接師傅的雙手做得到的事，都是心智的傑作。整個身體與物質世界也一樣。我們建構虛擬現實，以擁有人類不可或缺的畫面與故事。

今日功課

拿一張普通的 A4 紙，在中間開一個小孔。將這張紙拿在眼睛前面，你可以隔著小孔看見整個房間——這是你對這個房間的心智畫面。現在將這張紙舉在眼睛前方三公分或五公分遠，直到你只看到熟悉的物品的一部分——檯燈、椅子、窗戶等等的一部分。在只看得到景物一些部分的情況下在房

間裡走動。這很難。沒了心智打造的畫面，房間便成了一堆沒有連結的零碎畫面。想想你如何用心智建構出了你熟悉的三維世界，並接受了世界就是表面上那樣子。

你的體驗：

第九日

> 身體與世界的外觀都是心智活動（動詞，非名詞），
> 心智一直在活動，瞬息萬變。

當你走進房間、上班、出門散步，你看到的景物似乎很穩固——其實不然。大腦一直在發射訊號，以延續景物很穩固的幻象。你的五感配合演出，將光子轉化為畫面，將空氣的振動轉化為可辨識的聲音。也就是說，你一直在打造著世界。這是在你的覺知裡變動不休的過程。所以說，外在的世界是一個變動不休的過程，只是套上了景物很穩固的幻象。覺醒後，你看穿物質的幻象，與打造世界的創造過程恢復連結。

今日功課

看著一張朋友、家人、或名人的照片。現在將照片上下顛倒。留意你認不出那張臉了。你的大腦有個小毛病，在制約下，只能辨識沒有上下顛倒的面孔。你有一個辨識人臉的程序；臉孔本身沒有意義。或是想像你將一張照片放在轉盤上，讓轉盤開始旋轉（可用餐桌轉盤或電唱機）。留意在照片旋轉時，你認不出那是什麼。動來動去的世界並不真實，必須經由心智的建構，才會進入人類世界。變動不休的世界被套上了穩定不變的假象。

你的體驗：

第十日

心智建構的身體與世界，是幾個世紀累積出來的制約產物。

平時我們接受世界是一個既定的現實。山林、雲、天空本來就在那裡。但這些不過是虛擬現實的景物。在原始的感官資訊之外的天地萬物，根植在神話、歷史、宗教、哲學、文化、經濟、語言中。這些繁複的制約調教，被疊加到原始的感官知覺上。於是，我們感知到的身體與世界，早就有了現成的解讀，成了人類戲碼的延伸。覺醒後，你走出戲碼，做真正的自己。你明白虛擬現實是一種世襲的產物，不必繼續守著。

今日功課

這是一個簡單的知覺練習。看看字母Ａ。你看到的是由三個筆劃構成的簡單符號。但這三個筆劃沒有內建的意義，要是放平或上下顛倒，你便不能一眼認出它。字母Ａ則植入了各種意義。Ａ的意義很古老，可上溯到腓尼基人的字母。後來混入了希伯來字母 *aleph*，代表開始、創造、上帝。Ａ是一的同義詞，意味著個體性與算數的起點。Ａ是理想的學業評分，如果你拿的Ａ夠多，你便很可能受過良好的教育，最終擁有富足的人生。

如果僅僅一個字母的字便承載了如此豐富的歷史與含意，想想人類世界的結構該有多麼複雜。我們繼承了百花齊放的意義，這些意義將世界串聯在一起，但同時也變成包袱。（想想另一個單一字母的字惹出多少麻煩，也就是 I。）

你的體驗：

_____

_____

_____

第十一日

心智本身不過是受到制約的覺知。

每個人都誕生在一個充滿詮釋的世界。世世代代的人傾盡一生，給每件事物都加上人類的意義。每個新生兒都在學習這些準繩的過程裡長大，等你能夠應付這個世界，可以走路、說話、作出人生選擇、建立人際關係，你便找到了自己在虛擬現實的立足點。到了某個時候，你會想要自己獨一無二的體驗。「我要做自己」是很強烈的動機。

但要獲得任何體驗，唯一的辦法是動用心智，而每個人的心智都受到全面制約。別無選擇。我們學習世界的準繩，為了「我要跟大家打成一片」犧牲「我要做自己」。比社交壓力更沉重的是職場壓力。虛擬現實的規矩要求我們接受跟大家一樣的畫面、故事、信念、習慣。覺醒後，你會跨越那些規矩做自己。「真正的」現實永遠是新穎的原創。

今日功課

今天的挑戰是找出一個純屬於你個人的想法。這個想法不能呼應任何你聽人說過或在書上看過的觀點，不能以熟悉的辭令表達，不能源自於回憶，因為那樣的話，你只是在重申以前的事。從這個簡單的挑戰，就看得出心智的制約如何牢牢地箝制你。有一些證明可行的脫身方法，比如想像力及

幻想,都因為跟現實脫節而不受規矩的束縛。另一種脫身方法就是覺醒,覺醒讓你置身在此時此地。在永恆的當下,受制約的心智沒有容身之處。

你的體驗:

第十二日

> 虛擬現實是一個關係網絡。

　　物質世界的一切都在於關係。我們從關係中建構故事。聖誕樹在訴說一個故事；這一棵掛著飾品的樹與其他的常綠樹有關係，還可以回溯到植物界及生命的起源。天地間看得到的事物，必然都被安插到關係的網絡上，串聯到四面八方。這一張將萬物串聯在一起的網絡是隱形的。我們置身在關係網絡裡面，將無窮盡的故事編織成持續上演的電影。

　　但你要如何脫離這一張網絡？人類夢想著有一個像天堂那樣的領域，可永久擺脫這個相對的世界。天堂或許是一場夢，但一個超脫凡俗的世界不是夢。等你覺醒了，你便會在那個世界，那世界便是意識本身。創造的子宮就在一切造物之外。

今日功課

　　讓視線在房間裡游走，隨機挑一件物品。現在花三十秒快速想出一個接一個和它相關的詞，盡力就好。假設你挑了一盞檯燈。與檯燈相關的詞彙：光、燈泡、螢火蟲、火把、自由女神像、金色大門旁的明燈、自由、移民、德國、納粹主義、希特勒、第二次世界大戰等等。留意這些詞彙自己延伸到四面八方。做一個簡單的字詞聯想練習，你便織出

了一條關係線,匯入了創造這個已知世界的關係網絡。

你的體驗:
___
___
___
___

第十三日

心智讓我們陷入自己打造的虛擬現實。

在關於世界的創世神話中,上帝或眾神在一邊俯視他們創造的世界。但對於人類來說,我們創造了虛擬現實,然後走進去。虛擬現實的目的是讓我們扮演雙重身分,一邊創作自己的故事,一邊親自演出。這兩個身分是心智創造的,讓兩者保持分離令人錯亂。遇到難關的人會問自己:「這是我自找的嗎?」而他們答不出來。

捲進虛擬現實,乾脆照著劇情走、假裝我們只有演員的身分,會比較省事。然而作者的角色更重要。可惜,我們普遍忘了如何擔任作者。人生已經太令人困惑。當你覺醒,你會清楚看到自己在創造過程裡的角色。你不再無助,也不是受害者,頂多就像羅密歐與茱麗葉被莎士比亞迫害一樣。他們在作者的覺知下有了生命,就像你每天都在自己的覺知下有了生命。

今日功課

將自己放回萬物的創造中心。下一回點餐,或在店家請店員拿某件貨品給你看的時候,從以下的角度看這件事:啓動這個情況的意念是我下達的。我將這個意念轉換成言語。言語讓另一人執行了一項新的行動。那行動促使在廚房的廚

師（或是為商家製造了貨品的廠商）展開另一項行動，廚師藉此維持生計來創作自己的故事，而這些故事集結起來便是人類歷史。因此，在每一刻，我的意念都在歷史的創造中心。

這不只是看待一項日常活動的新角度。這是事實，**你是萬事萬物的創造中心，一直都是。**

你的體驗：
_____
_____
_____
_____

第十四日

直視身體、心智、世界而不予詮釋的話，這些事物其實是同一項活動。

儘管我們每天拿一千件事情讓自己忙碌，將世界視為一體是自然而然的事。對虔誠的信徒來說，這個一體是上帝創造的。對大部分科學家來說，這個一體是物質宇宙。但那都是受到制約的回應。信徒不能請上帝證實他的信仰是真貨，科學家不能確定時間、空間、物質、能量是哪來的。要是你直視世界、不產生受到制約的回應會如何？那你便會明白那個一體是不斷自我修訂的覺知。**身體、心智、世界都是意識裡的體驗。這本身是可以證實的。體驗是現實的試金石。當你覺醒，覺醒便是你唯一需要的試金石。**你投入意識的活動，並盡情享受其中。

今日功課

意識的活動包含一切創造。今天你可以參與意識的活動，享受這個體驗。花一點時間做一件開心的事——可以是跟朋友共進午餐、觀賞林木與天空、看著小朋友在遊樂場玩耍。如果你的喜悅是在午夜吃冰淇淋，也絕對沒問題。不論你做什麼事，放鬆地沉浸在你的樂趣裡並留意你的感覺。**愉悅感是活在此時此地最簡單的方式**。只要留意你的喜悅，便

是將自己安置在意識的永恆活動中。

你的體驗：

第十五日

仔細看，你找不到任何獨立在我們覺知之外的外在世界或肉身。

我們太習慣帶著分裂的自我過生活，要是你能夠識破分裂的自我，便是跨出一大步了。分裂的自我說你生活在兩個世界裡，一個「在內心」，一個「在外面」。但如果現實只有一個，這種觀點就不對了。意識是一體的，呈現為一體的現實。明白這一點，你就有穩固的立足點——你自己的覺知。制約的心智腐化並扭曲覺知，給你的知覺戴上有色眼鏡，逼你接受世界有內外之分。覺醒讓真相變得清晰。所有的世界都是在意識裡面體驗到的。不需要證明物質世界的存在或不去證明。你現在就在這裡，而這就夠了。

今日功課

將內在與外在世界融合為一個並不難。找一張你的照片，可以是駕照上的照片或快照。將照片拿在手上，看著鏡中的你。然後看著照片中的你，最後，在心裡看見自己。當你的目光從注視鏡子反射出來的肉身，移到相機捕捉到的你，再移到內心的你，**每一次的體驗都發生在意識**。在那個基礎上，這可不是三次不同的體驗，而是一個體驗被修訂出三個不同的版本。**生命的點點滴滴都立足在相同的基礎上，**

因為各種體驗是修訂過的意識。

你的體驗：
_____
_____
_____
_____

第十六日

既然沒有獨立於外的物質世界，平時的現實世界便是在鮮活的當下發生的清明夢。

夢境千百種。有的夢很模糊，幾乎不比你清醒時閃過的記憶更鮮明。在另一個極端的夢則是所謂的清明夢。做清明夢的時候，你一點都不知道那是夢。你全然沉浸在夢中，以致醒來時，你很難感到那個夢不是真的。同樣地，虛擬現實是完全沉浸式的體驗，沒什麼線索能讓你識破自己並不全然清醒。

因此，一時的清晰、片刻的喜悅、有創意的洞見、冥想的體驗，才彌足珍貴。這些體驗讓你知道自己沉浸在鮮活的清明夢裡。醒來會成為一個驚喜——很多人錯愕地意識到自己已經沉睡了一輩子。流逝的每一刻都像在體驗鮮活的當下。然而當你清醒，當下便成了純意識的窗口。**填滿當下的是什麼事物都無所謂。重點是你對此全然清醒。**

今日功課

看穿咒語、夢境、幻象的那些時刻往往不請自來——來得出乎意料。想讓那些時刻找上門，並沒有固定的辦法可循，最接近的作法是冥想。但你今天就可以為超現實體驗的種子準備好土壤。在任何時候，你都可以看看四周，對自己

微笑,說:「想像這全是一場夢,我是做夢的人。」笑容很重要。你一笑,就像期待聖誕節的小朋友。**笑是在提醒自己,你知道好事即將降臨,而你開放了接收的通道。**

你的體驗:

第十七日

> 當下並不是你可以抓住並保有的一個時間點。
> 當下是覺知的起起伏伏。

　　如果你想知道是誰在強制執行虛擬現實的規矩,時鐘是一個不錯的起點。時鐘時間的滴答滴答,將生活切割成秒鐘、分鐘、小時的片段。當你認同了時鐘時間,你的人生就以秒鐘、分鐘、小時的單位流逝。這樣的生命是機械化的例行公事。要掙脫虛擬現實,當下就必須成為一種覺知狀態,而不是時間的切片。**當你覺醒,當下便是一種臨在,是不間斷地安住在此。**

　　體驗這一份臨在,觀照意識之流送來一連串短暫的感覺與知覺。將這連綿不絕的活動切割為秒鐘、分鐘、小時,只是一種心智建構。當你覺醒了,你注意到的便是覺知的臨在,而不是在心智裡上演的轉瞬即逝的事件。

今日功課

　　心智活動非常黏人。你參與了流經自己心智的思緒、感覺、畫面、感受。但你不是一定要參與這些思緒、感覺、畫面、感受。想像你坐在通勤列車上,望著窗外。窗外的景物一晃眼就過去了,你看到了景物,但你沒有檢視每一棟建築、每一棵樹、每一輛車、每一個人。那些只是一閃而逝的

景物。如果你恰巧注意到某一件特別顯眼的景物,它也是轉瞬消失,就跟其餘你沒有注意到的景物一樣。現在,把車窗換成你的眼睛。你坐在眼睛後面看著不斷流逝的景物。當你採用這樣的立場,便是所謂的「觀照」,你在那短暫的時間裡模擬了覺醒的永久狀態。

你的體驗:

第十八日

時鐘時間切割了無時間，給了無時間一個起點和終點。於是，有了出生、老化、死亡。

從原子、到人體、到宇宙，整個虛擬現實都是凍結在時間裡的無時間的過程。如果你說「我出生在一九六一年」，或「會議在三點準時開始」，或「大霹靂發生在一百三十八億年前」，你便做了一樣的事——將一直在流動的過程凍結在一個開頭，然後中間、結尾便自動出現了。開頭、中間、結尾是心智的建構。藍色的中間是什麼？在時間開始之前的最後一件事是什麼？**當你覺醒了，安住在此地的狀態便是連綿不絕的**——事實上，一直都是連綿不絕的，直到我們發明了開頭、中間、結尾。扔掉那些概念，人生會輕鬆許多。你不但會發現自己活在當下，而且出生、衰老、死亡都成了不相干的事。

今日功課

要脫離時鐘時間、進入無時間，以片刻時間看著一種顏色，假設是天空的藍色。試著看到藍色之外。要認真試。你會察覺，試圖用思考的方式到達是白費功夫。心智活動是無關緊要的。假如你真的看到藍色之外，那也不重要。當你讓心智停止干預，你便脫離了時鐘時間，於是你便只能置身在

無時間。同樣地，想像一個你不存在的時間。這也會讓想東想西的心智停止插手。當你不存在，便不會體驗到時間。對於永恆，還有比這更好的定義嗎？

你的體驗：

第十九日

> 現實是覺知無窮無盡的自我修訂活動。

　　假如有人過來對你說:「我想要活在當下。它在哪裡發生?」你會很困惑。「當下」不是地圖上的地點。我們找得到大腦連結的精確位置,覺知卻沒有前後上下。**當下是連綿不盡的,因為覺知連綿不盡。**只有在虛擬現實裡,才有開始與結束、出生與死亡之類的局限。在直接體驗的狀態下,現實像河流般流動。但你得想像現實是一條繞著迴圈流動的河,不是從山上的源頭奔流到大海。

　　等你覺醒了,即使是把覺知描述成一種流動,都還是太局限的說法。覺知不必是活躍的。事實上,活動無處不在。除了冥想的時候,除了出乎意料的靜默時刻,心智一直在參與意識在自我修訂時的起起落落。在繁忙活動之外的意識是靜默、純粹、無垢的,什麼都不需要做。**覺醒時,你會認同純意識,享受純意識帶來的平靜與安穩。**

今日功課

　　靜默的覺知一直與你同在,等著被注意到。找個安靜的地方,坐好,對自己說:「我是(你的全名)。」暫停片刻,再對自己說:「我是(去掉姓氏的名字)。」之後是「我是」,之後是「是」,最後沒有任何念頭。沒有可供認同的標籤,

心智便安靜了。在你體驗這種狀態時，即使只有片刻，你都找到了自己真正的身分。**小我來自心智活動；你的真我來自靜默的覺知。**

你的體驗：

第二十日

> 時間只是一種限制。空間、物質、能量也是。
> 覺知本身沒有任何限制。

如今,覺醒比較清晰易懂,在以前,覺醒過程的神祕色彩太濃重,以致顯得完全自相矛盾。有個古老的譬喻就說,想要覺醒的人就像口渴的魚。魚口渴只是因為牠不明白自己在大海裡。同樣地,尋求覺醒的人不明白心智的所有局限,都來自於不知道意識的海洋沒有邊界,每時每刻都遍及一切地方。

局限始於心智,卻是由時間、空間、物質、能量映照出來。不管你是醒著,或是睡著了,那映照效應都一直在運作。差別在於當你覺醒以後,你會識破物質宇宙的真貌,其實就是意識的活動。意識無形無狀,沒有邊界,超越一切標籤與思維,不可想像。那也正是你真正的本質。

今日功課

抬手開始做各種手勢,每一種都要有意義。扮演指揮交通的警察、指著黑板的老師、撫摸男女朋友臉頰的戀人、拌攪蛋液的廚師——任何你想演的角色都行。省思你的手如何隨著你的想像,移向你要它去的地方。心智與物質都來自相同的意識,只是外觀不同。同樣地,**個人現實是心智去協調**

時間、空間、物質、能量的成果,與人類的想像力一樣有無窮的可能性。

你的體驗:

第二十一日

> 虛擬現實是因為人類需要活在局限下而出現的。
> 這需求啟動了打造心智制約的程序。

　　局限是虛擬現實的一環，而那局限非常有說服力，也是必要的。你不能像鳥一樣飛翔；你不會因為想要致富的願望就變有錢；如果你被車撞了，你會受重傷或喪命。我說過受到制約的心智會編輯現實，讓現實符合人類的需求。無限變有限。我們受到殘酷的現實束縛。實際上，將無限編輯成有限沒有不對——畢竟，你不能一次想完無限多的思緒，即使以你的能力，你想得出無限多的思維。

　　問題在於我們忘了當初編輯現實的人是我們自己。虛擬現實不是既定的，而是人造的。虛擬現實被設定為有限，而就像你不能一次想完無限多的思緒，人身也不能一次做完所有事情，比如一次說完所有的話語、一次渴求完所有事物。虛擬現實的設定適合我們認為自己擁有——也必須有——的那個自我。

　　當你覺醒，局勢便反轉了。你明白虛擬現實是一種建構物。只有意識是既定的。只有意識不能被創造出來。當你覺醒，你就解放了自己，擺脫心智的制約、受限的自我、心智為虛擬現實所打造的限制。得到自由以後，你依然不能飛翔，不能許願要有錢就有錢，被車撞也無法不受傷。話說回

來,宣告一切都不可能是個糟糕的賭注。覺醒帶你跨越一道門檻。門檻外則是充滿各種可能性的遼闊新天地。

今日功課

　　抽出片刻時間坐好,想想那些你想做卻不可能做到的事。也許你想要當超級富豪,想要魅力無邊、重拾青春——百無禁忌。在每一項浮上心頭時,停下來對自己說:「有何不可?為什麼這不可能?」等待答案出現,將你不能做那些事、當那種人的原因全都告訴你。

　　現在問自己:「誰說我不行?」這一題沒有好的答案。不可能做到的事,不是因為別人說做不到才變不可能的。那些事不可能做到,是因為虛擬現實的整體設定說那不可能。所有的限制都是虛擬現實內建的。當別人說某件事是不可能做到的,那人不過是在維護虛擬現實。誰說你得乖乖聽話?沒人,包括你。當你能領悟這一點,便開始瞥見你其實有多自由。

你的體驗:

_____

_____

_____

_____

第二十二日

我們編輯了無限覺知,於是有了形式與現象(也就是我們可以看見、聽聞、觸摸、品嚐、嗅聞、思索的事物)。

我們需要編輯無限,才有辦法生活。大家都同意事實如此,但我們忘了沒有編輯現實的規則手冊或指導方針。只有我們自己施加的規則。純意識化為物質宇宙,在創造宇宙時施加了時間、空間、物質、能量的設定。但純意識並不相信這是唯一的作法。現代物理學推斷,有不計其數的其他宇宙採用了不同的設定。

在純意識的層次,我們會知道規則是自己制定的,不會懷疑。我們繼承了那一份確知。從藝術與文化來看,人類心智絕對可以建構出任何設定,同時接受物質宇宙的設定。於是,生活似乎有兩個部分:一部分是沒有限制的精神生活,另一部分是有限制的物質生活。但這樣不對。一間房子與想要蓋房子的欲望、蓋房子的知識並不是分開的。精神與物質是同一個東西的不同特性:那東西就是創造性智能(creative intelligence)的活動。**一旦覺醒,你會明白創造性智能如何運作,憑著濃厚的好奇心,你將會成為現實的共同創造者。**

今日功課

想知道創造性智能是如何展開的，從小東西開始看。不管是釘子、耳環、車鑰匙，這些東西都是有了物質形體的點子。現在想想大一些的東西，比如帝國大廈、金門大橋。這些也是有了物質形體的點子。耳環很小而金門大橋很龐大有差別嗎？沒有。創造性智能不分大小，沒有軟硬，在此處但不在那處，可見或不可見。創造力完全自足，不管形式與形狀的限制。創造力自給自足。**沒有創造性智能，便沒有形式、形狀、事件。**

現在看著鏡中的自己，對自己說：「我是有了形體的無限創意。」別再認同形體，開始認同創意。這便是覺醒的方法。

你的體驗：

_____

_____

_____

第二十三日

> 每一種形式與現象其實是同一回事：
> 是被修訂過的無形，是被縮減為有限的無限，
> 是被賦予了開頭、中間、結尾的純覺知。

世界獎勵思想的巨人，讓他們青史留名。跟愛因斯坦或達文西那種等級的人相比，誰都覺得自己是思想的侏儒。但思想的巨人不見得是思想格局最大的人。思想格局最大的人看得出現實是一體的，創造是一個過程。那便是一覽全局，這全局變成你覺醒時的現實。

當心智不再一直用思維、感覺、畫面、感受來干擾你的視野，全局會變得清晰起來。那些干擾是你與外在世界之間的拉鋸。當你覺醒，干擾的模式會脫落。你會明白無窮、無形的純意識是萬物的源頭，自然而然地接受這是事實。之所以能自然而然就明白了事實，是因為你看見自己是一體性的一個表達，不是一堆心理和身體活動雜亂湊成的。

今日功課

如果你在外在的世界看到一件東西，你是從外在看見它的。整體性（即一體性）沒有外在，也沒有內在。所以你看不到它。因為你即是它，你甚至沒辦法跟整體性建立各式各樣的關係，比如接受它或排斥它，今天參與它、明天暫時撇

下它。當你覺醒,你知道自己就是一體性。但即使是現在,你也可以停止用錯誤的方式跟它產生關連。

今天,練習不要對你的心智抱持任何態度。讓意念升起又落下,當你想對當下的情況有意見,要克制自己。別說一個意念是好的、另一個是壞的。別貼上聰明、笨、正向、負面等等標籤。那些標籤都不是心智。心智是從絕對境界流淌而來的一連串活動。給心智貼上標籤,就像在說整體性是壞的、好的、正面的、負面的等等。顯然整體性超越了全部標籤。你的覺知也是如此。當你不批判自己的思緒,你便採取了開放、不批判的覺醒態度。

你的體驗:

第二十四日

只有覺知是真的。即使覺知扮演了觀察者及被觀察者的角色,即使覺知創造了「在外面」及「在內心」的世界,覺知本身的特性並沒有改變。

覺知存在。其餘一切都是一時的體驗。這兩句話在數百年來以各種措詞一說再說。從這項事實至少可以知道,人類審視過現實,覺得它很神祕。不變的怎麼會冒出變化?一如何變成眾?人類以數不清的方式表述過當中的玄機。現代宇宙學的提問「什麼存在於時間開始之前?」,不過是將中世紀的「在上帝之前有什麼東西存在?」換個說詞罷了。

答案便在問題裡。最先來的一直都在這裡。改變不過是不變所戴上的面具。一旦人類看穿玄機,便會看見自己的本質。我們是創造者,也是被創造者,是一也是眾,是一直在變化的閱歷與不變的覺知。這些全都不必證明或測試。不論你接受或不接受自己的真實本質,都和你的真實本質無關,它會持續存在。覺醒時,你會清楚看見自己的真實本質,從此展開新的生活。

今日功課

抽出片刻時間讓心智漫遊,回憶一些往事——關於童年、父母、生日、學校、初吻、幾件傷心事等等。你選擇看

見什麼往事並不重要。現在省思這些事情的唯一共同點。每件往事裡都有你。**你是變動之中的不變。現在你知道自己的真實本質了。其餘的一切都只是裝飾。**

你的體驗：

第二十五日

人類的苦難是虛擬現實內建的,並不存在於覺知之中。

當你受到磨難,覺得不愉快、焦慮、鬱悶、絕望,一切痛苦似乎如假包換。你吃的苦頭是既定的,感覺上像是不可避免的,根源於身體的痛苦和精神的煎熬。但虛擬現實是我們集體的咒語、夢境、幻象,是人為建構的。苦難植入了虛擬現實的建構裡,所以感覺上才無法避免。我們對於苦難的信念,不管是來自原罪、業力或現代醫學理論的教條,都強化了虛擬現實。

覺醒並不保證以後絕不會遇到肉體的疼痛或傷心的日子。心智的制約很頑強,而身體一直在接收被制約心智的大量訊號。制約的陰影持續籠罩(永遠記住這些陰影可輕可重)。覺醒時,你便捨棄了跟心智制約的盟約,從那一刻起,制約便開始消退,失去拿捏你的力量。你明白了免於苦難的自由是有可能實現的、也是自然的。苦難不能存在於覺知之內,覺知才是你的真實本質。

今日功課

我們受苦的時候,比如心情鬱悶、被診斷出有性命之憂的疾病,我們會有責怪自己的衝動。「這是我自找的嗎?」是出於愧疚的提問,然後便急著找一個什麼來怪罪。最好的

答案是你的苦難是虛擬現實的一部分。你接受了虛擬現實，便勢必要參與苦難。倒不是說你這下慘了，也有人避開了嚴峻的磨難。但你的參與是一個已成定局的事實，不論你是什麼身分，不管你有什麼際遇，除非你作出改變。

想終止苦難，就撕毀你跟虛擬現實的合約吧。當你覺醒，整份合約就作廢了。今天就為毀約鋪路，不要再相信苦難是命定的、不可避免。回顧那些你覺得很苦的往事──包括哀傷、失去、病痛、背叛、失敗、屈辱等等事件。現在安靜坐好，走進內心，在此刻與自己同在。你有過苦日子，但也有過好日子，你的參與是一個已成定局的事實，但也有過快樂，你曾失去，但也曾獲得，而你是始終如一的覺知。在每一組對立面的情境裡，你都體驗過兩極的滋味。因此，兩邊都不是你。

你是見證了變化的不變的覺知，你所有的經歷都在銀幕上演出，而銀幕本身並非經驗。這洞見便是終止苦難的全部祕訣。

你的體驗：

第二十六日

苦難持續不絕是因為我們攀附回憶、抓取經驗。以為當下可以被掌握、現實可以被依附，則是我們的錯覺。

　　當你奈何不了真相，你會覺得真相很冰冷。大家感受到活著就免不了受苦的真相，厭惡自己面對這真相的無助，內心掀起劇烈的衝突。一方面，我們假裝認同了人生在世總會有苦日子。在另一方面，我們掙扎著要逃離無助的感覺。現代醫學終止了一部分的困惑與掙扎。人類征服了疾病，感覺自己有了一些力量，可以把苦難暫時地推到一邊去。

　　以精神痛苦的形式所展現的苦難一直沒能緩解，而對疾病與老化、死亡的恐懼也沒能減輕。提升虛擬現實的等級，是現代科技文明的故事。（就像發明新的機械化殺人手段是虛擬現實的降級。）苦難可以掌控我們，是因為我們想要緊緊抓住愉快的經驗與好日子的回憶。只要青春、健康、幸福都跟時間分不開，只要我們青睞好日子、不要苦日子，便沒有擺脫苦難的方法。執著於虛擬現實，意味著苦難是虛擬現實的一部分建構。

　　等你覺醒了，你不會試圖依附或緊抓。你不會囤積美好的回憶或推開不愉快的回憶。**只有存在於此時此地。當下沒有什麼可以抓取或依附的事物。當你不再執著，便斬斷了你與虛擬現實的連結。**然後，苦難便不會緊抓著你不放。

今日功課

　　當別人叫你放下、不要執著，這建議真的有用嗎？其實是最頑強的怨恨、屈辱、傷痛、憤怒在黏著你，不是反過來。當一個人經歷了苦澀的離婚、失去工作、被朋友背叛，隔天起床時，這人可不會想著：「那可是我真心想要抓住不放的事。」憤怒與怨恨會自己找上門，它們會待多久是它們說了算，不是你說了算。

　　你真正在執著的並不是不愉快的回憶、負面的情緒、陳年的嫌隙、傷心的感覺。你抓住的是虛擬現實。當你覺醒，你便不再效忠虛擬現實，壞事便不會黏著你。回想你真的很氣或很怨恨的往事。當往事浮上心頭，就放下。保證你放不下，至少在往事仍舊黏著你的時候不行。實際上，你在你所在之處。你的現狀滿載著以往的壞事、傷心、怨恨，這些往事處於不同階段：緊抓不放、開始放手、幾乎消退殆盡。按照虛擬現實的設定，不論你的現狀如何，體驗都會黏著你，就像藤壺附著在船身上。明白這一點會給你一種超脫的感覺，這便是你在逐漸覺醒的跡象。

你的體驗：

_____

_____

_____

第二十七日

當我們不再害怕無常，苦難便會終結。
只要我們還和幻象有所牽連，便會受苦。

兒童熱衷探索世界，喜歡世事變化不定。然而與此同時，兒童想要家庭的穩定與安全。平衡兩者的難度在長大成人以後會提高。當家裡沒人可以保障安全與穩定，變動就顯得危險。一個壓制焦慮的辦法是假裝小我人格的「我」是穩定且可靠的。「我」在世界上有利害關係，有需要維護的事物。為了建立自身，小我會執著於各種事物，有歡愉、幻想、一廂情願的思想、陳腐的制約、老舊的回憶、虛假的信念等等。

這些事物都不長久，可見拿這些東西當作建立自我的地基是行不通的。只有以真我為依歸去過生活，恐懼才會消失。覺醒時，小我會自然切換為真我。

今日功課

擁有安全感的最佳方式，是將安全視為理所當然，不去擔憂。想想你在電視上看過的壽險、藥品、養老院、防盜警鈴的廣告。這些廣告先提起你害怕自己不安定、不安全的恐懼，然後安撫你。這一套很有效，因為我們不是真的相信個人的安全保障是天經地義的——我們只是把焦慮晾在一邊，眼不見為淨。

要感受到真正不可動搖的安全感,請暫時停止閱讀一下。然後繼續閱讀,再停一下。在兩次閱讀之間的停頓當口,你理所當然地認定自己識字。你很篤定自己識字,心裡不擔心看不懂,而對於你會做的其他幾十件事也是如此。當你真的安全、沒有在逃避焦慮,就是這種感覺。覺醒以後,自然會知道從過去到未來,你會一直存在。在這樣的基礎上,你又一次像個小朋友,可自由探索世界,免受恐懼之害,因為在你的內心,你總是在家。

你的體驗:

第二十八日

自由是存在的自然狀態,明白我們在此時此地抱持覺知。

關於長久的幸福、安穩、成就感、愛及其他我們珍惜的事物,都不能指望虛擬現實。有人只得到了寥寥幾樣,然而即使我們擁有的事物多到不公平,我們照樣害怕以後可能會失去。仰賴靠不住的虛擬現實並不划算。要是一位老闆說,每天都用拋銅板的結果決定要不要開除你,你不會為他工作。但我們卻依附不保證一切都會好轉的虛擬現實。這是一種束縛——最糟的一種,因為我們普遍相信沒有其他選擇。

真正的自由不是你艱苦爭取、苦苦企盼、覺得不可能贏得的東西。自由是我們不自我禁錮時的自然狀態。覺醒時,你不再覺得自己受制於虛擬現實。心智的建構物喪失掌控力,遲早會完全消退。存在於此時此地相當於全然的自由,因為在任何事物可以影響或控制你之前,當下已經過去了。你存在,而且你保持覺知力——這便足以讓你恢復自由。

今日功課

對於自由與不自由的滋味,對於被困住、被圍堵、窒息的感覺,我們都有自己的版本。但這些概念掩飾了現實,以致我們對自由的觀念總是跟不自由綑綁在一起。退休讓我們從累人的工作恢復自由;小孩出門念大學,讓我們從在家裡

養兒育女的歲月解放出來。但我們的自由受制於要先有一份工作、生兒育女。

真正的自由不會跟自由的反面綑綁。要向自己證明這一點，回想一下並說出上星期二晚上七點三十七分你在做什麼。當時你在想些什麼？說了什麼話？即使上週二發生了大事、所以你依然記得那一刻，要想起那一刻的事依然有點費力。你擁有不受上週二晚上七點三十七分束縛的自由，因為你沒有放不下那一刻。當下的一刻已經消逝了。你開始閱讀這一課的那一刻已經消逝了。你與當下的關係是體驗這一刻，萃取這一刻要給你的東西，繼續前進。這便是無為、不執著的狀態，等你覺醒了便會恍然大悟，這是你的自然狀態。

你的體驗：

第二十九日

知道我們是無時間的存在,便可以過著有意識的生活,活出自己真正的本質——一個創造了人類宇宙的意識物種。

「我」是小我人格,天天與創造的東西搏鬥,將新的點子化為現實。我們將這稱為進展,的確可以算是進展——勉強算。化為現實的點子蘊含著一個目的與一段過去。它們突然竄出來,出現在一個被接受、或被否決的情境中。受到制約的心智別無選擇,只能回應各種外在的局限。一旦願望、希望、夢想好不容易實現了,我們便眷戀起自己創造的成果。我們忽視了萬物都免不了要毀壞——我們建立的一切事物,有朝一日都會像帕德嫩神殿或埃及金字塔一樣成為遺蹟。

持久的造物必然是建立在無時間的造物。那不可能是物質的事物,由於物體代表了點子,在時間的摧殘下,連點子都不能真的持久。**可以在無時間長存的並不是點子或事物,而是創造本身**。創造的「素材」是我們自身的覺知及覺知的無限創造力。覺醒以後,創造的基礎是你身為創造者的身分,而不是你的點子及周遭的事物。你超越了事物與點子,你是一個在無時間領域的意識生命。

今日功課

「無時間」的概念似乎遠離了日常生活,但是當你領悟

到時間是什麼,無時間便不是那麼遙遠。時間是創造與破壞的過程。因此,如果你不去認同創造與破壞,你便立足在無時間。在任何時候,你都可以作出選擇,將效忠的對象改成無時間。暫停閱讀一下,看看你置身的房間。當你重新閱讀這一頁的內容,你剛剛看過的所有東西都在朽壞、瓦解、消退的過程中。但時間帶走了當下這一刻嗎?沒有——時間只帶走你在當下注意到的事物。當下這一刻一直在自我更新。它代表了一直存在於時間活動裡的無時間。一旦覺醒,無時間便凌駕其餘一切。切換到無時間,讓你可以歡欣創造,不再焦慮事物會流逝。

你的體驗:

第三十日

<u>知道我們是自由的，未來的人類可以超越生死及生死之間的所有故事。</u>

如果你可以前往歷史上的任何地方，不妨找出覺醒的人。他們永遠是少數人，或許是少數中的極少數。但覺醒不是數人頭。如果你要知道人類能不能游泳，只需要找到一個實例。同樣地，一個覺醒的人告訴你，我們是有可能覺醒的，不僅如此，每個人都是覺醒過程的一部分。覺醒不是學來的，不是習得的行為。那是我們所有人都已經存在的狀態。你覺醒時發生的唯一一件事，是你意識到自己實際上是誰。人類已經自由了——假如那不是事實，我們不會在這裡做有意識的生物。只是我們跟自己訴說的故事，擋住了我們的視野，讓我們看不見自己的真實本質。

這種干擾的模式就像模糊的電視畫面，不會影響現實。電視臺仍然在傳送清晰的畫面，即使我們的接收器收不到。當你覺醒，訊號與接收器兩者都很清晰，彼此對上頻率。思緒與感受來來去去，不構成干擾。活在這世界但不屬於這世界就是這個意思。

今日功課

你活在貧困裡有兩個原因——要麼你真的窮，要麼你富

裕卻不自知。與我們真實本質的無限潛能相比，我們覺得在日常生活裡處處受限。那哪一個才是真相？我們是真的處處受限，還是我們不知道自己不受局限？觀察現實的情況是看不到答案的。最富裕、最聰明、最有才華、最快樂的人，可能過著非常局限的生活。答案只能從你自己的覺知裡面找。

　　坐一會兒，想出一個禁忌的念頭。那可以是你因為任何理由拒絕去想的事——因為太可恥、太駭人、反社會、有失身分或其他的禁忌事項。在這種念頭浮現的那一刻，這念頭便不再是禁忌。事實上，沒有哪一個念頭被真的禁絕過。你不能限制思想，而由於思想來自靜默的覺知，你不能限制任何想法都可能誕生的可能性。你的整個人生、全人類的生命都是以意識為基礎，所以你也是沒有限制的。你可以停止採信任何關於生死及生死之間的一切故事。明白你是沒有限制的，代表沒有任何故事可以局限你的可能性。

你的體驗：

第三十一日

你可以享受電影,同時心知肚明這電影是你製作的。
這便是覺醒後的狀態。

日常世界憑著相反的兩面來運轉。每一項體驗都有一個正面和一個負面。為了生活,我們努力向正面靠攏,然而這種的努力絕不會讓人擺脫負面終將出現的陰影,我們依然擔心負面會有占上風的一天。終極的兩極化是依附與不依附。踏上靈性道路的人聽說了不依附是正向的,因為依附(就是卡住、戀棧、相信幻象)讓人受苦受難。

在一個總是下雨的地方,很難不用「濕」這個詞。在一個由對立面主宰的世界,很難不用「不依附」之類的詞。但放眼更大的格局,既沒有依附,也沒有不依附。兩者相依;因此,一個會招致另一個。從撕破臉的分手就曉得,跟你曾經深深依戀的事物(或人)分道揚鑣有多困難。但我們需要建立關連,在相對的世界生存就是這麼回事。

在覺醒的狀態下,世事變動不定。你知道這是你製作的電影,所以你可以享受劇情而不當真。這不代表你跟世界劃清界線。導演們喜愛自己執導的電影。但他們觀賞時,也不會不停地提醒自己那是自己執導的電影。他們理所當然地認定自己是電影的創造者。同樣地,當你覺醒,你知道你活在

親手製作的電影裡，但你不會耽溺其中。你太忙著沉浸在當下。你是坐在覺知後面的創造者，具備這樣的幕後認知便足夠了。

今日功課

　　現在你有執著的事物與不執著的事物。比如，假如你是有幼童的家長，你會給孩子一定程度的自由，也會在必要時出手干預。在旁觀與介入之間的轉換，是身為家長的日常。但在你心深處，你知道自己是家長；這是你的身分，身分不必時時刻刻擺到前面。

　　現在想想你如何做自己的家長。跟帶小孩一樣，有時你會放手讓自己發揮，有時你會出面監督自己的行為。你不可能一直放養自己，也不可能一直約束自己。但不管你在哪一個模式，你的自我意識一直都在心的深處。抽出片刻時間，靜靜坐著，體驗你的自我意識。自我意識不是一直都在那裡，不分風雨陰晴嗎？你的自我意識一直都在心的深處，不需要被帶到前頭。

　　當你覺醒，自我意識一開始會顯得龐大。你驚訝地見識到從自我意識冒出來的一切──所有的思緒、言語、行動、外在及內在世界。這樣的領悟必然帶來一種讚嘆與敬畏。但自我意識既然明白了自己是無限的，遲早會再一次退居心底。兩個人可以在電影院買爆玉米花，只有其中一人是富裕的。兩人吃同一袋爆玉米花，付出相同的金額。但知道自己

很富裕的那一位,心底蘊含了一套很不一樣的可能性。這便是覺醒的感受,你明白每一項小小的行動,背後都有無限可能性在撐腰。

你的體驗:

每日

> 覺醒永遠在當下。要意識到自己是造夢的人、
> 不是夢境本身,是沒有進度表的。

一個月的覺醒課程結束了。你踏上從這裡到這裡的旅程。因為這裡與這裡之間沒有距離,一個月足以完成這趟旅程。但在另一個框架下,時間永遠不夠。只有當無時間成為你的遊樂園,「從這裡到這裡」才不再重要。當下吞噬所有的開頭、中間、結尾。

安住在此時此地從來不是一個目標,絕對不是像做個好人、給小孩正確的教養、賺到一百萬那樣的目標。你不能拿當下跟任何事物比作較,因為其餘的當下都已經永遠消逝了。覺醒帶來的改變很細微,卻都很重要。**覺醒了便不會再踏上任何種類的旅程,既沒有向外的旅程,也沒有向內的。沒有要實現的夢想,沒有要逃離的恐懼。**過去不再充滿遺憾,未來不再暗藏威脅。人生虛幻的一面會消退,而那都是虛幻的事物。

每日功課

任何時候,只要你有興致,就停下來看看四周。對自己說:「事情很多,一向如此。我在這裡,這才是重點。」等

你覺醒了，這些話對你的意義便不再相同，會不斷擴張，涵蓋越來越多範圍。你安住在此地，便參與了宇宙之舞。欣賞這支舞蹈今天本來的風貌。當你準備就緒，宇宙便會找上門。

你的體驗：

結語

儘管七十億人口有七十億個故事，我們在一體的生命裡相融為一。地球的命運取決於我們明白這項事實。一旦我們明白了，人類可以進化成為超人類。就在這一刻，我們距離進化有多近？答案並不清楚。生命永遠不夠靜好。要是古代的羅馬、中世紀的法國或莎士比亞時代的倫敦有報紙，便會看到相同的戲碼。人性最良善的那些特質，似乎一直跟最惡劣的那些特質維持岌岌可危的平衡。只有我們是具備自憐能力的物種，也只有我們這個物種會覺得別人是咎由自取。

與其聚焦在人類有什麼行為，或動物有什麼行為，甚至是夸克跟玻色子有什麼行為，我們應該問意識有什麼行為。意識讓萬物合為一體。不論是腦細胞、石灰岩懸崖、史前的燧石小刀，任何物體都代表心智的活動。**意識的活動是無窮的，意識的活動卻在合一性裡串聯在一起。**

如果本書密密麻麻的艱澀觀點令你一頭霧水，我同情你的處境。而我最不願意做、也最不可以做的事，便是強迫任

何人接受我的說詞。但是，向我們共享的一體生命覺醒很重要。如果你認為自己是現代人，你的生活與行為都符合現代世界的樣子。現代世界的一個傲人之處，便是一次收集一條事實，累積出龐大的知識量，且成績斐然。科學家計算出人類基因的數量、描繪出人類基因的完整圖譜還不到二十年。在下一個十年，大腦幾兆個連結的描繪工作，便會在科學界齊心協力的大工程裡完成。

因此，看到我在本書指出，凡是可以數算、測量、計算、化簡為數據資料的事物，通通是全方位幻象的一部分，各位想必很錯愕。或許更令人錯愕的是，我主張凡是你可以觀察、想像，凡是你可以用言語去思考的事物，也屬於同一個幻象。我不是這個幻象的敵人。我相信人們有權利升級這個幻象，改造成自己喜歡的樣子，而我很難過有些人在這個幻象裡的處境惡劣，受苦受難。

但只有覺醒能讓我們直接體驗到融合為一的一體生命。否則，世界將會永遠都是二元對立的衝突，因為人類絕對有能力展現最好與最壞的一面。我們可以今天聆聽惡魔的話語，在明天祝福天使，但那其實並非我們的人性，而是因為我們一代接著一代、持續強化的分裂狀態。

我沒有預見智人在演化裡集體躍進，但我知道智人可以。在幾萬年前，我們的演化便從物質領域進入精神領域，即使當時的早期人類赤身露體又脆弱，必須在生活裡面對許多威脅，就跟其他動物一樣要應付掠食者與獵物之間的鬥

爭。我們的自我覺知是怎麼來的，完全是個謎。然而我們或者說我們的人類祖先有了自我覺知之後，心智便準備好要在生活的每一方面勝出。但主動心智跟意識並不一樣。**意念、感受、感覺就像起起落落的浪潮；意識則是海洋。**

這個比喻可回溯到幾千年前的印度，我已經記不起小時候第一次聽到的情況了。但這些話很老掉牙，就像「愛你的鄰居」「要存在或不存在，那是問題所在」一樣老掉牙。即使是最精妙的俗話，講了太多遍便淡化意義。

我思索這項障礙，判斷正道每天都會奉上小小的覺醒；覺醒不應該當作靈性道路終點的終極獎賞。我在個人生活中，鎖定三種體驗。假如今天有了其中一種，便算是達成一次小覺醒。如果兩種或三種都發生了，小覺醒的強度便放大了。以下是這三項體驗：

我把現實看得更清楚。

習慣、回憶、陳腐的信念、老舊的制約比較不會纏住我了。

我不再眷戀對未來的期待與外在的獎勵。

這些體驗如何應用到你的生活？

你把現實看得更清楚

這是用新鮮的眼光看待事物的體驗。你放棄以老舊的解讀方式,看待身邊的世界與自己的人生。解讀是內建在認知裡面的。你免不了要給萬物命名、產生意見、汲取過去的經驗、對目前的事情有自己的判斷。從你的嬰兒階段開始,便有人在為你解讀世界,但你現在長大了,你要怎麼解讀世界便應該由你自己掌控。世界不是一定要改變。如果你以新鮮、更新的眼光看世界,如果你一覺醒來充滿了樂觀、向未知敞開心胸,那每天都是一個世界。你不是一定要努力活在當下——你本來就沒辦法逃離當下這一刻。當下會把你拉進去,而你不會抗拒,因為當一個人活在此時此地,不重演過去,也停止期待未來,那將百利而無一害。

習慣、回憶、陳腐的信念、老舊的制約比較不會纏住你了

這是掙脫束縛的感覺。假如可以隨心所欲地改造虛擬現實,那虛擬現實便是全然愜意的地方。但人生有太多事情由不得我們,以致我們覺得受困、被禁錮、碰壁、甚至窒息。我將這些感覺統一稱為「卡住」。你要脫身,就要拆掉小我人格編織出來的複雜網絡。這張網子的黏性,隨著你認同的

事物增加而提高。每一次你說「我是○○」，便越難把「我在」說出口。我們在前文看過，○○可以是任何事物：你的姓名、工作、婚姻狀態、種族、宗教、國籍。凡此種種都成為你的個人故事。**「我在」則超越一切故事。**

你不再眷戀對未來的期待與外在的獎勵

這是成為真我的體驗。小我人格一直在尋求外在的獎勵，藉此肯定自身的價值。如果你問別人：「你甘願自己只是開開心心地活著，還是寧可有錢？」他們的答案顯而易見。對外在獎勵的需求不限於金錢，還有社會地位、合適的居所、新車、社會的認可等等，全都令我們更依賴外在的獎勵。久了，小我人格便成為主宰的力量，即使是自認為平淡知足或充滿靈性的人也不例外——坐在教堂第一排的滋味比最後一排好。但小我是錯誤的嚮導，因為它承諾的圓滿總是遠在天邊。抱著對未來的期許過日子，與對外在獎勵的需求是攜手並進的——冥冥之中，總會有喜悅、或勝利、或財富從天而降，那豐厚的進帳讓人生終於有了價值。想要不被牽制，你必須覺得沒有外在獎勵並不痛苦，因為那被內在獎勵抵消了。最棒的內在獎勵便是做自己的自由。

由於這三項經歷的結果，覺醒成為你的生活，積沙成塔，幾乎就在不知不覺間，你參與了一體的生命，那是真

實、光彩、完整的生命。

　　由於每個人都可以有小小的覺醒，我們這個物種的未來不一定要盛大，有戰爭的劇烈動盪與和平、革命與倒退、振翅高飛又跌落塵世、扮演壓迫者與被壓迫者的角色。一個一個人向現實覺醒。這就夠了。人類的奧祕一直向我們每個人隱瞞，或許正是如此，奧祕才如此吊人胃口。我們是不曾停止自我創造的物種。我們沒有全面覺醒，便已經將世界打造得如此燦爛盛大，既然如此，想想我們打開眼界之後可以有多少的作為。

謝辭

每一回新書完工,我都很感恩來自出版商這一份慷慨又充滿產能的情誼。首先是吉娜・森特洛(Gina Centrello),她是企鵝蘭登書屋(Penguin Random House)的董事長及發行人,對我忠誠不渝。謝謝。

在和諧圖書公司(Harmony Books),我與才思敏捷的編輯蓋瑞・簡森(Gary Jansen)享有互相信任的關係,他不辭辛勞地提出完善書稿的建議。數不清有多少次,蓋瑞將我的文字牽引到正確的方向——身為作者,夫復何求。還有,我要感謝和諧圖書每一位為本書付出的同仁,他們貢獻了時間、創意、熱忱,分別是亞隆・韋納(Aaron Wehner)、黛安娜・巴洛尼(Diana Baroni)、譚美・布雷克(Tammy Blake)、克麗絲媞娜・福斯里(Christina Foxley)、莫莉・布雷特巴特(Molly Breitbart)、瑪麗莎拉・昆恩(Marysarah Quinn)、派翠西雅・蕭(Patricia Shaw)、潔西・布萊特(Jessie Bright)、莎拉・霍根(Sarah Horgan)、海瑟・威

廉森（Heather Williamson）、凱莉安‧克羅寧（Kellyann Cronin）、愛許麗‧洪（Ashley Hong）。特別感謝外國版權部門的瑞秋‧伯科威茲（Rachel Berkowitz），她將我的著作推廣到世界各地，居功厥偉。一般人都不知道出版業的同仁需要投注多大的心力，也不知道他們多麼熱愛書本、為作者盡心。萬分感謝。

特別感謝蒲南夏‧馬夏亞（Poonacha Machaiah），他是卓越的創新者、好友、睿智的明燈。

最後，是還有我身邊的每個人。我要感謝在加州及紐約的團隊：寶萊特‧柯爾（Paulette Cole）、馬克‧納多（Marc Nadeau）、媞安娜‧戴維（Teana David）、莎拉‧麥當勞（Sara McDonald）、亞倫‧馬利翁（Aaron Marion）、安潔‧萊爾（Angie Lile）、阿帝拉‧安布魯斯（Attila Ambrus）、肯德爾‧馬-霍斯曼（Kendall Mar-Horstman）。

我生命裡最新的合作夥伴是無窮潛能（Infinite Potential）播客團隊：簡‧柯恩（Jan Cohen）、大衛‧沙德拉‧史密斯（David Shadrack Smith）、茱麗‧馬古德（Julie Magruder）與節拍十三（Cadence 13）公司的朋友們——謝謝你們讓我可以用這麼高效益的新方式連結數位世界。在本書撰稿期間，喬布拉基金會（Chopra Foundation）董事會面臨一年的新挑戰，得到下列人士的大力支援與指引：深深感謝愛麗絲‧渥頓（Alice Walton）、馬修‧哈里斯（Matthew Harris）、雷‧錢伯斯（Ray Chambers）、法蘭斯瓦‧費列

（Francois Ferre）、佛瑞德‧馬瑟（Fred Matser）、保羅‧強森（Paul Johnson）、埃傑‧古帕（Ajay Gupta），還有在覺知之旅上的「探索者」。我還要歡迎喬布拉國際公司（Chopra Global）的執行長托妮亞‧歐康諾（Tonia O'Connor）。

我的家族在這些年來開枝散葉，經歷許多變化，卻一直是溫情與喜悅的泉源：芮塔（Rita）、瑪麗卡（Mallika）、蘇曼特（Sumant）、高森（Gotham）、坎蒂絲（Candice）、克里山（Krishan）、塔拉（Tara）、莉拉（Leela）、姬塔（Geeta），我永遠將你們放在心上。

memo

memo

國家圖書館出版品預行編目 (CIP) 資料

覺醒，成為超人類：釋放你的無限潛能 / 狄帕克．喬布拉 (Deepak Chopra) 著；謝佳真譯. -- 一版. -- 新北市：李茲文化有限公司, 2025.01
　面；　公分
譯自：Metahuman : unleashing your infinite potential

ISBN 978-626-95291-8-6(平裝)

1.CST: 潛意識 2.CST: 潛能開發

176.9　　　　　　　　　　　　　　　　　　113017771

覺醒，成為超人類
釋放你的無限潛能

作　　　者：狄帕克．喬布拉 (Deepak Chopra)
譯　　　者：謝佳真
責任編輯：莊碧娟
主　　　編：莊碧娟
總 編 輯：吳玟琪

出　　　版：李茲文化有限公司
電　　　話：+(886) 2 86672245
傳　　　真：+(886) 2 86672243
E - M a i l：contact@leeds-global.com.tw
網　　　站：http://www.leeds-global.com.tw/
郵寄地址：23199 新店郵局第 9-53 號信箱
　　　　　P. O. Box 9-53 Sindian, New Taipei City 23199 Taiwan (R. O. C.)
定　　　價：480 元
出版日期：2025 年 1 月 1 日一版

總 經 銷：創智文化有限公司
地　　　址：新北市土城區忠承路 89 號 6 樓
電　　　話：(02) 2268-3489
傳　　　真：(02) 2269-6560
網　　　站：www.booknews.com.tw

Metahuman: Unleashing Your Infinite Potential by Deepak Chopra
Text copyright © 2019 by Deepak Chopra
All rights reserved including the right of reproduction in whole or in part in any form.
This edition published by arrangement with Harmony Books, an imprint of Random House, a division of Penguin Random House LLC through Andrew Nurnberg Associates International Limited.
TRADITIONAL Chinese edition copyright © 2025 by Leeds Publishing Co., Ltd.

版權所有．翻印必究

Change & Transform

想 改 變 世 界 ・ 先 改 變 自 己

Change & Transform

想 改 變 世 界 ・ 先 改 變 自 己